"十二五"职业教育国家规划教材
经全国职业教育教材审定委员会审定

浙江省高职院校"十四五"重点教材

房地产经纪

（第三版）

主　编　殷世波
副主编　贾甜夏　王海燕　范小琪
主　审　叶宏伟　周强龙

科学出版社
北　京

内 容 简 介

本书是国家示范校高等职业教育改革成果和著名房地产经纪企业创新发展的结晶。

本书由初识房地产经纪行业,房地产经纪专业人员和房地产经纪机构,存量房经纪业务,存量房经纪业务延伸服务与不动产税费,新建商品房租售代理,存量房房源、客源管理及信息系统,房地产经纪服务合同与房地产经纪执业规范,房地产经纪企业管理八个项目组成。书中配有案例和实训,便于学生学习和提高实际应用能力。

本书注重理论与实践相结合,突出实用性,同时全面贯彻课证融合。本书既适应高等职业教育改革、满足教学需要,又满足房地产经纪行业的创新发展与实际工作的需要。

本书既可作为高等职业教育房地产及相关专业的教材,也可作为房地产经纪人员职业资格考试的参考用书,还可作为房地产经纪企业的培训教材。

图书在版编目(CIP)数据

房地产经纪/殷世波主编. —3 版. —北京:科学出版社,2023.7
("十二五"职业教育国家规划教材·浙江省高职院校"十四五"重点教材)
ISBN 978-7-03-075499-8

Ⅰ.①房… Ⅱ.①殷… Ⅲ.①房地产业-经纪人-高等职业教育-教材
Ⅳ.①F293.35

中国国家版本馆 CIP 数据核字(2023)第 079145 号

责任编辑:薛飞丽 周春梅 / 责任校对:赵丽杰
责任印制:吕春珉 / 封面设计:东方人华平面设计部

科 学 出 版 社 出版
北京东黄城根北街 16 号
邮政编码:100717
http://www.sciencep.com

廊坊市都印印刷有限公司 印刷
科学出版社发行 各地新华书店经销
*

2008 年 8 月第 一 版   2024 年 1 月第十六次印刷
2015 年 5 月第 二 版   开本:787×1092 1/16
2023 年 7 月第 三 版   印张:18
字数:426 000

定价:66.00 元
(如有印装质量问题,我社负责调换〈都印〉)
销售部电话 010-62136230   编辑部电话 010-62132460(VF02)

第三版前言

第一版《房地产经纪》是全国首批 28 所国家示范性高等职业院校系列教改成果之一，也是同类教材中销量最大的教材之一，自 2008 年 8 月出版以来，得到了众多高职院校房地产类专业、物业管理和部分工程类专业及房地产经纪行业专业人士的好评，被全国几十家有房地产经营与估价专业的高职院校使用，反响较好。

第一版突出实践教学，通过深化校企合作共编教材，凝练校企合作成果，解决理论与实践脱节的问题，提高教材质量。同时，也有众多读者和教材使用的院校提出了许多宝贵的意见，建议修订版应更加体现项目化教学改革、基于工作过程的任务导向教学改革等教改新成果。读者的厚爱和鞭策成为我们尽快完成本书第二版的源源不断的动力。

随着大数据时代的来临，被称为"数字海啸"的 MOOC（massive open online course，大规模开放在线课程）浪潮席卷全球，MOOC 作为在线教育提供了一种全新的知识传播模式和学习方式，更好地体现了以学生为中心的教育理念，带来教育观念、教育体制、教学方式、人才培养过程等方面的深刻变化。我国的教学模式、教学方法、教材呈现形式等发生了一系列深刻的变化。我们为适应这种变化，对教材进行了修订，第二版注重运用现代信息技术创新教材呈现形式，依托浙江省精品课程"房地产经纪"逐步建立动态、共享的课程教材资源库，教材形式更加生活化、情景化、动态化、形象化。

伴随着《国务院关于印发国家职业教育改革实施方案的通知》（简称职教 20 条）的颁布和实施，职教本科教育在国内有了突破性的发展，也要求教材内容及思想做出重大的完善提升。党的二十大报告明确指出："实施科教兴国战略，强化现代化建设人才支撑""坚持以人民为中心发展教育，加快建设高质量教育体系，发展素质教育，促进教育公平""推进职普融通、产教融合、科教融汇，优化职业教育类型定位"。因此，我国的职业教育也必将发生翻天覆地的变化。为适应国家和社会教育领域的重大变革，我们再次对教材进行修订。

本次修订突出以下几个特点。

① 努力构建课程智慧型学习资源和信息服务体系，实现自主、泛在、个性化学习。党的二十大报告明确指出，推进教育数字化，建设全民终身学习的学习型社会、学习型大国。本书基于 5A（anyone、anytime、anywhere、anyway、anything）终身学习理念，依托省级精品课程"房地产经纪"平台，不断丰富完善线上课程资源，实现自主、泛在、个性化学习。

② 增加了素养目标，培养学生立志成为一名爱岗敬业的合格经纪人。育人的根本在于立德。为贯彻落实立德树人根本任务，本书强化课程思政，帮助学生在职业发展过程中树立正确的人生观、价值观。

③ 继续强化"产教融合""校企合作"。近 20 年以来，我们与杭州我爱我家、易居、同策、汉嘉地产顾问、链家、21 世纪不动产、绿城置换等数十家著名企业组建了数十个

房地产订单班，并积极探索房地产经营与管理人才现代学徒制模式的实践。

④ 依托杭州我爱我家"校中店"，深入贯彻"岗课赛证融合"理念，强化实战化人才培养。"岗课赛证融合"即将课程内容与岗位需要、房地产职业大赛及房地产职业资格考试全面融合。为强化实训项目，书中各项目中的案例和实训项目主要由合作企业杭州我爱我家提供。同时完善了商业地产项目、房屋托管业务等内容，以适应房地产经纪新业务发展的需求。此外，还吸收了浙江省教育改革项目——高职经管类专业构建"前校后店"式实践（实训）基地建设研究、房地产经营与管理专业现代学徒制部分成果，使本书能与教学模式改革紧密融合和配套。

⑤ 继续跨区域、跨学校联合编写教材。依托我校 2010 年联合四所院校在杭州发起成立的全国应用型房地产人才培养论坛和房地产职业教育网，联合以浙江、江苏和辽宁三省为主的多所高职院校和部分本科院校参加编写。

本书由浙江金融职业学院、沈阳工程学院、浙江建设职业技术学院、浙江经济职业技术学院、杭州职业技术学院、杭州科技职业技术学院、扬州职业大学、江苏城乡建设职业学院、北京电子科技职业技术学院等院校联合著名房地产企业合作编写。浙江金融职业学院的殷世波担任主编，负责大纲编写和书稿定稿工作，并编写了项目一和项目三。项目二由浙江金融职业学院的陈宁编写，项目四由沈阳工程学院的王海燕和浙江金融职业学院的贾甜夏合作编写，项目五由浙江金融职业学院的范小琪编写，项目六由浙江金融职业学院的贾甜夏编写，项目七由江苏城乡建设职业学院的蒋英编写，项目八由江苏城乡建设职业学院的蒋英在第二版内容基础上改编（部分内容根据北京电子科技职业技术学院戚瑞双的原稿改编）。21 世纪不动产、我爱我家控股集团股份有限公司、易居、同策、汉嘉地产顾问等公司杭州分部提供了案例和实训项目。

浙江大学经济学院高级培训中心主任、21 世纪不动产杭州区域分部董事长叶宏伟教授、易居企业集团房友副总经理周强龙在百忙之中担任主审，对本书提出了宝贵的指导意见。在此一并向第三版的作者、合作企业表示衷心的感谢！

在本书的编写过程中，我们主要参考了 2022 年中国房地产估价师与房地产经纪人学会组织编写的全国房地产经纪人职业资格考试用书（张永岳、崔裴主编的《房地产经纪职业导论》和张秀智、黄英、曹伊清主编的《房地产经纪理论与实务》）。在此一并向相关的作者表示衷心的感谢！也感谢科学出版社多年以来的支持和所付出的辛勤劳动。

由于编者水平有限，加之时间仓促，书中难免有不足之处，敬请读者批评指正。

第一版前言

改革开放以来，中国经济得以迅猛发展，在 21 世纪初催生了中国房地产业的空前繁荣，从事房地产经纪行业的人越来越多。为进一步促进房地产经纪行业的健康发展，2001 年 12 月，中华人民共和国人事部、建设部联合颁发了《房地产经纪人员职业资格制度暂行规定》，决定对房地产经纪人员实行职业资格制度，随后组织国内一批专家编写了相应的执业资格考试辅导教材，这对房地产行业的健康发展产生了深远的影响。同时，大批高等院校，特别是高等职业院校开设了房地产相关专业或房地产相关方面的课程，因此需要一批与其相适应的优质教材。

本书为适应高等职业教育改革和房地产经纪行业发展的需要，突出了"校企合作，工学结合"的特点。我们积极与行业企业合作开发课程标准，根据房地产职业岗位（群）的任职要求，参照相关的房地产经纪职业资格标准，改革课程体系和教学内容，融"教、学、做"为一体。我们与浙江最大房地产经纪企业之一的浙江裕兴不动产经纪有限公司开展了卓有成效的校企合作，该公司组织了行业优秀专家参加本教材的编写，并提供了大量的真实案例，使得本书能够基于实务，基于流程和案例，反映最先进的科研成果，体现理论和实践的结合。

本书由浙江金融职业学院、北京电子科技职业技术学院、浙江经济职业技术学院、浙江建设职业技术学院和浙江裕兴不动产经纪有限公司联合编写。浙江金融职业学院的殷世波负责大纲编写和书稿定稿工作，并编写了第一章。北京电子科技职业技术学院的戚瑞双、浙江金融职业学院的傅玳和浙江经济职业技术学院的周成学承担大纲和书稿的整体修改及统稿工作。戚瑞双编写第九章和第一章第五节，傅玳编写第五章，周成学编写第四章，浙江建设职业技术学院的王飞飞编写第二章，浙江金融职业学院的赵巧英编写第三章，浙江金融职业学院的范小琪编写第六章，王锋编写第七章，浙江裕兴不动产经纪有限公司编写第五章和第六章的实务操作部分及第八章。另外，有关兄弟院校对本书的编写工作给予了大力支持。

在本书的编写过程中，我们主要参考了中国房地产估价师与房地产经纪人学会组织编写的全国房地产经纪人员执业资格考试指定辅导教材和其他参考文献，在此一并向相关作者表示衷心的感谢！

由于水平有限，书中难免有不妥之处，敬请读者批评指正。

目　　录

项目一 初识房地产经纪行业

知识目标

1. 了解经纪的内涵及相关概念。
2. 掌握房地产经纪的内涵、类型、特性，以及房地产经纪的必要性和作用等。
3. 了解房地产经纪的产生与发展，掌握房地产经纪发展趋势等。
4. 了解房地产经纪行业管理的含义、作用、基本原则、基本模式和基本内容等，掌握我国现行房地产经纪行业行政监管的内容和行业自律管理框架体系。

技能目标

1. 能运用所学房地产经纪基础知识对当地房地产经纪企业基本情况进行调查，初步了解房地产经纪企业开展的业务种类及服务内容。
2. 能对当地房地产经纪企业的房地产经纪人的主要工作内容进行调查，具备进一步学习房地产经纪专业知识和进行房地产经纪业务操作的能力。
3. 能够调查和分析当地房地产经纪企业行业自律管理采取的措施、效果及改进措施。

素养目标

1. 能够热爱房地产经纪行业，提高学习的兴趣和积极性，树立服务意识，立志做一个高素质的经纪人。
2. 能够认识我国现行行业管理和行业自律的重要性，增强遵纪守法意识，树立遵守国家房地产经纪行业制度和行业自律的自觉性。

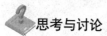

案例导入

经纪人在西方国家是个非常活跃的群体，分布于各种商业和文体活动中。经纪人的业务范围十分广泛，涉足的领域包括商品和证券买卖、劳动雇佣、房地产交易、融资借款、保险等一般商业活动，体育比赛、文艺演出等活动也离不开经纪人，因而形成了庞大的经纪人群体，如证券经纪人、房地产经纪人、体育经纪人、文艺经纪人等。例如，在体育界，美国著名拳王泰森的比赛，都是由著名体育经纪人唐金组织完成的。经纪人已成为美国人投资置业的重要顾问。在美国的二手房交易中，80%以上的交易是通过经纪人完成的。假如委托人希望出售房屋，受委托的经纪人就会利用其丰富的房地产专业知识、从业经验以及掌握的及时的市场信息，详细地为委托人进行全面评估，如估算投资回报和相关税费是多少，并告知委托人如何办理手续。经纪人有义务以尽可能高的价格为委托人出售房屋。如果委托人下一步需要购置新房，经纪人可根据委托人的需要提供房地产市场的相关信息，如房屋应该选择哪个区域、各区域房屋的合理价位是多少、房屋的周边环境如何、多大的户型适合、如何办理贷款等。经纪人将努力为委托人寻找最合适的房屋。若有必要，经纪人还将为委托人办理相关手续或提供服务。所有这些既专业又烦琐的环节都由经纪人全权负责，这样不仅可以为委托人节省大量的时间和精力，而且可以使委托人减少房产投资风险。经纪人由于其高水平的执业能力和专业水准，赢得了广泛的社会尊重与信赖。

在当今的西方发达国家，经纪业比较发达，经纪机构林立，业务范围广泛。在很多西方国家，生产厂家的对外销售是通过经纪人来完成的，经纪人在制造商与消费者之间建立了买卖关系。这些国家的国际分销系统机制发育完善，制造商可以通过委托代理方式与国际贸易中间人及他国进口中间人签订销售合同。这种业务一般都是通过本国出口商和他国进口商达成商品所有权交割协议的。在现代市场经济条件下，经纪业已经发展到了相当高的水平。

思考与讨论

1. 经纪有哪些作用？如何认识房地产经纪的作用？
2. 经纪有哪些特点？

任务一　掌握房地产经纪基础知识

一、经纪的内涵及相关概念解析

（一）经纪的内涵

经纪是指自然人、法人和其他经济组织为促成委托人和他人交易而从事的居间、代理、行纪等服务并向委托人收取佣金的中介服务活动。

一般来说，可以重点从以下三个方面深入理解经纪活动。

1. 经纪活动是一种中介服务行为

经纪是经济活动中的一种中介服务行为，是商品经济发展到一定阶段的产物。中介主要是指市场经济活动中众多为直接或间接促进市场交易而进行的经济活动的总称。中介服务活动可以提高效率、降低交易成本，从而促进商品交易。中介服务主要是通过为交易双方提供信息和专业服务来促成交易的完成。

2. 经纪活动是通过收取佣金方式取得服务报酬

佣金是经纪收入的基本来源，其性质是劳动收入、经营收入和风险收入的综合体。它是对经纪机构开展经纪活动时付出的劳动、花费的资金和承担的风险的总回报。国家保护经纪机构依法从事合法经纪活动并取得佣金的权利。

佣金可分为法定佣金和自由佣金。法定佣金是指经纪机构从事特定经纪业务时按照国家对特定经纪业务规定的佣金标准收取的佣金。法定佣金具有强制力，当事人各方都必须接受，不得高于或低于法定佣金。自由佣金是指经纪机构与委托人协商确定的佣金。自由佣金一经确定并写入合同后也具有同样的法律效力，违约者必须承担违约责任。

经纪机构在签订经纪合同时，应将佣金的数量、支付方式、支付期限及中介不成功时中介费用的负担等明确写入合同。佣金的支付时间由经纪机构和委托人自行约定，但有法律规定的除外。

3. 经纪活动包括居间、代理和行纪三种基本方式

（1）居间

居间是指经纪人向委托人报告订立合同的机会或者提供订立合同的媒介服务，为促成双方交易成功而收取委托人佣金的行为。

居间是经纪行为中最原始的一种基本形式。特点是经纪人在撮合交易成功之前与委托人之间一般没有明确的法律关系，经纪人与委托人之间无长期固定的合作关系。在居间活动中，经纪人不作为任何一方的代理人，而仅仅是为交易一方或双方提供交易信息并撮合双方成交。

目前在我国，居间仍是一种主要的经纪活动方式。

（2）代理

代理是指经纪人在受托权限内，以委托人名义与第三方进行交易，并由委托人直接承担相应法律责任的经济行为。经纪活动中的代理，属于一种狭义的商业代理活动，其特点是经纪人与委托人之间有较长期稳定的合作关系，经纪人只能以委托人的名义按照合同规定开展活动，活动中产生的权利和责任归委托人，经纪人只收取委托人的佣金。

现代西方的经纪人即完全独立于其委托人的职业代理人，实际上就是一个代理人，代理是西方国家经纪活动的主要方式。

（3）行纪

行纪是指经纪人受委托人的委托，以自己的名义与第三方进行交易，并承担规定的法律责任的经济行为。

行纪与代理的不同之处有两点：一是经委托人同意，或双方事先约定，经纪机构可以以低于（或高于）委托人指定的价格买进（或卖出），并因此而增加报酬；二是对具有市场定价的商品（除非委托人不同意），经纪人自己可以作为买受人或出卖人。一般来说，经纪人与委托人之间有较长期稳定的合作关系，行纪适用范围较小，一般仅用于动产的代销等商业活动。

按照经纪活动服务市场不同，可以将经纪分为房地产经纪、保险经纪、证券经纪、期货经纪、文艺经纪、体育经纪、科技经纪等。每种经纪活动都是一种专业化的服务活动，都需要经纪人掌握其所在行业的专业知识、市场信息及所需技能。

（二）经纪相关概念

1. 经纪、经销、行纪、包销

经纪活动与经销活动有本质的差别。经纪活动的主体对交易标的没有所有权，仅仅是为交易双方提供中介服务，收益主要是中介费（即佣金）；经销活动的主体直接参与交易，对交易标的有所有权，收益主要是通过买进价格和卖出价格的差额获得。

行纪是一种极其特殊的活动，它的性质介于经纪活动和经销活动之间。一方面，从与交易标的的关系看，行纪与经纪活动相似的是对交易标的没有所有权；另一方面，从报酬形式和交易的名义来看，行纪与经销活动相似的是以自己的名义通过买进价格和卖出价格的差额获利。

包销是行纪的一种特殊形式，是介于经纪行为和经销行为之间的行纪。包销可以采用更靠近经纪的形式，不仅不转移交易标的的所有权，而且仍以交易标的的所有者的名义进行销售，但是中介服务方面的报酬采用"佣金+差价"的形式，如国内房地产领域出现的包销。从形式上看，行纪与自营（经销等）很相似。但是除经纪机构自己买受委托物的情况外，大多数情况下经纪机构并未取得交易商品的所有权，它是依据委托人的委托而进行活动的。从事行纪活动的经纪人拥有的权利较大，承担的责任也较重。在通常情况下，经纪机构与委托人之间有长期固定的合作关系。

经纪、经销、行纪、包销的区别如表 1-1 所示。

表 1-1　经纪、经销、行纪、包销的区别

概念	与交易标的之间的关系	收入的形式	活动主体与交易主体之间的关系
经纪	不占有交易标的	佣金	以交易标的的所有者的名义活动
经销	占有交易标的	差价	以自己的名义活动
行纪	不占有交易标的	差价	以自己的名义活动，但受一定的限制
包销	不占有交易标的	佣金+差价	以交易标的的所有者的名义活动

2. 佣金与信息费

佣金和信息费都是用户为了获取某种服务或信息而支付的费用，是收集、加工信息所耗费的人力、物力的补偿。

但两者之间有明显的区别。首先，两者的性质不同。信息费是把信息作为商品出卖给需求者的销售收入。无论信息的用途和依托载体是什么，只要将信息售出即可获得信息费，它属于信息咨询行业。佣金是对经纪机构开展居间、代理等经纪活动时付出的劳动、花费的资金和承担的风险的总回报。委托人与经纪人之间有一种雇与佣的关系。其次，两者作用的效果不同。收取信息费是因为提供的信息满足了需求者的需求，只要提供的信息准确、及时就达到了加速信息传播的效果。收取佣金是由于实现了委托人进行交易的具体目的。只有当目的实现了，一项经纪业务才算最终完成，其作用的效果是商品交易的成功，而不仅仅是提供信息。

二、房地产经纪的内涵与类型

（一）房地产经纪的内涵

房地产经纪是房地产机构和房地产经纪从业人员为促成房地产交易，而从事房地产居间、代理等服务并收取佣金的行为。

（二）房地产经纪的类型

按经纪活动方式分类，经纪可分为居间、代理和行纪。其中，行纪主要出现在普通商品的贸易领域，其主要法律依据是《中华人民共和国民法典》（以下简称《民法典》）。行纪并不适用于房地产。因此，就房地产经纪而言，按服务方式分类，主要分为房地产居间与房地产代理两大类。

1. 房地产居间

房地产居间是指房地产机构和房地产经纪从业人员按照房地产经纪服务合同规定，向委托人报告订立房地产交易合同的机会或者提供订立房地产交易合同的媒介服务，并收取委托人佣金的行为。

在房地产居间活动中，共有三方参与人：一方为委托人，即委托居间业务与居间人签订居间合同的当事人；另一方为居间人，即房地产经纪机构，报告订立房地产交易合同的机会或提供订立房地产交易合同的媒介人；第三方为相对人，即委托人的交易方，居间成功后与委托人签订转让、租赁或其他合同的当事人。居间活动成功共签订两个合同：一是委托人与房地产经纪机构签订的居间合同，委托人支付居间人的佣金；二是委托人与相对人签订的转让、租赁等合同，双方根据合同承担各自的权利与义务。

在房地产流通领域活动过程中，更多渗透着房地产居间活动。为了适应房地产居间业务广泛性、大量性这种市场的需求，不同内容的房地产居间活动也逐步发展成专业化操作的、相对独立的工作领域。

① 按所委托内容不同划分，居间可分为指示居间和媒介居间。指示居间是指居间人仅为委托人报告订约机会的居间，媒介居间是指居间人根据委托人的要求将交易目的相似或相符的双方委托人以媒妁方式促成交易的行为。在房地产经纪实际活动中，这两种是相互结合进行的。房地产经纪人不仅向委托人提供房地产交易信息，包括交易的数

量、交易行情、交易方式等，使委托人能够选择符合自己交易目的的房地产，而且为委托人提供订立房地产交易合同的媒介服务。无论何种房地产居间，房地产居间人都只是居于房地产交易双方当事人之间起介绍、协助作用的中间人。

② 按交易的类型划分，房地产居间业务的范围相当广泛，几乎可以涉及房地产交易的各种类型，如房地产买卖居间、房地产租赁居间、房地产抵押居间、房地产投资居间、房屋置换居间、土地使用权转让居间等。但最主要的房地产居间业务是房地产租赁居间和房地产转让居间。

2. 房地产代理

房地产代理是指房地产机构及房地产经纪从业人员按照房地产经纪服务合同约定，以委托人的名义与第三方进行房地产交易而提供服务，并收取委托人佣金的行为。

要正确理解房地产代理必须注意以下两点。

① 房地产居间与房地产代理这两类不同的经纪活动，在法律性质上有明显的差异。在房地产居间业务中，房地产经纪机构可以同时接受一方或相对两方委托人的委托，向一方或相对两方委托人提供居间服务；而在房地产代理业务中，房地产经纪机构只能接受一方委托人的委托代理事务，因为各国家法律没有有关代理人可以同时接受相对两方委托人的委托代理业务的解释。因此，房地产代理相对房地产居间来说，其房地产经纪机构与委托人之间的法律关系更加明确。

必须注意的是，在现实房地产经纪活动中，有些房地产经纪机构从业人员经常误将为房地产交易双方提供的居间服务称为双向代理，这是不符合法律规定的。

② 房地产代理是以房地产经纪服务委托人确定委托代理权限和因房地产经纪机构接受授权的房地产经纪服务合同而产生的，属于委托代理。因此，房地产代理行为受到代理经纪服务合同规定的代理权限限制，合同未规定的内容，代理人无权处理。同时，房地产经纪机构代理客户与第三方进行房地产交易的行为属于商事代理行为，因此，与一般民事代理行为不同的是，房地产代理人必须是具有从事房地产经纪业务资质的房地产经纪机构，房地产代理必须签订书面合同。

随着房地产市场的发展，西方一些国家（或地区）逐渐形成了一些主要的合同类型。例如，美国根据佣金分成不同将合同主要分为独授权（exclusive selling right）合同（独家代理）、独授权共享合同（卖主和经纪人共享房屋出售的权利）、开放独授权合同（卖主和多个经纪人共享房屋出售的权利）、净卖权合同（卖价超过约定底价的部分作为佣金归经纪人）、联营制合同（卖出后佣金由联合签约的经纪公司、相关经纪人分成）等五种类型。其中，独授权合同与美国房地产经纪业的多重房源上市系统（即房地产经纪行业的信息共享和协作制度）相配合，极大地提高了房地产交易效率，成为美国最主要的房地产经纪方式。这种房地产独家代理制度也逐渐成为大多数发达国家主流的房地产经纪方式。在独家代理制度下，卖方代理的房地产经纪人将委托人的房源信息提交给多重房源上市系统，买方代理人在该系统上搜索到房源后必须与该房源的独家代理房地产经纪人实现交易，而且双方需要对佣金的分配方式达成共识。

相对房地产居间服务而言，房地产代理服务的房地产经纪机构与委托人之间的法律关系更清晰。因此，在房地产经纪发展过程中，房地产代理逐步取代了起源更早的房地产居间而成为许多发达国家主流的房地产经纪形式。西方的经纪人实际上就是代理人。在我国，代理也逐渐成为经纪活动中的一种重要形式。

房地产居间是起源最早的房地产经纪方式。目前在国内，居间仍是二手房经纪业务的一种主要的经纪活动，但在现代西方国家，房地产代理主要是经纪活动。商品房销售代理是中国目前房地产代理活动的主要形式，一般由房地产经纪机构接受房地产开发商委托，负责商品房的市场推广和具体销售工作。

在实际工作中，房地产经纪业务的类型还有多种划分方法。根据交易标的房地产所处的市场类型不同可分为新建商品房经纪业务和存量房经纪业务（俗称二手房）及土地经纪业务[①]；根据房地产经纪活动所促成的房地产交易类型不同可分为房地产转让经纪业务、房地产租赁经纪业务和房地产抵押经纪业务；根据房地产的用途类型不同可分为住宅房地产经纪业务、商业房地产经纪业务（如零售商业、办公、工业等）。这些内容会在以后的章节中展开阐述。

三、房地产经纪的特性

（一）房地产经纪的基本特性

房地产经纪作为一种服务于房地产交易的中介服务活动，主要有下列五个特性。

1. 活动主体的专业性

由于各种不同的商品各自有着不同的特点，它们的市场运行规律也各有不同，因此，经纪人难以跨行从业。每一个经纪人一般总是专注于某一类商品和某一种市场，从而形成各种不同专业的经纪人，如股票经纪人、房地产经纪人、保险经纪人等，这就是经纪活动主体的专业性。房地产经纪的专业性一方面表现为房地产经纪机构和经纪人员在房地产及其交易方面拥有丰富的专业知识、技能和从业经验；另一方面表现为房地产具有很强的行业特性和专业差别，房地产经纪机构及专业人员只能更专注于房地产行业和房地产市场。

2. 活动内容的服务性

在房地产经纪活动中，经纪机构主体为促成房地产交易，只提供中介服务，对商品没有所有权等，也不是房屋价款的支付方，只作为服务方参与交易过程，不作为交易主体存在也就没有买卖行为。

3. 活动地位的中介性

在房地产经纪活动中，发生委托行为的必要前提是存在可能实现委托人目的的第三方，即委托人进行交易的相对人。房地产经纪机构在交易双方之间是"中间人"，房地产经纪人只是为委托人与其交易对手所进行的交易发挥撮合、协助促成的作用。

---

① 在实际业务中，土地经纪业务较少，可忽略不计。

4. 活动目的的交易性

在房地产经纪活动中，房地产经纪服务以促成委托人与第三方的房地产交易为目的。无论是房地产居间中的报告订约机会、提供媒介服务，还是房地产代理中的以委托人名义发布交易信息、协商交易价格、订立交易合同，服务的目标和结果都是为了完成房地产交易。

5. 活动报酬的后验性

实践中，也只有在实现委托人与第三方房地产成功交易的前提下，房地产经纪机构才能收取佣金报酬。佣金是经纪机构应得的合法收入。但房地产经纪机构所获得的收入是根据服务的成果来最终确定的，即交易是否达成及质量决定佣金。佣金收入具有后验性。

（二）房地产经纪的专有特性

房地产经纪既有一般经纪活动的基本属性，也有其专有特性。

1. 活动范围的区域性

由于房地产的位置不可移动，因此房地产市场具有明显的区域性特性。房地产市场供求、交易方式都受到当地特定的社会、经济条件及地方政府政策的影响。房地产经纪人在一定时期内，只能专注于某一特定的区域市场（如某一城市或某个城区）。房地产经纪机构一般通过设立区域分公司或分店的形式服务当地市场。

2. 活动后果的社会性

房地产为各种社会经济活动提供场所，房地产既是重要的生产资料，又是生活资料，还是消费品，房地产经纪活动引发的房地产市场波动对各行各业都有直接而重大的影响。因此，房地产经济活动的后果具有广泛的社会性。

四、房地产经纪的必要性和作用

（一）房地产经纪的必要性

对于房地产市场而言，由于房地产商品及其交易的特殊性，房地产经纪活动更是其不可或缺的重要组成部分。

1. 房地产商品自身具有特殊性和复杂性

（1）房地产具有不可移动性

房地产商品具有空间固定性的特征，其区域性强，不能集中上柜展示。房地产无法像一般商品那样，集中到固定的市场展示、出售，其交易过程是把购买者往房地产所在地集中，以达到认识和购买的目的。这对于房地产业主来说往往并不经济。房地产经纪正是通过专业化分工来提高房地产交易过程中顾客汇集、商品展示等环节的效率，从而降低房地产交易成本。

（2）房地产商品自身信息的复杂性

房地产信息包括房屋质量、房龄等物理信息，以及区域、环境等地理信息。房地产商品是非均质的商品，因此其物理信息、地理信息也是复杂的。另外，房地产商品作为一种不动产，其交易必然涉及产权关系，产权信息也很复杂。房屋产权的界定是相对的，房屋产权结构具有不稳定性，物业产权所有人与使用者往往是分离的。

（3）房地产商品价值高

由于房地产价格很高，一般经销商购买和维持房地产商品这类存货的费用太高，在绝大多数情况下，经销商难以承受，因此房地产不宜像普通商品一样通过经销商出售。房地产通过中介服务促成交易具有成本低、风险低等特点，房地产交易当事人更易接受。

2. 房地产交易具有复杂性

（1）房地产交易价格的复杂性

由于房地产交易具有高度的复杂性，因此需要房地产经纪服务。房地产的空间固定性还决定了房地产商品的单一性、强异质性，即没有两宗房地产是完全相同的，因此，房地产商品市场比价难，而且房地产的价值是以物理特征、地理特征和法律特征的综合因素为基础的，在任意一个时点上估算存量房地产的价值都会存在一定的困难。

（2）房地产市场信息的复杂性

房地产交易需要认知房屋的功能和品质、地段和环境、价值和产权以及当事人的心理和文化诉求等，涉及众多专业知识和能力，包括房地产专业知识、产权交易的法律知识、房屋质量的评估技术与能力、与人沟通和交流的技能、掌握房地产复杂市场行情变化的能力等。借鉴美国等市场经济发达国家的经验，房地产市场信息不对称的问题，需要通过房地产经纪行业的自律管理与政府管理的相互配合、功能互补来得以较好地解决。这是在深层意义上对房地产经纪人沟通信息、提供咨询的使命的认识。

（3）房地产交易心理的复杂性

房地产所有权带来的某些满足感在性质上并不属于经济价值，而属于心理层面。例如，置业是"购买一种生活方式""我看好就是值"等，是由个人偏听、偏信、偏好所致，同一件事对于不同的人，完全可能有大相径庭的看法。房地产交易中的这种个人偏好的心理信息，与买卖双方的个人经历、性格和环境有关，受当事人文化诉求、价值取向、情感需要等心理因素的影响。由于房地产的差异性和房地产商品的异质性以及当事人一般缺乏专业信息，难以了解市场比价，房地产交易不易受到社会、市场观点的平衡与约束，因此房地产交易心理变得更为多种多样、纷繁复杂。

3. 房地产交易双方信息的不对称性

房地产交易的复杂性，使得每一笔交易都需要耗费时日，需要懂得有关法律、财务及估价知识，交易双方在这方面信息不对称突出，需要训练有素的房地产经纪人员为买卖双方提供各种专业帮助。房地产买方大都需要融资，房地产经纪人员熟悉抵押贷款的各种规定，能帮助买主向金融机构筹措购房贷款。房地产商品和房地产交易的复杂性，强化了房地产市场信息的不对称性。房地产商品高昂的价值，使得房地产交易隐藏着巨大的风险。因此，房地产市场特别需要专业的房地产经纪机构和人员，通过为买卖双方提供各种专业服务，规范房地产交易行为，保障房地产交易安全，避免产生巨大的经济和社会风险。

（二）房地产经纪的作用

1. 降低交易成本，提高交易效率

由于房地产交易的复杂性，在房地产交易中，当事人需要市场供求、对方诚信等信息，只有在了解对方和市场情况后才会做出决定。如果当事人独立、直接地进行房地产交易，则当事人不仅要在信息搜集、谈判、交易手续办理等诸多环节上花费大量时间、精力和资金成本，而且搜寻信息的成本相当高且效率低下。另外，由于房地产价值量大，缺乏房地产知识，因此交易双方会更加谨慎，从而导致效率低下，进而导致整个房地产市场运行整体低效。因此房地产经纪业存在的作用，就是通过为当事人提供专业服务，降低交易成本，提高交易效率，从而为当事人省事、省钱。这些专业服务可使双方当事人减少顾虑，较快促成交易，提高效率。

2. 规范交易行为，保障交易安全

房地产交易是一种复杂的房地产产权和价值运动过程，只有按照法律法规的要求才能保证房地产交易安全、顺利地完成。房地产交易主体一般缺乏房地产交易有关法律法规及相关知识。实施不规范的交易行为，不仅会导致当事人财物的重大损失，还会严重影响房地产市场秩序甚至引发金融风险。交易安全是客户保护财产的基本需求，从这层意义上来说，维护房地产交易安全是房地产经纪业的首要使命。在正常的房地产交易活动中，房地产经纪人能比较准确地把握市场供需，并根据物业现状对价格做出判断，运用法律知识为双方当事人制定相对完备的合同，减少或杜绝违约行为。因此，防范房地产交易不安全造成的相关风险，保护有关当事人的财产安全最有效的市场方式，就是依托经纪人坚守中介立场，发挥专业优势，规范服务程序。

3. 促进交易公平，维护合法权益

在房地产交易过程中，当事人往往存在严重的信息不对称，甚至隐瞒欺骗等，这些情况容易导致交易不公平，致使当事人权益受损。房地产经纪人作为市场中介可以为客户提供丰富专业的市场信息和决策信息。房地产经纪人唯有以诚信为本，才会尽维护交易公平之职守，否则会失去客户的信任，殃及整个经纪行业的声誉，危害行业的发展。

任务二 了解房地产经纪的产生与发展

一、经纪的起源

经纪的产生和发展是商品生产和商品交换发展的产物，是人类发展中社会分工的必然结果。最初的商品交换是分散进行的，没有固定的场所和时间。随着商品生产的发展，商品交换越来越频繁，于是出现了集市，把众多的买者和卖者集中在一起进行交易。但是在集市上，并非每一个人都对市场的情况了如指掌，都熟悉交易技巧。这就需要那些经常出入市场、了解市场情况、熟悉市场行情和交易技巧的人，在市场上充当交易的中介，公正、诚实地为交易双方牵线搭桥、提供服务，从而使交易快速实现。

到了近现代，社会分工日益发展，生产的社会化程度日益提高，市场迅速扩大，商品经济内在的供求矛盾日益突出。一方面，众多的生产者不能及时找到消费者；另一方面，众多的消费者找不到合适的商品。传统的商业形式并不能解决这一矛盾，因此，新的商业组织形式和经营方式不断涌现。一部分掌握各种信息和购销渠道的人为交易双方提供信息介绍和牵线服务，促成交易的实现，由此产生了人类经济活动的全新行业——经纪业。尤其是随着市场的细化和专业程度的提高、交易的难度和费用的提高，在一些专业市场上更需要那些具有专门知识和交易技巧的人为客户提供服务或代客户进行交易。经纪人员成为市场运营必不可少的部分，并通过提供服务获得经济收入。经过漫长的历史演变，经纪业随着现代市场经济的发展而日趋完善。经纪活动涉及生产、流通、消费等环节，是商品流通的润滑剂，对加速商品流通、实现商品价值、促进社会再生产的顺利进行起着重要作用。由此可见，经纪的产生和发展是商品生产和商品交换的产物，是社会分工的必然结果。房地产经纪也伴随着经纪业的产生逐渐产生而不断发展起来。

二、我国房地产经纪业的产生与发展

（一）早期房地产经纪的产生与发展

我国是一个历史悠久的古国，在两千多年前就出现了经纪活动。在西汉，经纪人被称为"驵侩"；在唐代，经纪人被称为"牙人""牙郎"；到了宋元时期，出现了外贸经纪人，宋代称"牙侩"，元代称"舶牙"；明清时期，经纪人被称为"牙人"。明代还把牙人分为"官牙"和"私牙"，同时还出现了"牙行"，即指代客商撮合买卖的店铺。清代，在对外贸易中，经纪人被称为"外洋行"。清代后期还出现了专门的对外贸易的经纪人"买办"。在我国历史上，曾把居间人称为"牙侩""牙郎""牙人""市牙"等，亦有"掮客""纤手""跑合人"之称。实际上，"掮客"不仅是旧中国时期对居间人的一种别称，更是对一般经纪人的俗称。

我国房地产经纪业的历史也源远流长，早在宋代就有"典卖田宅增牙税钱"的记载。据元《通制条格》卷十八《关市》记载的内容，在元代就存在大量的从事房地产经纪活动的人，当时从事房地产经纪活动即房屋买卖说合的中介称为"房牙"。这一称谓沿用

到清代。

1840 年鸦片战争之后，在我国一些通商口岸城市（如上海）出现了房地产经营活动，于是房地产"掮客"应运而生。房地产"掮客"活动的范围十分广泛，有买卖、租赁、抵押等。房地产"掮客"对于活跃房地产市场、缓解市民住房紧张、促进住房商品流通起过一定的作用，但多数经营作风不正，政府管理不当，在一定程度上加剧了房地产市场的混乱。这一时期主要是由个人化的经纪人员来操作的，尚未形成独立的房地产经纪行业。

（二）1949 年以后房地产经纪行业的发展历程

1. 1949～1978 年房地产经纪业逐步萎缩

20 世纪 50 年代初，政府加强了对经纪人员的管理，采取淘汰、取缔、改造、利用以及惩办投机等手段，整治当时的房地产经纪业。随后直到 1978 年改革开放前，在这一时期房地产经纪活动基本消失了。

2. 1978～2000 年房地产经纪业复苏和初步发展

改革开放为我国的房地产经纪行业提供了孕育、生长的环境。1983 年，国务院发布了《城市私有房屋管理条例》，建立了房屋产权登记制度，至 1990 年，全国基本完成了房屋所有权登记工作，为 80%以上的房屋所有者颁发了产权证书。这为房地产交易提供了基础保障，也为房地产经济活动的重新出现创造了良好的条件。1985 年前后，由各地房地产行政主管部门设立的事业单位性质的换房所、房地产交易所、房地产交易中心或房地产交易市场大量出现，1988 年统称为"房地产交易所"，这类机构承担着市场管理和房地产交易服务职能。深圳在 1988 年 12 月就成立了全国首家房地产经纪机构——深圳国际房地产咨询股份有限公司。1991 年，深圳的房地产经纪机构发展到 11 家。

1992 年邓小平南方谈话之后，中国房地产市场得到了快速发展。仅 1993 年一年就批准成立了近 70 家房地产中介服务机构。中国房地产协会中介专业委员会于 1995 年成立。特别是 1995 年 1 月 1 日《中华人民共和国城市房地产管理法》（以下简称《城市房地产管理法》）和 1995 年 7 月 17 日《国家计划委员会建设部关于房地产中介服务收费的通知》及 1996 年 2 月《城市房地产中介服务管理规定》（2001 年 8 月 5 日修改）颁布施行后，房地产经纪行业的地位合法化并得到正面的规范和管理。1998 年停止住房实物分配之后，城镇居民住房需求得到迅速释放，再加上住房公积金和商业性住房金融的支持，面向存量房市场的房地产经纪服务业迅速兴起。

3. 2001～2010 年后房地产经纪业快速发展

2001 年之后，个人成为市场住宅市场需求的主体，房地产供求两旺，存量房市场兴起，商品房价格快速上涨，房地产买卖、租赁市场全面繁荣。房地产经纪行业进入快速发展时期。为了提高房地产经纪人员的素质，规范行业执业行为，2001 年 12 月，人事部、建设部联合颁发了《房地产经纪人员职业资格制度暂行规定》，决定对房地产经纪人员实行职业资格制度。房地产经纪人员职业资格包括房地产经纪人执业资格和房地产经纪人协理从业资格。取得房地产经纪人执业资格是进入房地产经纪活动关键岗位和发起设立房地产经纪机构的必备条件。

2002 年 7 月，举办了首次全国房地产经纪人执业资格认定考试。为了更好地监督和管理房地产经纪企业和经纪人员的执业行为，2002 年 8 月，建设部发布《关于建立房地产企业及执（从）业人员信用档案系统的通知》，房地产信用档案的建立范围包括房地产经纪人、房地产经纪人协理。2004 年 7 月，经批准，中国房地产估价师学会更名为中国房地产估价师与房地产经纪人学会。

房地产经纪机构采用连锁经营扩展模式，随后出现了一些大型房地产机构，2004年起，合富辉煌、富阳控股、易居中国、世联地产、我爱我家控股集团股份有限公司（以下简称我爱我家）、搜房网等陆续在国内外资本市场上市，产生了一批盈利能力强、综合实力雄厚的房地产经纪机构。

4. 2011～2019 年后房地产经纪业快速发展

为加强和规范房地产经纪行业的全面管理，2011 年 4 月 1 日，《房地产经纪管理办法》正式实施，这是第一部房地产经纪专门的全国统一管理规范。经纪行业的规范框架有了突破性的进展。2012 年 5 月，人力资源和社会保障部发布《关于清理规范职业资格第一批公告》，将房地产经纪人职业资格归入职业水平评价类职业资格。2015 年 6 月，《国务院关于取消和调整一批行政审批项目等事项的决定》（国发〔2014〕27 号）取消了房地产经纪人职业资格许可。2016 年 4 月 1 日起实施修改后的《房地产经纪管理办法》。

5. 恢复调整期（2020 年至今）

新冠疫情的暴发使各行各业都受到了巨大冲击，房地产经纪行业业务出现了较大萎缩。随着全球疫情的好转及经济的调整和复苏，房地产经纪行业开始逐渐恢复生机。

（三）我国房地产经纪业的现状

1. 房地产经纪行业的归类

依据我国《国民经济行业分类》（2019 年修订版）总体分类，房地产业属于 20 个单独大门类（K 类）之一。房地产业大类又包括 5 个中类/小类：房地产开发经营、物业管理、房地产中介服务、房地产租赁经营及其他房地产产业。其中，房地产中介服务包括房地产咨询、房地产估价和房地产经纪等活动。

2. 房地产经纪行业的规模

目前在我国，特别是在经济较发达的地区，房地产经纪机构的数量已发展到较大的规模，成为房地产服务业的主要部分。从机构数量和从业人员来看，在房地产服务机构中，最多的也是房地产经纪机构。根据我国房地产估价师与房地产经纪人学会统计，截至2020 年底，全国市场主体登记的房地产经纪机构共 34.1 万家，分支机构（门店）10.8 万家，存量房和新建商品房总交易额约 25 万亿元，通过房地产经纪的综合成交率约占 50%，按照 2% 的佣金率计算，房地产经纪行业的营业收入总规模约 2500 亿元。一些头部企业从业人员数量、门店数量及进入城市数持续增长。

（四）我国房地产经纪业发展趋势[①]

目前，房地产经纪业正呈现出由传统向现代加速的趋势，主要表现在以下几方面。

1. 房地产经纪以互联网及信息技术为依托，线上线下融合发展

从发达国家和地区房地产经纪业发展的经验来看，采用最先进的信息技术，更大范围整合房地产市场及相关信息，可以提供房地产市场流通的功能。例如，美国建立的多重房源上市服务系统，就是整合了全行业的房源信息，使房地产经纪人从房源竞争转为全行业层面的紧密协作和竞争，大大提高了工作效率。目前，我国也出现了一种跨企业的房源信息共享系统，加盟企业独立运作但可以共享房源信息。

现在，许多人了解存量房市场的第一步就是浏览各大房地产专业网站和知名门户网站的房地产频道，因此，网上门店已经成为房地产经纪人获取客源的一个重要渠道。房源发布的网络化大大提高了信息发布的速度、降低了信息发布的成本，此外，还可用虚拟仿真技术进行展示，为客户提供 24 小时的全方位 360 度信息获取平台。

2. 房地产专业化分工向纵深发展

传统的房地产经纪业主要利用其所掌握的房源信息和客源信息，通过供需配对促成交易。从发达国家和地区房地产经纪发展的经验来看，依托快速发展的信息技术，房地产经纪行业可以通过各类信息的深度加工，围绕房地产市场流通提供专业咨询、顾问等高附加值系列化服务。

传统的房地产经纪业主要集中于住宅市场。住宅市场以买卖为主的流通方式使得房地产经纪业并不太关注房地产使用过程中的问题，因此，从业人员主要需要掌握房地产交易、产权登记的法律和实务操作知识与技能，以及相关的建筑、金融、市场营销知识等。如今，房地产经纪业更多地拓展到了种类繁多的商业房地产领域，大量涉猎写字楼、商铺、购物中心、仓储和工业房地产市场，为金融、商业、物流等企业提供房地产租赁、购置的咨询、代理服务。房地产经纪业的知识和技术密集程度大大提高，同时，专业化分工不断深化。

3. 房地产经纪管理规范化、标准化、法治化

国家非常重视规范化、标准化工作，出台了国家标准化体系建设规划，对标准化法进行了修订，并充分发挥行业协会作用，加强团体标准建设。全国性自律行业组织中国房地产估价师与房地产经纪人学会也与各地方组织一起，加强团体标准的制订、修订，如《房地产经纪执业规则》《房地产经纪线上服务规范》等，进一步推动房地产经纪服

---

① 张永岳，崔斐，2022. 房地产经纪职业导论[M]. 4 版. 北京：中国建筑工业出版社：27-28.

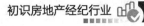

务的规范化、标准化,一些大型企业和网络平台也积极通过制定企业标准来提升经纪服务质量和行业形象。房地产经纪行业的标准规范体系不断完善。

自国家出台《房地产经纪管理办法》以来,行业法治化建设进一步加强,从房地产经纪机构和房地产经纪人员的准入、信息发布和披露、合同签订和服务收费等方面进行规范,并加大对违法经纪人的处罚力度。房地产经纪管理法治化进程不断加快。

三、西方国家房地产经纪业的产生与发展

在房地产交易出现的早期,西方国家就产生了从事房屋买卖中介的专业人员。但是,真正较为规范、完善的房地产经纪业是近代才形成的。

纵观近现代发达国家的房地产经纪业,一个普遍的特点就是这些国家相继建立了较为完善的房地产经纪制度。发达国家的房地产经纪制度,一般以一定的法律形式,对有关专业人员资质认定、执业保证金、佣金制定、契约形态等方面的内容进行规定,并由有关政府主管机关进行监管。同时,还注重发挥房地产经纪行业协会在进行教育培训、建立执业规范、培养职业道德、实施信誉制度方面的作用。发达国家的房地产经纪机构大多形成了较为科学的经营运作和企业管理模式,这些都非常值得我们学习借鉴。

(一)美国房地产经纪业

1. 美国房地产经纪概述

美国的市场机制非常完善,行业协会在房地产经纪行业中的作用显著,政府和法律对中介机构的限制较少,整个中介市场比较活跃。

美国早期的房地产交易主要由律师和公证人为买卖双方做见证,并处理产权转让等具体事宜。后来,介绍房地产买卖的房地产经纪人逐步熟悉了房地产方面的法律以及产权转让程序,除了买卖居间外,他们都能代理交易双方办妥产权过户。这样,房地产经纪人在房地产的交易中,渐渐取代了律师和公证人,成为房地产交易的中介环节。这种真正意义上的房地产经纪人的出现,大大地促进了美国房地产业的发展。1917 年,加利福尼亚州首先在这方面立下管理法案,后来各州政府也陆续立法以规范房地产经纪行业。虽然各州规定的具体条款有所不同,但基本精神是一致的,即通过规定房地产经纪人所应具备的各项资格、执照的颁发、执业行为的规范、相应的惩罚措施以维持其专业服务标准,保障消费大众的基本权益。

2. 美国房地产经纪目前发展状况

因为房地产经纪在整个房地产运行模式中处于一种很特殊的地位,房地产经纪虽然不是房地产市场交易的主体,却是保证房地产交易成功的必要环节。房地产交易对中介环节具有很强的依赖性。在这一点上,美国的房地产经纪业确实有可供参考的地方。

(1)从行业管理来看

在美国,房地产中介业是相当发达的,从行业管理来看,美国全国及地方都有一些

以提高会员的业务能力和保护公共利益为宗旨的房地产经纪人协会。其中，成立于1908年的"全美房地产经纪人协会"是最大的房地产行业协会，建立了高标准的职业道德规范、房地产经纪行业的信息共享和协作制度。2019年，超过139万人宣誓恪守该规范。该协会会员中有房地产经纪人、推销员、管理人员和估价人员等。同时，建立了房地产经纪行业的信息共享和协作制度，其核心是多重房源上市服务系统。由于美国普遍实行独家代理方式，加上计算机信息技术的推广，大大提高了房地产经纪业促进房地产交易的社会经济功能。

（2）从人员教育培训来看

据保守估计，美国大约有200万人从事房地产中介这一职业，其中，高学历、高素质的人员占了很大比重。在美国，对房地产销售人员执照的核发有严格规定。销售员考试必须修完房地产原理，考试合格后，在会计、商业、公证、专业法律、产业管理、房地产估价、房地产经纪人、房地产贷款、办公室行政管理、房地产实务10门课中任选6门，在18个月内学完并考试，达到2门合格才能取得销售员执照；而房地产经纪人则要修完房地产实务、法律规章、财务、估价、会计共5门必修课，并在商业、法律、管理、公证等课程中再选3门，才能取得经纪人执照。一般能通过考试的人只有20%左右。为保证专业水准和服务质量，房地产经纪人员每年还必须参加考试，接受再教育，执照每4年申请重新换发。经过几十年的发展，美国已经形成一套完整的从学院培养到在职教育的房地产中介人才培养机制。

（3）从房地产中介的职能来看

早期，美国房地产市场交易主要由律师和公证人为买卖双方做见证，并处理产权转移事宜。后来，房地产经纪人出现，他们不仅作为中介，还代为买卖双方办理产权转移等法律问题，从而在房地产市场交易中发挥了不可替代的作用。目前，美国房地产交易过程已经相当规范，具有一整套完整的流程。一宗交易中的参与者各自负有的责任被划分得相当明确。

（4）从法律法规等制度来看

在美国，对房地产经纪人有严格细致的法律规定，这些法律包括代理法、契约法规、各州的执照法、各州的相关法律、联邦法及专业伦理法则等。其中，房地产执照法是规范房地产经纪人行为最严密的法规，它对何种情形下经纪人必须持照有详细规定。

（二）英国、法国、德国、日本的房地产经纪业

英国和法国的特点是法律详尽、执法严厉，政府对房地产交易活动管理严格。在英国，房地产的买卖、租赁等合同关系都必须由当事人双方委托的律师来完成。履行过程中发生的纠纷及争议，也是通过双方的律师来解决的。在法国，律师在房地产交易活动中也起重要作用。与英国不同的是，法国半官方的公证处起关键作用，任何房地产交易都必须依法经过公证处公证，并由公证处依法提供有关土地房屋的法定规划文件，购买者必须熟知该规划文件才能做出是否购买的决定。德国有《住房中介法》对房地产经纪

活动进行严格的管理。日本的房地产中介制度沿袭了美国的房地产经纪制度，它的特点是政府对房地产经纪业起着重要的规划、引导作用。

任务三 熟悉我国现行房地产经纪行业管理

一、房地产经纪行业管理的含义和作用

房地产经纪行为的有序进行和不断完善，离不开必要的行业管理。为适应房地产市场发展的需要，必须加快建立和完善房地产经纪行业的管理模式和发展路径。

（一）房地产经纪行业管理的含义

房地产经纪行业管理是政府房地产经纪管理部门、房地产经纪行业组织对房地产经纪机构和房地产经纪从业人员、房地产经纪活动和房地产经纪行为实施的监督管理。房地产经纪行业管理的目的在于规范房地产经纪活动，并协调房地产经纪活动中所涉及的各类当事人（如房地产经纪机构、房地产经纪人员）之间的关系。

（二）房地产经纪行业管理的作用

房地产经纪行业管理是社会事务管理的一个组成部分，因此它的基本作用就是维护社会整体利益，即通过管理使房地产经纪活动符合社会整体规范，并最大限度地增进社会福利。

具体来说，房地产经纪行业管理具有如下两方面的作用。

① 通过房地产经纪行业管理来规范房地产经纪服务活动，有助于提高房地产的有效供给，进一步改善房地产流通，提高房地产利用效率，从而促进房地产业的发展，提高居民住宅消费的总体质量水平。

② 房地产经纪行业管理作为一种行业管理，可以协调行业内部各类主体之间以及行业与社会其他主体之间的关系，促进行业整体的高效运作和持续发展，维护和提高行业的整体利益。

从发达国家和地区的实践情况来看，房地产经纪行业管理较好的地方，房地产经纪行业的经济效益较高，其从业人员的社会形象和社会地位也较高，整个行业的发展也比较快。

二、房地产经纪行业管理的基本原则

1. 营造良好环境，规范行业发展

房地产经纪行业不仅在过去十几年的发展中，为我国房地产市场和房地产业的发展，乃至社会经济发展做出了重大的贡献，而且是未来房地产市场、房地产业进一步发展中必不可少的重要环节。房地产经纪行业是一个需要鼓励发展的行业。对房地产经纪行业的管理，应本着规范行业发展、促进行业进步的原则进行。

2. 遵循行业规律，实施专业管理

房地产经纪行业是以促成房地产交易、提高房地产交易效率、维护房地产交易安全为服务内容的行业。房地产商品的特殊性和房地产交易的复杂性都使得房地产经纪成为专业性极强的经纪活动。正如证券经纪、保险经纪一样，房地产经纪活动作为一种特殊商品的经纪活动，其特殊性远远大于它与各类经纪活动具有的共性。从我国证券经纪、保险经纪行业管理的经验来看，对从业人员专业知识要求较高的经纪行业，实施专业化管理是必要的。从境外房地产经纪行业的情况看，专业化的房地产经纪行业管理是一种惯例。

3. 推进行业立法，严格依法管理

国家和各地方立法机构应该加紧建设有关房地产经纪的法律法规体系，理顺房地产经纪行业管理的行政管理体系，这将能够从根本上解决房地产经纪管理"无法可依、有法不清楚"的问题。但是，在制定的过程中，也应当注意避免不同政府部门从各自局限的角度出发，制定互不衔接的行政法规和政策的情况。目前我国房地产经纪行业可依据的法律法规主要有《民法典》《城市房地产管理法》，行政法规《城市房地产开发经营管理条例》，部门规章《房地产经纪管理办法》《房地产广告发布规定》，以及地方性法规规章和政府主管部门出台的规范性文件等，但却无国家层面立法的房地产经纪管理条例、房地产交易条例等。

4. 健全行业组织，加强行业自律

从境外市场经济发达的国家和地区来看，行业自律管理对竞争性行业具有很好的管理作用。自律管理中最重要的手段就是制定行业规范。因此它虽然没有法定约束力，却有很强的内在约束力。比之政府的行政管理，行业自律管理不仅在管理权上具有更大的灵活性、机动性，更能适应行业快速发展的需要，而且更容易调动行业成员的主观能动性，可以在更广泛的层面上调动社会资源，这有利于节约政府资源，有利于提高房地产经纪行业管理水平，使房地产经纪行业在更大程度上增进社会福利。

5. 顺应市场机制，维护有序竞争

企业是市场中的独立主体，会根据市场供求状况、行业竞争状况和企业自身条件进行行为决策。市场的供求机制、竞争机制会调节企业的行为。房地产经纪行业管理主要应起到避免市场机制失灵、保证市场机制正常运作的作用。房地产经纪行业管理应有助于形成按照市场经济原则有序运作、不断发展的行业发展机制。

在这一原则指导下，房地产经纪行业管理应以维护房地产经纪行业及其相关市场有序竞争为价值取向。市场机制运作以市场有序竞争为前提条件，要维护有序竞争，房地产经纪行业管理首先要保证行业的适度发展，要避免因信息不对称等因素的存在使房地产行业出现超出市场需求的盲目发展，避免因行业过度膨胀导致业内的恶性竞争。另外，房地产经纪行业管理应通过一系列制度坚决抵制不公平、不正当竞争，避免不公平、不

正当竞争破坏行业发展的内在机制。

三、房地产经纪行业管理的基本模式

管理模式是指由管理主体、管理手段和机制所组成的动态系统，不同管理模式之间在系统组成要素（如管理主体、管理手段）、系统结构、运作流程上存在差异。房地产经纪行业管理主要有以下三种模式。

（一）行政监管模式

在行政监管模式下，政府行政主管部门承担了房地产经纪行业管理的绝大部分职能，管理手段以行政手段为主，如进行执业资格认证、登记备案与年检、制定收费标准和示范合同、进行行政监督等。这种模式下的房地产经纪行业协会管理职能相对薄弱，一般只在教育训练、学术交流、评奖等方面发挥作用。目前我国内地和香港主要采取这种模式，但香港在法律手段的运用上比内地更成熟一些。

在香港，规范地产代理活动法律除了《地产代理条例》外，主要还有《地产代理常规（一般责任及中国香港住宅物业）规例》及《地产代理（裁定佣金争议）规例》，它们具有较强的适应性，对规范地产代理活动起到了有效的作用。

香港的地产代理监管局是专门管理房地产经纪行业的政府机构，主要负责颁发牌照和行政管理的工作。香港行业管理的主要内容包括：设定代理机构和地产代理人从事代理活动的基本资质；建立监察机构，对地产代理活动进行监督，调解地产代理人与委托人的纠纷，对违纪的地产代理机构和个人进行相应的惩处；推行书面代理合约，减少纠纷。此外，香港地产代理业还有香港地产代理商协会、香港地产代理专业协会等5个商会，但各商会对会员行为的约束力都较弱，主要是在行业教育、学术交流和与政府沟通上发挥作用。

（二）行业自律模式

在行业自律模式下，房地产经纪的直接管理主体是房地产经纪行业协会。行业协会不仅实施自律性管理职能，还受政府职能部门甚至立法机构的委托，行使对房地产经纪业的行政管理职能。在这种模式下，管理手段相对较为丰富，法律、行政、经济和自律等手段都有所运用。目前我国台湾地区就是采取这种模式。

台湾地区房地产经纪业的"同业公会"受政府行政主管部门委托，直接从事房地产经纪业的各项具体管理事务，而主管部门只是对其实行指导和间接管理。

"同业公会"进行行业管理的主要内容包括参与行业立法和组织实施。

首先，在执业立法方面，目前台湾房地产经纪业唯一的专门法规"不动产经纪业管理条例"就是由主管机关委托公会承担起草的。

其次，在组织实施方面，行业发展的大事在主管机关指导下由公会操作，如台湾地区的房地产流通信息网络，从规划到实施，都是由公会组织操作的，主管部门只是进行指导；行业管理的具体事务均由公会承担，如培训行业队伍、指导企业自律、组织企业交流、协调企业关系等。

台湾地区房地产经纪业的管理办法涉及多种细则，内容具体，易于操作，房地产经纪业主管机关依托"同业公会"来实施管理，使经纪活动逐步走向规范。

（三）行政监管与行业自律结合模式

在行政监管与行业自律结合模式下，政府行政主管部门和房地产经纪行业协会都是强有力的管理主体，但两者的管理职能有所分工。美国房地产经纪业的行业管理即是这种模式。

目前，在美国房地产经纪行业管理实践中，已经形成了政府行政主管部门和房地产行业协会之间明确的职责分工，建立了包括一般性法律规范、各州的房地产经纪人执业牌照管理制度、较为完善的行为准则和伦理道德规范在内的体系管理文件。

首先，美国各州政府多数设有专门机构对房地产经纪行业进行管理。它们的主要职责是制定有关管理规则、设立管理房地产经纪机构、发放房地产经纪人与销售员执业资格牌照、审定执业资格考试及教育训练的内容、审批从事执业课程教育的学校的资格、处理房地产交易客户的投诉等。各州政府还设有调查机构和专门的监察机构负责调查和处理违规执业案例。

其次，房地产行业协会在管理体系中扮演着重要角色，整个体系由全国、州和区域三个层次的房地产经纪行业协会组成，具体职责主要是促进房地产经纪人与立法机关、行政机关的协调、沟通，经纪人协会与房地产业其他行业协会的交流，是经纪人与立法、行政机关之间的桥梁。协会还负责经纪人之间的沟通、协调，提供培训教育机会，制定合同示范文本，受理消费者投诉，制定行业技术标准及职业道德准则并提供房地产信息共享平台。由行业协会主导建立的联合销售制度，规定加入协会的经纪人必须共享信息，否则会被协会开除，这从客观上促使房源信息在全国范围内得以共享。通过这一系列手段，对房地产经纪业的执业规范、信誉、行业协作等方面进行有效管理。

最后，在美国有关规范房地产经纪人的法律主要有一般代理法规、契约法规以及各州的执照法、联邦法、专业伦理法则。这些法规并不只是针对房地产经纪行业的专业性法规，而是一般性的法律规范。执行原有的一般性法律就能规范房地产经纪行业从另一个侧面说明美国社会中一般性法律体系已经相当严密和完善。

在房地产经纪的运作实践中，美国还形成了包括个人信用保障制度、产权保险制度、房屋质量保证、过失保险制度、合同示范文本在内的一套对行业从业者及机构的保护机制，为房地产经纪业的规范运作奠定了坚实的基础。

以上三种模式的主要区别是管理主体及其因主体不同而导致的管理手段有所不同。就房地产经纪行业管理的内容来看，政府行政主管部门和行业协会这两类不同性质的主体，对不同管理内容的胜任度也是不同的。因此，双重主体的管理模式通常比单一主体的管理模式更能适应房地产经纪行业管理的多重要求，因而管理效果更好。又由于美国法律法规健全，因此其房地产经纪业的发展与管理成绩更加显著。

四、房地产经纪行业管理的基本内容

（一）房地产经纪行业的专业性管理

作为对房地产经纪业这样一个特定行业的行业管理，房地产经纪行业管理的基本内容具有很强的行业特征。

房地产经纪是围绕房地产所开展的中介服务活动，而房地产具有不可移动、价值高、自然寿命长、受环境影响大等不同于其他商品的特征，这使得房地产经纪活动具有很强的专业性，因此，房地产经纪行业管理也具有很强的专业性。这主要体现在以下几个方面。

1. 对房地产经纪活动主体实行专业资质、资格管理

从发达国家和地区的情况来看，很多国家对房地产经纪业的从业人员，建立了系统的教育和继续教育、资格考试、资格认定的制度，以保证房地产经纪业从业人员具备相应的专业知识和技能。同时，对房地产经纪机构实行专业的营业资质和牌照管理。

2. 对房地产经纪人员的职业风险进行管理

房地产经纪活动所涉及的标的是具有高额价值的房地产，因此，房地产经纪人员在职业活动中的一些失误，常常会给客户造成巨大的经济损失，从而给房地产经纪人员自身带来严重的民事法律后果。这种职业风险如果不能有效规避，就会给房地产经纪业造成重大打击。所以一些发达国家和地区通过设立房地产经纪业赔偿基金、强制性过失保险制度等来规避房地产经纪业的职业风险。

3. 对房地产经纪活动实行属地性管理

房地产不可移动，使房地产市场具有明显的地域性，这决定了房地产经纪业的运作也不可避免地带有很强的地域特征，即房地产经纪机构异地经营时应到交易所在地房地产管理部门办理备案。

（二）房地产经纪行业的规范性管理

由于房地产经纪业属于服务业，它不提供实体性产品，而是提供具有使用价值的动态过程——房地产交易的居间或代理等服务，因此对房地产经纪的管理必须着重于保证服务过程的规范性。从发达国家和地区的经验来看，对服务过程规范性方面的管理，主要通过以下几方面的管理来实现。

1. 房地产经纪业执业行为规范

发达国家和地区一般通过立法来制定房地产经纪业的执业规范，如美国房地产经纪业的《一般代理法规》，我国香港房地产经纪业的《地产代理条例》等。

2. 房地产经纪收费规范

收费管理的最主要方式是制定具有法律约束力的房地产经纪服务佣金标准（通常是

指其相对于房地产交易额的一定比率）。各国（地区）房地产经纪行业管理主管部门都严令禁止房地产经纪机构赚取合同约定的佣金以外的经济利益，如房地产交易差价。

（三）房地产经纪行业的公平性管理

房地产经纪业是以信息为主要资源的服务业，信息自身的种种特点以及信息不对称所带来的种种后果都要求行业管理主体对房地产经纪行业实施公平性管理，以保证行业内部各机构及从业人员之间的公平竞争和行业与服务对象之间的公平交易。具体来说，主要有三个方面。

1. 行业竞争与合作的管理

信息的共享性、积累性、时效性，使得房地产经纪业内部容易产生不正当竞争，但同时又迫切需要开展行业内的广泛协作。因此，对行业竞争与协作的管理也是房地产经纪行业管理的重要内容，美国全美房地产经纪人组织所建立的"多重上市服务系统"是开展行业协作管理的典范。

2. 房地产经纪业的诚信管理

由于房地产经纪人与服务对象之间存在较为明显的信息不对称现象，因此对房地产经纪的管理必须十分注重对房地产经纪业诚信的管理。很多国家的政府和房地产经纪行业组织，通过法律、行政、教育、行业自律乃至评奖、设立信用保证金等种种方法来对房地产经纪机构及执业人员的资信进行管理。

3. 房地产经纪纠纷管理

关于房地产经纪纠纷的管理是房地产经纪行业管理的重要内容。从发达国家和地区的情况来看，建立常规的消费者投诉通道、明确仲裁和协调的主体、制定纠纷处理的法律性文件是纠纷管理的主要手段。

五、我国现行房地产经纪行业行政监管

（一）我国现行房地产经纪行业行政监管部门及其职责分工

目前我国现行房地产经纪行业行政监管涉及的部门主要有建设（房地产）、价格、人力资源和社会保障、市场监督管理等部门。各部门职责分工大致如下。

建设（房地产）部门承担规范房地产市场秩序、监督管理房地产市场的主要职能。具体负责对房地产经纪行业的日常监管，对房地产经纪机构和房地产经纪人员执业行为的监督管理，行业规章制度的制定和监督执行以及对包括房地产经纪机构备案、房地产经纪人员职业资格登记、房地产交易合同网上签约、房地产交易资金监管等为主要内容的综合监管。

国家发展和改革委员会及下属部门负责制定房地产经纪相关的价格政策，监督价格政策的执行，对房地产经纪机构和人员的价格行为进行监督管理，依法查处价格违

法行为。

人力资源和社会保障部门负责参与人才管理工作，承担完善职业资格制度、拟定专业技术人员管理和继续教育政策、建设社会保障体系等责任。

国家市场监督管理部门负责房地产经纪机构的登记注册和监督管理，承担依法查处取缔无照经营的责任，依法查处行业不正当竞争、商业贿赂、合同欺诈、房地产广告违规等违法行为。

此外，建设（房地产）主管部门应当定期将备案的房地产经纪机构情况通报同级价格主管部门、人力资源和社会保障等主管部门。我国《房地产经纪管理办法》第二十九条规定，建设（房地产）主管部门、价格主管部门、人力资源和社会保障主管部门应当建立房地产经纪机构和房地产经纪人员信息共享制度。

（二）我国房地产经纪行业行政监管的方式

目前我国房地产经纪行业行政监管的主要方式有现场巡查、合同抽查及投诉受理等。

1. 现场巡查

现场巡查重点是巡查房地产经纪机构日常经营活动的规范性，是对房地产经纪活动进行全面监督管理最常用的方式。通过现场巡查能够真实地了解房地产市场及日常经营活动。

2. 合同抽查

合同抽查是抽查房地产经纪机构和从业人员从事房地产经纪活动所签订的各类合同，是对房地产经纪机构行为进行检查的最重要的方式。具体检查方式有针对性检查和随机抽查。依据《房地产经纪管理办法》、《商品房租赁管理办法》及政府管理的规范性文件等规定，根据合同性质确定不同的检查重点。

3. 投诉受理

投诉受理是主管部门发现房地产经纪违规行为的有效途径，也是房地产交易当事人解决房地产经纪活动引发纠纷的常见方式。房管部门和价格管理部门都设有投诉通道。

（三）我国房地产经纪行业行政监管的内容

按照房地产经纪活动过程开展的先后顺序，房地产经纪行业行政监管可分为事前监管、事中监管和事后监管。在政府简政放权、减少行政审批事项的趋势下，事中监管和事后监管是政府部门监管的重点。实名服务制度是事前、事中、事后全过程监管的基础制度，从业人员的姓名、机构、职业资格信息、文件签署等都实行实名制度。

1. 事前监管

事前监管是房地产经纪活动发生之前的管理，主要包括房地产经纪专业人员的职业资格管理和房地产经纪机构的登记备案管理。房地产经纪人员职业资格制度包括考试制度、登记制度、继续教育制度等；房地产经纪机构的登记备案制度包括备案申请、备案公示和备案年检等。

（1）房地产经纪专业人员的职业资格管理

我国房地产经纪专业人员职业资格的制定经历了一个过程。2004年7月，"中国房地产估价师学会"正式更名为"中国房地产估价师与房地产经纪人学会"，开展房地产经纪人执业资格注册工作。房地产经纪组织内持有中华人民共和国房地产经纪人执业资格证书（以下简称房地产经纪人执业资格证书）的从业人员，其持有的资格证书必须经过注册登记方可使用，未经注册的持证从业人员不得代表该组织从事经纪活动。2015年，根据《房地产经纪专业人员职业资格制度暂行规定》和《房地产经纪专业人员职业资格考试实施办法》的有关规定，房地产经纪职业资格明确为水平评价类。

人力资源和社会保障部、住房和城乡建设部共同负责房地产经纪专业人员职业资格制度的政策制定，并按照职责分工进行指导、监督和检查。中国房地产估价师与房地产经纪人学会具体承担房地产经纪专业人员职业资格的评价和管理工作以及房地产经纪人员资格评价的管理和实施工作，组织成立考试专家委员会，研究拟定考试科目、考试大纲、考试试题、考试合格标准。获准在境内工作的外籍人员、港澳台的专业人员按照规定报名参加职业资格考试。

（2）房地产经纪机构的登记备案管理

房地产经纪机构的登记备案制度包括房地产经纪机构的工商登记和行业主管部门的备案。

从事房地产经纪业务，应当成立专门的房地产经纪机构。房地产经纪机构的设立，首先应当符合《民法典》《中华人民共和国公司法》《中华人民共和国合伙企业法》等法律对成立公司或合伙企业的一般性规定。现实中，市场监督管理部门要求房地产经纪机构符合一般公司条件即可完成工商登记。备案管理包括备案申请、备案公示等。房地产经纪行业行政主管部门依据《房地产经纪管理办法》对以上特殊条件进行审查，并对房地产经纪机构及其分支机构的名称、住所、法定代表人（执行合伙人）或者负责人、注册资本、房地产经纪人员（注册信息）等备案信息向社会公示。

2. 事中监管

事中监管是对房地产经纪活动过程的监督管理，是房地产经纪行业管理的核心，主要包括现场检查、合同管理（网上签约和合同备案）、资信评价和信用档案信息公示、收费管理和交易资金监管等。

（1）现场检查

现场检查包括对机构备案、人员资格、门店公示、服务合同等内容和情况的检查。

现场检查一般是多部门的联合检查，住房和城乡建设部门检查机构是否取得备案证明、房地产经纪从业人员是否取得职业资格和进行登记、营业场所公示是否符合要求，市场监督管理部门检查机构是否登记备案、合同是否规范，物价部门检查服务收费问题，人力资源和劳动保障部门检查劳务用工问题。住房和城乡建设部门可以对不备案机构和无资格人员进行媒体曝光，通过社会和舆论监督迫使其离开房地产经纪行业。北京、成都等实行定期实地巡检。

（2）合同管理

合同管理（网上签约和合同备案）是房地产经纪行业管理的又一重要手段。

现场检查主要是对服务合同的检查，检查房地产经纪机构是否严格遵照《房地产经纪管理办法》的规定签订合同。《房地产经纪管理办法》规定只有备案的房地产经纪机构和具备相应职业资格的房地产经纪专业人员才能获得网签资格和有权进行网签操作。交易合同备案和网签是一种有力的监管手段。在缺乏管理抓手的情况下，网上签约资格成为有效管理的手段。

（3）资信评价和信用档案信息公示

房地产经纪行业信用管理是规范房地产市场秩序的根本和长效之策。房地产经纪行业组织可以对房地产经纪机构和房地产经纪从业人员开展资信评价，奖优罚劣。房地产信用档案的内容包括基本情况、业绩及良好行为、不良行为等。通过信用信息管理系统的建设，可以为各级政府部门和社会公众监督房地产企业市场行为提供依据，向社会推荐信用良好的房地产经纪机构和经纪人员，曝光不良房地产经纪机构和经纪人员，为社会公众投诉房地产领域违法违纪行为提供途径。

（4）收费管理和交易资金监管

房地产经纪活动服务的收费管理规定明码标价制度，要求公示收费对应的服务内容和完成标准，对收费清单及收费时点也有相应规定。凡有违规行为，将受到相应的处罚。为保障交易安全对交易资金有明确的监管要求，如建立专门的资金监管账户等。

3. 事后监管

事后监管主要是业务纠纷调处、投诉处理和对违法违规行为的处罚。根据《房地产经纪管理办法》等有关规定，房地产经纪行业行政主管部门或者房地产经纪行业组织针对房地产经纪纠纷和投诉，进行调查、调解和处理。房地产经纪行业主管部门可以采取约谈、记入信用档案、媒体曝光等措施进行事后监管，对经查实的房地产经纪违规行为，由房地产经纪行业管理部门对房地产经纪机构和房地产经纪从业人员进行处理或者处罚，手段包括限期改正、记入信用档案、取消网上签约资格、罚款、没收违法所得、停业整顿等。

《房地产经纪管理办法》明确了 9 种禁止行为和若干不规范行为并规定了相应的行政处罚。对于不规范行为也有明确的处理或者处罚措施，如房地产经纪机构擅自对外发布房源信息的，记入信用档案，取消网上签约资格，并处以 1 万元以上 3 万元以下罚款等。

（四）房地产经纪行业纠纷的防范规避

近年来，随着房地产经纪业迅速发展，现有的法律、法规尚不够完善，加上房地产经纪行业本身涉及面广、不确定性多的特点，使得房地产经纪行业成为产生社会矛盾和纠纷较多的经济领域。房地产经纪行业纠纷的防范规避成为行业管理的重要内容之一。

1. 房地产经纪活动中常见的主要纠纷

（1）房地产经纪机构向购房人做虚假宣传和虚假承诺

经纪人为促成交易，往往按照购房人的需求向购房人对所购房屋做虚假宣传和虚假承诺，或者利用购房人不了解行情，诱使购房人尽快签订合同。经纪机构做出的一些虚假宣传和口头承诺往往违反法律、政策的规定且无法兑现，因而导致纠纷的产生。

（2）房地产经纪机构在经纪服务过程中故意隐瞒房屋真实情况

在提供房地产经纪服务过程中，部分房地产经纪机构故意隐瞒房屋真实情况，导致购房人认为该房屋符合其需求，错误签订买卖合同从而产生纠纷。此外，房地产经纪机构对于影响买受人购买决策的极端事件（如火灾、非正常死亡、严重的刑事案件等）刻意隐瞒，致使纠纷产生。

（3）房地产经纪机构为赚取更多利润，欺骗交易当事人

在竞争激烈的房地产交易市场，经纪机构为了锁定房源，争取竞争优势，在不存在真实的房屋买卖的情况下，擅自使用他人信息，在没有真实购房人的情况下，进行虚假网签或者仅网签部分内容，从而将卖方的房子锁定不能交易，致使售房人无法再委托其他经纪机构出售该房屋。面对需要改善住房环境的购房者，经纪机构诱使购房者将现有房屋低价售出等。

（4）经纪机构对交易人及房屋的权属等关键信息核查疏漏，给交易当事人造成重大损失

房地产经纪机构的首要义务是提供准确的房源交易信息。房地产经纪机构经常疏于对房屋的关键信息及重要材料进行核实。例如，个别售房人在出售房屋时提供虚假材料，而经纪机构在对售房人出示的身份证明、房屋权属状态等未经充分核实的情况下即将房屋挂牌交易，致使许多不具备交易条件的房屋混入市场，导致许多无处分权人、无权代理人参与交易，严重影响了房屋买卖合同的效力。房地产经纪机构疏于对上述等关键信息的核查，导致这类存有隐患的房屋在交易过程中很容易产生纠纷。

（5）合同不规范造成的纠纷

在房屋买卖过程中，经纪服务合同及买卖合同往往是由经纪机构提前准备好的，由于经纪人与委托人在签订合同前未进行充分的协商，在合同中缺乏主要条款，或由于经纪人在缔约前未充分履行告知义务或故意夸大承诺，在订立合同时又故意对自身义务条款进行"缩水"，从而引发纠纷。同时，由于目前有关管理部门对房地产经纪收费所制定的标准并无相对应的服务标准，服务标准与收取佣金标准差异容易造成纠纷。房地产经纪机构在与委托人签订经纪合同时，因疏忽或故意省缺服务标准的条款，在合同签订后的房地产经纪活动中常常会与客户产生纠纷。

（6）部分经纪人违规操作，人员流动性大，容易引发纠纷

目前，经纪人员职业素质参差不齐，部分房地产经纪机构内部管理混乱，聘用的经纪人员大多数不具备房地产经纪专业人员职业资格，人员流动频繁并缺乏专业知识。经纪人员自身原因导致的纠纷发生后，人员流动性大，往往无法找到当时的经办人，经纪机构也经常借此把责任归于某个已离职的经纪人员身上，导致一些关键事实无法查清，影响纠纷的处理。同时，因房地产经纪机构对经纪人员管理不到位，致使经纪人违规操作，也会给交易双方造成损失。

2. 防范规避经纪纠纷的措施

房地产经纪行业目前之所以存在以上种种纠纷，主要有以下原因：一是房地产经纪从业人员和委托人缺乏必要的法律意识；二是一些房地产经纪从业人员和委托人未掌握订立和履行合同的规则；三是房地产经纪从业人员受商业环境和交易陋习影响，形成只谋求经济利益的不良经营作风。通过行业管理部门的引导和监督来规避房地产经纪纠纷是一个不容忽视的重要手段。目前，我国房地产经纪行业主管部门主要通过以下手段来规避房地产经纪纠纷。

（1）制定推行示范合同文本，加强对房地产经纪合同的监督管理

制定推行示范合同文本，是为了维护合同当事人的合法权利，减少合同纠纷。示范合同文本可以发挥多重作用：第一，鼓励、督促合同当事人自觉地把握自己的权利义务关系；第二，保护社会的弱势群体，避免受到违反合同规则的恶意行为的损害；第三，有利于合同当事人通过比较，改变交易陋习和不自觉的违法、违规、违约行为。此外，示范合同文本也是政府管理机构与行业组织公开进行宣传，维护消费者利益、行业形象和政府的政策导向的有效手段。

（2）制定服务流程和基本标准，明确服务要求和服务内容

制定符合市场条件、行为准则、房地产经纪从业人员和委托人利益的服务标准，是保障房地产经纪从业人员与委托人的权益、维护市场交易规范的必要手段，有利于提高房地产经纪行业的服务水平，树立良好的企业与行业形象。房地产经纪机构可以根据基本标准和自身资源条件、经营成本等方面的情况，附加具有特色的企业服务标准作为经营的手段和方式为委托人服务。目前，有些地方的行业组织已经制定并发布了房地产经纪服务标准。

（3）实行明码标价制度，加强房地产经纪服务收费管理

房地产经纪服务还要实行明码标价制度。《房地产经纪管理办法》第十八条规定，房地产经纪服务实行明码标价制度。房地产经纪机构应当遵守价格法律、法规和规章规定，在经营场所醒目位置标明房地产经纪服务项目、服务内容、收费标准以及相关房地产价格和信息。此外，在房地产经纪活动中，禁止房地产经纪机构、房地产经纪从业人员通过隐瞒房地产交易价格等方式，获取佣金以外的收益。

（4）增强房地产经纪从业人员的守法意识，加强房地产经纪行业信用管理

房地产经纪从业人员整体素质不高，法律法规素养较差。因此，应当鼓励房地产经纪机构加强房地产经纪从业人员的法律法规培训，甚至聘请专业的法律工作者参与房地产经纪活动，特别是合同审核，为交易当事人提供必要的法律帮助，保障交易安全。

为规范房地产经纪机构和经纪人员行为，房地产经纪行业通过行业诚信体系建设，督促房地产经纪从业人员在职业活动中加强自律，遵守合同规则。行业诚信体系建设有效地提升了房地产经纪从业人员的职业道德水平和专业服务水平，塑造了房地产经纪从业人员良好的职业形象，提高了行业的社会公信力。

（5）定期组织培训和考核，提高经纪机构和人员业务素质

负责监管房地产经纪机构的行政主管部门应定期组织培训和考核，提高经纪从业人

员对执业规范、交易规定、工作流程、工作职责等内容的了解，及时传达有关房地产经纪行为操作规范的法律法规和相关案例，通报具有违规行为的经纪机构和从业人员以及采取的处罚措施，以起到警戒作用，从而提高经纪从业人员的业务水平和法律素质，树立整个行业及人员的诚信意识。

（6）加大行业管理的行政处罚力度，提高房地产经纪人员严格按法律法规进行经营活动的自觉性

面对房地产经纪从业人员大量的不规范及违法行为，房地产经纪机构的监管部门应加大对房地产经纪行业的整顿治理，完善中介工作流程和动态监管，加大行政处罚力度，提高其严格按法律法规进行经营活动的自觉性。

当然，从长远看，提高房地产经纪从业人员的职业道德、加强房地产经纪机构的自身管理仍是避免房地产经纪纠纷的根本途径。

3. 对违法违规房地产经纪行为及投诉的处理

行政处罚和约谈、记入信用档案、媒体曝光等措施是对房地产经纪违法违规行为进行处理的有效监管和重要手段。

（1）行政处罚

行政处罚仍是对违法违规房地产经纪行为及投诉处理的有效监管手段，行政主管部门根据企业违法违规程度不同适时采取警告、通报批评、罚款等行政处罚措施有利于减少违法违规行为。

（2）约谈、记入信用档案、媒体曝光

建设（房地产）主管部门、价格主管部门可采取约谈、记入信用档案、媒体曝光等措施对房地产经纪机构和房地产经纪从业人员进行监督管理。

① 约谈是对存在违法违规行为的房地产经纪机构、房地产经纪从业人员进行谈话，告知其违法违规行为事实，听取其陈述、申辩，要求其予以改正、引以为戒。

② 记入信用档案是把在监督管理过程中发现的房地产经纪机构、房地产经纪从业人员的违法违规行为作为不良信用记录记入其信用档案，向社会公众曝光。

③ 媒体曝光是指对经查证属实的房地产经纪机构、房地产经纪从业人员的违法违规行为通报媒体，通过媒体公示给社会大众。

对于现场巡查、合同抽查、投诉受理等方式发现的违法违规问题，各级建设（房地产）主管部门、价格主管部门除采取行政处罚外，可综合运用约谈、记入信用档案、媒体曝光等措施对违规房地产经纪机构和从业人员进行监督。约谈、记入信用档案、媒体曝光等措施是对房地产经纪违法违规行为进行处理的重要手段，是行政处罚之外的有效监管手段。

六、我国房地产经纪行业自律管理

（一）房地产经纪行业组织的性质和组织形式

1. 房地产经纪行业组织的性质

房地产经纪行业组织一般指房地产经纪行业学（协）会，是房地产经纪机构和房地

产经纪从业人员的自律性组织，单位性质是社团法人。在市场经济条件下，对房地产经纪人员实行自律性管理更为客观和符合实际。自律性管理主要发挥行业内部组织的管理作用，强调自我管理，以行业内部人员为基础，组成行业组织，约定和实施对本行业的管理措施，进行自治性管理。在法律、法规或政府管理部门授权下，房地产经纪行业组织可履行政府管理部门履行的管理职责，并提出分析意见及参考建议。

2. 房地产经纪行业组织的组织形式

房地产经纪行业组织分为全国性行业组织和地方性行业组织。2004 年 7 月，"中国房地产估价师学会"正式更名为"中国房地产估价师与房地产经纪人学会"，标志着我国开始全面开展房地产经纪行业自律管理。中国房地产估价师与房地产经纪人学会是目前中国唯一合法的全国性房地产经纪行业组织，地方行业组织可分为省、自治区、直辖市及设区的市设立的房地产经纪行业组织。地方房地产经纪行业组织名称并不统一，如北京房地产中介行业协会、上海房地产经纪行业协会、重庆市国土资源房屋评估和经纪协会、杭州市中介行业协会、大连市房地产经纪人协会等属于地方性房地产经纪行业组织。中国房地产估价师与房地产经纪人学会通过和各地方房地产经纪行业组织交流协作，实施对全国房地产经纪行业的自律管理。房地产经纪组织章程对参加组织的房地产经纪机构和房地产经纪专业人员具有强制约束力。

中国房地产估价师与房地产经纪人学会以及省级房地产管理部门定期公布房地产经纪人员职业资格的注册和注销情况。房地产经纪人执业资格和房地产经纪人协理从业资格证明定期由发证机关验证。验证应符合一定的条件，如经过一定量的培训并考试合格，完成一定的业务量，无违规、违法执业情况等。对验证合格的人员由验证机关核发证明文件或在原证明文件上注明。验证不合格或不参加验证的人员，不得从事房地产经纪活动。各省级房地产管理部门或其授权的机构负责房地产经纪人协理从业资格注册登记管理工作。每年度房地产经纪人协理从业资格注册登记情况应报住房和城乡建设部备案。

房地产经纪行业组织作为政府与市场、社会之间的桥梁和纽带，是社会治理的重要力量，在政府管理、企业运营和个人执业中发挥着不可替代的作用。相对政府部门和企业组织，行业组织在专业、信息、人才、机制等方面具有独特的优势。

（二）房地产经纪行业组织的自律管理职责

房地产经纪行业组织行使自律管理职责的依据有两个：一个是章程，另一个是房地产经纪执业规范。房地产经纪行业组织根据章程，或经政府房地产管理部门授权，履行下列职责：

① 保障房地产经纪会员依法执业，维护会员合法权益。

② 组织开展房地产经纪理论、方法及其应用的研究、讨论、交流和考察。

③ 拟订并推行房地产经纪执业规范。

④ 协助行政主管部门组织实施房地产经纪专业人员职业资格考试。

⑤ 接受政府部门委托办理房地产经纪人员职业资格登记。

⑥ 开展房地产经纪业务培训，对房地产经纪专业人员进行继续教育，推动知识更新。

⑦ 建立房地产经纪专业人员和房地产经纪机构信用档案，开展房地产经纪资信评价。

⑧ 进行房地产经纪专业人员职业道德和执业纪律教育、监督和检查。

⑨ 调解房地产经纪专业人员之间在执业活动中发生的纠纷。

⑩ 按照章程规定对房地产经纪专业人员给予奖励或处分，提供房地产经纪咨询和技术服务。

⑪ 编辑出版房地产经纪刊物、著作，建立有关网站，开展行业宣传。

⑫ 代表本行业开展对外交往、交流活动，参加相关国际组织。

⑬ 向政府有关部门反映会员的意见、建议和要求，维护会员的合法权益，支持会员依法执业。

⑭ 办理法律、法规规定和行政主管部门委托或授权的其他有关工作。

制定和推行自律性的执业规范或者执业规则是房地产经纪行业组织实施行业管理的重要手段。经法定程序，执业规则可升格为国家的法律法规和规章条例。

房地产经纪执业规则对房地产经纪机构和人员具有普遍约束力，主要表现在：违反规则执业，对他人的合法权益造成侵害的，一要受到行政管理部门处罚，甚至法律的制裁；二要受到行业组织的通报批评，将不良行为记入信用档案。今后，随着房地产行业组织地位的提高，其职责和功能将得到充分发挥，房地产经纪执业规则的约束力也将进一步增强。

（三）我国的房地产经纪行业自律管理框架体系

中国房地产估价师与房地产经纪人学会是我国房地产估价和经纪行业全国性的自律组织，主要由从事房地产估价和经纪活动的专业人士和专业机构组成，依法对房地产估价和经纪行业进行自律管理。2015 年，中国房地产估价师与房地产经纪人学会被确定为房地产经纪专业人员职业资格考试和登记的组织实施单位。

中国房地产估价师与房地产经纪人学会的主要宗旨是：遵守宪法、法律、法规国家政策，遵守社会道德风尚；团结和组织从事房地产估价和经纪活动的专业人士、机构及有关单位，开展房地产估价和经纪研究、交流、教育和宣传活动，接受政府部门委托拟订并推行房地产估价和经纪执业标准、规则，加强自律管理及国际交往与合作，不断提高房地产估价和经纪专业人员及机构的服务水平，反映其诉求，维护其合法权益，促进房地产估价和经纪行业规范、健康、持续发展。

中国房地产估价师与房地产经纪人学会在住房和城乡建设部的指导下，探索建立了以房地产经纪专业人员职业资格登记管理制度为核心，以诚信建设为基础，以规则制定、制度设计为特征的房地产经纪行业自律管理框架体系，该体系主要包括以下几个方面。

① 承担房地产经纪专业人员职业资格考试、登记、继续教育。

② 确立《房地产经纪执业规则》。

③ 推广房地产经纪业务合同推荐文本。

④ 发布房地产交易风险提示。

⑤ 逐步建立房地产经纪学科理论体系。

⑥ 建立并公示登记房地产经纪专业人员和房地产经纪机构信用档案。

⑦ 开展房地产经纪资信评价活动。

⑧ 通报房地产经纪违法违规案件。

⑨ 发起房地产经纪行业诚信经营倡议活动。

任务四　实训项目与练习

一、初步了解房地产经纪人的一天

下面以杭州我爱我家房地产经纪有限公司（以下简称杭州我爱我家）为例，介绍房地产经纪人一天的工作。

（一）开店

① 开门。

- 提前 15 分钟上班。
- 打开店门后及时打开大门、窗户，及时去除屋内异味。
- 打开空调、计算机，检查网络设备是否正常运转。
- 考勤。

② 清洁卫生。

③ 整理物品。

（二）日常工作

① 晨会。

- 积极参与，认真聆听，做好记录。
- 总结前一天的工作，做好当天计划，确定当天工作目标及重点。
- 唱盘唱客（房源和客源分析）。
- 了解最新房地产政策及相关解读。
- 了解公司、区域、门店最新规章制度。
- 掌握会议培训的房地产专业知识及最新业务流程。

② 查看 ERP（enterprise resource planning，企业资源计划）信息中心，了解业务动态、规章制度等。

③ 查看最新、最优质的房源。

④ 配对，约客户看房。

⑤ 对已带看过的房源/客户进行跟进、维护。

⑥ 信息开发。

- 网络开发：拓展客户信息（发布房源）、拓展房源信息。

- 派单、贴条、社区驻守人字板、现场接待。

⑦ 笋盘开发。

笋盘是指物美价廉且房东诚心出售或出租的房子。

⑧ 实勘/验房。

- 实勘：实地勘察，了解房屋卖点，负责将房屋照片和具体信息上传到 ERP。实勘需要负责将照片等重要信息上传到 ERP，一般是指第一个进行验房的经纪人。
- 验房：实地勘察，了解房屋具体信息。

⑨ 房源/客源维护（跟进）。

- 普通房源/客源维护。

房源：坚持每天维护 10 套房源，随时掌握业主卖房动态。

客源：根据客户分类对不同的客户进行维护（表 1-2），及时推房源。

表 1-2 不同类别客户的维护要求

类别	客户分级	分级标准	沟通频率
租赁	A 类	价格符合市场价，需在 7 天内入住的客户	每天沟通
	B 类	现在有住房，有合适的房源就改善住房的客户	3 天沟通一次
	C 类	有租房的需求，但价格不符合市场价格	7 天沟通一次
买卖	A 类	需求明确，价格符合市场价格，有合适房源能约出来看房，并且看中就能马上下定	1~3 天沟通一次
	B 类	价格符合市场价格，但对房源有特定要求，不急于购买	3~7 天沟通一次
	C 类	对房源要求较挑剔，近期很难约看	7~15 天沟通一次

- 已成交房源/客源维护。

尚未完结的房源/客源维护：及时告知业主客户过户、后续服务等进度。

重点：用"心"沟通，不要将维护当作任务。

⑩ 带客户看房。

⑪ 议价。

⑫ 签约。

⑬ 售后服务（陪同还按揭款、物业交割、水电煤过户等）。

⑭ 完成当天工作日志，安排第二天的工作。

（三）闭店

① 清洁卫生。

② 离店准备。

二、实务操作

① 到当地的房地产经纪企业门店走访调查，初步了解房地产经纪企业开展的业务种类和房地产经纪人的主要工作内容。

② 到当地的房地产交易市场和房地产管理部门走访调查，了解当地房地产交易情况。

项目二 房地产经纪专业人员和房地产经纪机构

知识目标

1. 了解如何取得房地产经纪专业人员职业资格。
2. 了解房地产经纪专业人员的权利和义务。
3. 了解房地产经纪机构设立的条件和程序。
4. 了解房地产经纪机构的组织结构形式、部门设置和岗位设置。

技能目标

1. 取得房地产经纪专业人员职业资格。
2. 成为合格的房地产经纪专业人员。
3. 能够设立一个房地产经纪机构。
4. 能根据企业的经营特点，分析判断房地产经纪机构的基本类型、经营模式和组织系统。

素养目标

1. 培养诚信、敬业、法治的职业操守。
2. 了解市场运行规则，培养团队合作意识。
3. 扩展知识面，培养终身学习的能力，树立做一名优秀房地产经纪人员的目标。

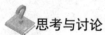

案例导入

陈先生在杭州某经纪公司买了一套二手房，前期手续等办理得都很顺利，这是本地一家知名经纪公司，操作规范，其服务品质较令人满意。但是因为房龄有些偏高，银行贷款没能按申请金额足额批下来，陈先生必须再补交两万元首付才行。不过因为在贷款前，房地产经纪公司已和陈先生打过"预防针"，提前告知了足额贷款的可能性较小，可能需要补交首付款，请陈先生做好准备，陈先生也表示可以接受，所以他便准备第二天去该经纪公司补交首付款。第二天，陈先生因家里有突发事件，没时间去经纪公司办理交款手续，就打电话给一直接待他的经纪人小李。说明情况后，小李说可以去陈先生那里取钱帮他代交。陈先生一听很高兴，觉得小李是经纪公司的工作人员，应该没什么问题，当天就将两万元交给了小李。三天后，陈先生心想钱都交齐了，银行贷款也没有问题了，该办理过户手续了，于是打电话到经纪公司去咨询。令他吃惊的是，经纪公司工作人员的回答是："我们一直在等您来补交首付款啊！"陈先生纳闷地将他把首付款交给经纪人小李一事讲述了一遍，谁知经纪公司的回答让他大吃一惊，原来小李在拿到两万元的当天就提交了辞呈，不见了人影。后来，经纪公司追查到小李家里，但小李已经将两万元挥霍一空，其父母将两万元还给了公司。陈先生的损失虽然被追回来了，但终究是一场不小的惊吓。这件事情对经纪公司的信誉也造成了较大影响。

思考与讨论

1. 造成经纪公司的信誉受到影响的原因是什么？
2. 经纪人除了具备专业知识和专业技能外，还应当具备什么样的职业道德？

任务一　成为合格的房地产经纪专业人员

一、房地产经纪专业人员职业资格

职业资格是指对从事相关行业人员的专业知识、职业技能和职业道德水平的基本要求，将直接影响到其所提供的服务质量。职业资格包括准入类职业资格和水平评价类职业资格。房地产经纪专业人员应当取得相应级别的房地产经纪专业人员职业资格证书并从事房地产经纪服务工作。

为适应市场经济发展的需要，使我国的房地产市场健康稳定地发展，我国的房地产经纪专业人员职业资格制度也在不断改进和完善。1994 年颁布的《城市房地产管理法》确立了房地产经纪行业的法律地位和房地产经纪人员的专业人员地位；1996 年出台并于2001 年修正的《城市房地产中介服务管理规定》（已废止）细化了房地产经纪行业管理规定，明确规定房地产经纪人必须是经过考试、注册，并取得房地产经纪人资格证的人员；2012 年 5 月，人力资源和社会保障部发布《关于清理规范职业资格第一批公告》（人社部公告〔2012〕1 号），将房地产经纪人员职业资格归入职业水平评价类职业资格；

2015 年 6 月，人力资源和社会保障部、住房和城乡建设部发布了《房地产经纪专业人员职业资格制度暂行规定》和《房地产经纪专业人员职业资格考试实施办法》；2017 年 9 月，经国务院同意，人力资源和社会保障部公布《国家职业资格目录》，房地产经纪专业人员职业资格被纳入《国家职业资格目录》中，属于专业技术人员职业资格，是我国房地产经纪行业的唯一职业资格。

房地产经纪专业人员职业资格制度的不断完善和改进，对规范国内房地产经纪市场、适应房地产经纪行业发展、加强房地产经纪专业人员队伍建设、提高房地产经纪专业人员的业务素质和职业道德、保护消费者的合法权益起到了十分重要的作用。

（一）房地产经纪专业人员职业概述

1. 房地产经纪专业人员职业资格制度的主要内容

房地产经纪专业人员，即在房地产经纪机构中直接执行房地产经纪业务的人员，应当是依法取得房地产经纪专业人员职业资格证书并经有关主管部门注册生效的人员，要在其执业资格相应的房地产经纪业务范围内从事房地产经纪业务。只有取得房地产经纪专业人员职业资格证书的人员，才能以专业人员的名义从事房地产经纪活动，其余房地产经纪从业人员都是非专业人员。

根据《房地产经纪专业人员职业资格制度暂行规定》，国内房地产经纪专业人员的职业资格分为三个级别：房地产经纪人协理、房地产经纪人和高级房地产经纪人。其中，房地产经纪人协理和房地产经纪人职业资格实行统一考试的评价方式。

（1）取得房地产经纪人协理职业资格证书的人员应当具备的职业能力

取得房地产经纪人协理职业资格证书的人员应当具备如下职业能力：

① 了解房地产经纪行业的法律法规和管理规定。

② 基本掌握房地产交易流程，具有一定的房地产交易运作能力。

③ 独立完成房地产经纪业务的一般性工作。

④ 在房地产经纪人的指导下，完成较复杂的房地产经纪业务。

（2）取得房地产经纪人职业资格证书的人员应当具备的职业能力

取得房地产经纪人职业资格证书的人员应当具备如下职业能力：

① 熟悉房地产经纪行业的法律法规和管理规定。

② 熟悉房地产交易流程，能完成较为复杂的房地产经纪工作，能解决房地产经纪业务的疑难问题。

③ 能运用丰富的房地产经纪实践经验，分析判断房地产经纪市场的发展趋势，开拓新房地产经纪业务。

④ 能指导房地产经纪人协理和协助高级房地产经纪人工作。

综上所述，取得房地产经纪人职业资格是进入房地产经纪活动关键岗位和发起设立房地产经纪机构的必备条件，取得房地产经纪人协理职业资格是从事房地产经纪活动的基本条件。

2. 房地产经纪专业人员职业资格的价值

房地产安全高效的交易离不开房地产经纪，房地产经纪的规范发展离不开房地产经纪人员职业资格制度。伴随着我国存量房时代和互联网时代的来临，房地产经纪已成为房地产业和现代服务业的重要组成部分，新时代的房地产经纪从业人员，必须适应消费者对高水平房地产交易服务的新要求，必须高度重视房地产经纪专业人员职业资格的价值。

（1）房地产经纪专业人员职业资格是专业人员的独有标识

《中华人民共和国城市房地产管理法》规定，房地产中介机构应当具备足够数量的专业人员。《房地产经纪管理办法》将此规定进行细化，明确专业人员为房地产经纪人协理和房地产经纪人。《房地产经纪专业人员职业资格制度暂行规定》把房地产经纪人员准确界定为房地产经纪专业人员（包括房地产经纪人协理、房地产经纪人和高级房地产经纪人），明确国家设立房地产经纪专业人员水平评价类职业资格制度，只有取得房地产经纪专业人员职业资格的人员，才能以专业人员的名义从事房地产经纪活动。

（2）房地产经纪专业人员职业资格是合规经营的必要条件

房地产经纪机构和分支机构办理备案，要具有相应数量的房地产经纪专业人员职业资格登记证书；房地产经纪服务合同需要一名房地产经纪人或者两名房地产经纪人协理的签名，房屋状况说明书、房地产经纪服务告知书等业务文书也需要有房地产经纪专业人员的签名。没有房地产经纪专业人员签名的房地产经纪服务合同，通常被认为是不规范的或者经纪服务有瑕疵的合同。现实中，通过存量房交易服务平台进行购房资格核验、房源核验和网上签约等操作，一般都需要与房地产经纪专业人员绑定的钥匙盘或者密钥。只有取得房地产经纪专业人员职业资格证书的人员，才有权办理购房资格核验、房源核验和网上签约。

（3）房地产经纪专业人员职业资格是国家的权威认证

房地产经纪专业人员职业资格已列入《国家职业资格目录》，属于国家专业技术人员职业资格。证书由人力资源和社会保障部、住房和城乡建设部监制，中国房地产估价师与房地产经纪人学会用印，在全国范围有效，是获得与香港地产代理等资格互认的前提条件。通过房地产经纪专业人员职业资格考试就得到了专业、权威的资历和能力认证。

（二）房地产经纪专业人员职业资格考试

房地产经纪专业人员职业资格实行考试、登记和继续教育制度。房地产经纪专业人员职业资格考试分为房地产经纪人职业资格考试和房地产经纪人协理职业资格考试。

1. 考试组织

房地产经纪人协理、房地产经纪人职业资格考试实行全国统一大纲、统一命题、统一组织的考试制度，原则上每年举行一次。2018年上半年开始，在北京、上海等部分城市试点，每年举行两次考试。

2. 成绩管理

房地产经纪专业人员职业资格考试成绩实行滚动管理的办法，即在规定的期限内参加应试科目考试并合格，方可获得相应级别的资格证书。

参加房地产经纪人协理职业资格考试的人员，必须在连续的两个考试年度内通过全部（两个）科目的考试；参加房地产经纪人职业资格考试的人员，必须在连续的四个年度内通过全部（四个）科目的考试。

3. 报考条件

符合房地产经纪专业人员职业资格考试报名基本条件和相应级别的附加条件之一的，均可申请参加相应级别的考试。

（1）房地产经纪专业人员职业资格考试报名基本条件

① 遵守国家法律、法规和行业标准与规范；

② 秉承诚信、公平、公正的基本原则；

③ 遵守职业道德。

（2）房地产经纪人协理职业资格考试报名附加条件

申请参加房地产经纪人协理职业资格考试的人员，除具备基本条件外，还必须具备高中以上学历。

（3）房地产经纪人职业资格考试报名附加条件

申请参加房地产经纪人职业资格考试的人员，除具备基本条件外，还必须符合以下条件之一：

① 通过考试取得房地产经纪人协理职业资格证书后，从事房地产经纪业务满六年。

② 取得大专学历，工作满六年，其中从事房地产经纪业务工作满三年。

③ 取得大学本科学历，工作满四年，其中从事房地产经纪业务工作满两年。

④ 取得双学士学位或研究生班毕业，工作满三年，其中从事房地产经纪业务工作满一年。

⑤ 取得硕士学历（学位），工作满两年，从事房地产经纪业务工作满一年。

⑥ 取得博士学历（学位），从事房地产经纪业务工作满一年。

获准在中华人民共和国境内就业的外籍人员及港、澳、台地区的专业人员，符合《房地产经纪人员职业资格制度暂行规定》要求的，也可以报名参加房地产经纪人和房地产经纪人协理职业资格考试。

4. 房地产经纪专业人员职业资格证书的颁发与使用

经房地产经纪人协理、房地产经纪人职业资格考试合格的，由中国房地产估价师与房地产经纪人学会颁发由住房和城乡建设部、人力资源和社会保障部监制的中华人民共和国房地产经纪人协理职业资格证书或中华人民共和国房地产经纪人执业资格证书。该证书在全国范围内有效。

中华人民共和国房地产经纪人协理从业资格证书和中华人民共和国房地产经纪人

执业资格证书是房地产经纪人员职业身份的法律凭证，严禁伪造、变造、涂改、租用、出借、转让资格证书。

5. 房地产经纪专业人员职业资格互认

2010 年 11 月 3 日，经住房和城乡建设部、人力资源和社会保障部、商务部、国务院港澳事务办公室同意，中国房地产估价师与房地产经纪人学会与香港地产代理监管局签署了《内地房地产经纪人与香港地产代理专业资格互认协议书》。根据协议，双方相互推荐一定数量的房地产经纪人进行资格互认，被推荐的人员参加面授培训课程，经考试合格后取得对方的专业资格。

（三）房地产经纪专业人员职业资格登记

2015 年 6 月，人力资源和社会保障部、住房和城乡建设部发布《房地产经纪专业人员职业资格制度暂行规定》，确定房地产经纪专业人员资格证书实行登记服务制度，登记服务的具体工作由中国房地产估价师与房地产经纪人学会负责，由该学会负责建立全国房地产经纪专业人员职业资格证书登记服务系统，登记服务工作在登记服务系统上实行。申请登记的房地产经纪专业人员通过登记服务系统提供登记申请材料，查询登记进度和登记结果，打印登记证书。中国房地产估价师与房地产经纪人学会和地方登记服务机构通过登记服务系统办理登记服务工作。

1. 登记条件

申请登记房地产经纪专业人员职业资格证书的人员应当具备以下条件：
① 取得房地产经纪专业人员职业资格证书。
② 受聘于在住房和城乡建设（房地产）主管部门备案的房地产经纪机构（含分支机构）。
③ 达到中国房地产估价师与房地产经纪人学会规定的继续教育合格标准。
④ 最近三年内未被登记取消。
⑤ 无法律法规或者相关规定不予注册的情形。

2. 登记程序

房地产经纪专业人员职业资格证书登记按照下列程序办理：
① 申请人通过登记服务系统提交登记申请材料。
② 地方登记服务机构自申请人提交登记申请之日起五个工作日内提出受理意见，逾期未受理的，视为同意受理。
③ 中国房地产估价师与房地产经纪人学会自收到地方登记服务机构受理意见起十个工作日内公告登记结果。

予以登记的，申请人自登记结果公告之日起可通过登记服务系统打印登记证书；不予登记的，申请人可通过登记服务系统查询不予登记的原因。

3. 登记类别

房地产经纪专业人员职业资格证书登记服务工作包括初始登记、延续登记、变更登记、登记注销和登记取消。

（四）房地产经纪专业人员继续教育

房地产经纪专业人员应定期参加继续教育的相应培训，寻求进步和突破，提高自身职业素质和业务能力，实时掌握行业的最新动态，以适应岗位需求和职业发展的要求。房地产经纪机构应当保障房地产经纪专业人员参加继续教育的权利，有责任支持以及监督本机构的房地产经纪专业人员参加继续教育。

1. 继续教育的组织管理及学时安排

2015 年 8 月 3 日，人力资源和社会保障部印发《专业技术人员继续教育规定》，规定专业技术人员参加教育的时间每年累计不少于 90 学时，其中专业科目一般不少于总学时的 2/3（60 学时）。

根据《专业技术人员继续教育规定》，房地产经纪专业人员参加专业科目的学时应每年累计不少于 60 学时。其中，中国房地产估价师与房地产经纪人学会组织实施 20 学时；经学会授权的省、自治区、直辖市或者设区的市房地产经纪行业组织实施 20 学时；其余 20 学时经学会授权的房地产经纪机构实施或者由房地产经纪专业人员以《房地产经纪专业人员继续教育办法》规定的其他方式取得。

2. 继续教育方式

继续教育学时可通过以下方式取得：

① 参加网络继续教育。

② 参加继续教育面授培训。

③ 参加房地产行政主管部门或者房地产经纪行业组织主办的房地产经纪相关研讨会、经验交流会、专业论坛、座谈会、行业调研、行业检查，以及境内外考察、境外培训等活动，或者在活动上发表文章。

④ 担任中国房地产估价师与房地产经纪人学会或者地方继续教育实施单位举办的继续教育培训班、专业论坛或专题讲座演讲人。

⑤ 在房地产行政主管部门或者房地产经纪行业组织主办的刊物、网站、编写的著作上发表房地产经纪相关文章，或者参与其组织的著作、材料编写。

⑥ 承担房地产行政主管部门或者房地产经纪行业组织立项的房地产经纪相关科研项目，并取得研究成果。

⑦ 向房地产行政主管部门或者房地产经纪行业组织提交房地产经纪行业发展、制度建设等建议被采纳或者认可。

⑧ 参加全国房地产经纪专业人员职业资格考试大纲、用书编写以及命题、审题等工作。

⑨ 公开出版或者发表房地产经纪相关著作或者文章。

⑩ 在高等院校房地产相关行业进修学习并取得相关证书。

⑪ 参加中国房地产估价师与房地产经纪人学会授权的房地产经纪机构组织的内部培训。

⑫ 中国房地产估价师与房地产经纪人学会或者地方继续教育实施单位认可的其他方式。

3. 继续教育内容

继续教育内容主要包括以下几个方面：

① 房地产经纪专业人员的职业道德和社会责任、行业责任。

② 房地产相关法律、法规、政策、标准和合同示范或者推荐文本。

③ 国内外房地产经纪行业发展情况。

④ 房地产经纪业务中的热点、难点和案例分析，新技术的应用。

⑤ 房地产市场、金融、税收、建筑、不动产登记等相关知识。

⑥ 从事房地产经纪业务所需要的其他专业知识。

二、房地产经纪专业人员的权利和义务

（一）房地产经纪专业人员的权利

房地产经纪专业人员享有如下权利：

① 依法发起设立房地产经纪机构。房地产经纪专业人员有权依照《中华人民共和国公司法》《中华人民共和国合伙企业法》《中华人民共和国城市房地产管理法》等法律设立房地产经纪机构。

② 加入房地产经纪机构，任职房地产经纪机构关键岗位。房地产经纪专业人员可以受聘于房地产经纪机构，并在机构中受聘于重要岗位，如店长等。

③ 依法开展经纪业务活动的权利。房地产经纪专业人员可以在受聘的房地产经纪机构执行经纪业务。但是，房地产经纪专业人员执行房地产经纪业务需要由受聘房地产经纪机构指派，不能以个人名义承接房地产经纪业务和收取费用。

④ 经所在机构授权订立房地产经纪合同等重要文件。《房地产经纪执业规则》明确规定房地产经纪专业人员可以在执行业务的房地产经纪合同等业务文书上签名。

⑤ 要求委托人提供与交易有关的资料。房地产经纪专业人员有权要求委托人提供交易房屋的权属证书和委托人的身份证明等资料，以保证交易的顺利进行。

⑥ 有权拒绝执行受聘机构或者委托人发出的违法指令。对于从业过程中受聘机构或者委托人为自身利益而发出的违法指令，如隐瞒房屋的真实信息、订立阴阳合同等，房地产经纪专业人员有权拒绝执行。

⑦ 执行房地产经纪业务并获得合理报酬。房地产经纪专业人员可以根据合同和有关规定，要求获得合理报酬。

⑧ 依法享有的其他权利。

（二）房地产经纪专业人员的义务

房地产经纪专业人员应当履行如下义务：

① 遵守法律、法规、规章、政策和职业规范，恪守职业道德的义务。

② 不得同时受聘于两个或两个以上房地产经纪机构执行业务。

③ 尽忠职守、公平中介，维护当事人的合法权益。

④ 向委托人披露相关信息，尽力完成委托业务。

⑤ 为委托人保守个人隐私及商业秘密的义务。

⑥ 接受职业继续教育，不断提高业务水平。

⑦ 不得进行不正当竞争。

⑧ 接受住房和城乡建设（房地产）行政主管部门和政府相关部门的监督检查。

⑨ 指导房地产经纪人协理进行房地产经纪业务。

三、房地产经纪专业人员应具备的职业素质与职业技能

（一）房地产经纪专业人员应具备的职业素质

1. 房地产经纪专业人员应具备的知识结构

房地产经纪专业人员从业要求具备完善的知识结构。房地产经纪专业人员知识结构的一个显著特点是多学科知识的复合。房地产经纪人应该是通才，广博的科学文化知识是从事经纪业务的内在要求，是一名成功的经纪人员不可或缺的素质。房地产经纪专业人员的知识结构（图 2-1）包括三个方面：核心是房地产经纪专业知识；该核心的外层是房地产经纪相关专业基础知识，包括经济知识、法律知识、社会知识、房地产专业知识、互联网知识、科学技术知识等；最外层是对文化修养和心理素质产生潜移默化影响的人文和心理知识。

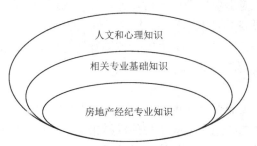

图 2-1　房地产经纪专业人员的知识结构

（1）房地产经纪专业知识

房地产经纪专业知识即房地产经纪的基本理论和实务知识。房地产经纪专业基本理论知识包括房地产经纪机构、房地产代理、房地产居间等各种经纪形式的基本理论知识。房地产经纪实务知识包括各种经纪形式的操作流程、特点、操作技巧，相关合同的签订、管理，所涉及的法律问题等。

（2）相关专业基础知识

相关专业基础知识包括但不限于：经济学基础知识，特别是市场和市场营销知识；法治经济；社会方面的知识；房地产专业知识；计算机知识；外语。

（3）人文和心理知识

房地产经纪专业人员还必须有较高的人文修养，多阅读和欣赏文学、艺术作品，尽可能提高自己的艺术品位和鉴赏力。此外，房地产经纪专业人员还要培养自己良好的心理素质，多学习一些心理知识。

2. 房地产经纪专业人员应具备的心理素质

房地产经纪活动较为复杂，房地产经纪专业人员在执业过程中，会碰到形形色色的客户，经常面临拒绝和遭遇失败。要在这个行业坚持做下去，房地产经纪专业人员必须有较好的心理素质、较强的心理承受能力。

（1）自知、自信

所谓自信，对房地产经纪专业人员而言，是指在自知基础上形成的一种职业荣誉感、成就感和执业活动中的自信力。自知是自信的基础，自信是事业成功的前提。要做好房地产经纪工作，首先要具备自知、自信的心理素质。

（2）乐观、开朗

首先，对待工作和客户要热情，要在心态上调整自己。在促成交易的过程中，被拒绝而导致失败的情形是常有的，几次业务的失败不等于这项工作的失败，要对自己所从事的职业保持乐观的态度。其次，积极乐观的态度可以振奋房地产经纪专业人员的士气。此外，房地产经纪专业人员在与客户打交道时，要善于控制自己的情绪，要向客户展示积极的一面，而不能将自己的不良情绪带给客户。

（3）积极、主动

房地产经纪本质上是服务行业的一种，无论是客源还是房源，都需要靠房地产经纪专业人员自己主动去寻找并且牢牢抓住，很多时候由于房地产经纪专业人员不够积极主动，给客户留下了不好的印象，业务可能会被同行捷足先登。因此，积极、主动是一个房地产经纪专业人员需要具备的基本心理素质。

（4）坚韧、奋进

促成房地产交易需要有坚持不懈的付出。在实践中，房地产经纪专业人员经常会遇到挫折，因此要以乐观的心态和坚韧不拔的精神来面对。要做到这一点，首先，要认识到房地产交易的复杂性，一宗交易的达成经历反复和曲折是很自然的。其次，要树立吃苦耐劳的精神，只有这样才能不厌其烦地去化解种种挫折。房地产经纪专业人员还应具有积极向上的奋进精神，因为激烈的市场竞争造成了不进则退的局面。

（二）房地产经纪人员应具备的职业技能

1. 收集信息的技能

信息是房地产经纪专业人员开展经纪业务的重要资源，因此房地产经纪专业人员只有具备良好的信息收集能力，才能获得大量的房地产经纪信息。房地产经纪专业人员要根据特定业务的需要，准确把握信息收集的内容、重点、渠道，并灵活运用各种信息收集方法和渠道，快速有效地收集到有针对性的信息。

2. 产品分析的技能

产品分析的技能是指房地产经纪专业人员能运用相关分析方法，从标的房地产的物质特征、权属特征、区位和市场吸引力等方面分析其优劣，从而判断其可能的交易对象、交易难度乃至交易价格的范围的能力。其中，物质特征包括规模、功能用途、已使用年限等，权属特征包括土地出让条件、城市区位和周边环境等。

3. 市场分析的技能

市场分析和预测的技能是指房地产经纪专业人员根据所掌握的信息，采用一定的方法对其进行分析，进而对市场供给、需求、价格的现状及变化趋势进行判断。小至每一笔业务的进展，大至经纪专业人员、经纪机构业务重心的调整，都离不开准确的市场分析，因此，市场分析的技能也是房地产经纪专业人员要掌握的职业技能。

4. 人际沟通的技能

房地产经纪专业人员不仅要有良好的心理素质，还必须掌握良好的人际沟通技能，包括了解对方心理活动和基本想法的技能、适当地运用向对方传达自我意思的方式（如语言、表情、身体动作等）的技能，以及把握向对方传达关键思想的时机的技能等。

5. 供需搭配的技能

房地产经纪专业人员服务的最终目的是促成交易，使供求双方在某一宗（或数宗）房源上达成一致。房地产商品具有个别性，房源特点各不相同，这就要求房地产经纪专业人员准确把握买方的具体要求，并据此选择恰当的房源供其考虑。房地产经纪专业人员需要把握客户需求，并进行深层挖掘，充分分析客户的需求，并以此来进行配对，配对时必须注意配盘的数量以及前后顺序。有些房地产经纪专业人员在没有充分了解客户需求的前提下，盲目配盘，结果客户看了多套房源都没有找到令自己满意的，导致对房地产经纪专业人员失去信心。在实际工作中，供求搭配技能较高的房地产经纪专业人员，成交量较高，每笔业务的进展速度也较快，工作效率较高。

6. 议价谈判的技能

在交易过程中，议价谈判也是非常重要的能力。客户可能会就佣金和房地产经纪专业人员讨价还价，这时房地产经纪专业人员可以巧妙地回避这个问题。例如：提出佣金是参照物价主管部门的收费标准执行的，个人没有打折佣金的权利；佣金是经纪人唯一的收入来源，所占比重小；经纪人会帮客户争取到理想价位，比佣金打折划算得多。另外，房地产经纪专业人员是代表委托人与交易对家议价谈判的，在议价谈判中，要坚持原则，不能轻易让步，要牢牢把握博弈的主动权，将谈判引向有利于自己的方向。

7. 交易促成的技能

交易达成，是房地产经纪专业人员劳动价值得以实现的前提，是经纪业务流程中的关键一环，因此房地产经纪专业人员应当把握时机。房地产经纪专业人员应能够准确判断客户犹豫的真正原因和交易条件是否成熟，如果交易条件已经成熟则能灵活采用有关方法消除客户疑虑，从而促成交易。房地产经纪专业人员如果能够把握成交时机，不仅能够提高自己的工作效率和经济收益，同时也能增加客户的利益，所以一定要掌握这个技能。

四、房地产经纪专业人员的职业道德与职业责任

（一）房地产经纪专业人员职业道德的内涵、形成及作用

1. 房地产经纪专业人员职业道德的内涵

房地产经纪专业人员职业道德是指房地产经纪行业的道德规范，是房地产经纪从业人员就这一职业活动所共同认可并拥有的思想观念、情感和行为习惯的总和。

房地产经纪人员职业道德的思想观念包括对涉及房地产经纪活动的一些基本问题的是非、善恶的根本认识，主要涉及三个方面：职业良心、职业责任感和执业理念。职业良心涉及对执业活动的守法、诚实、守信等执业原则，房地产经纪专业人员收入来源，经纪服务收费依据和标准等一些重大问题的认识。职业责任感涉及房地产经纪专业人员对自身责任及应尽义务的认识。执业理念主要是指对市场竞争、同行合作等问题的认识和看法。好的房地产经纪专业人员在执业中公平竞争，注重合作。

房地产经纪专业人员职业道德的情感层面涉及房地产经纪专业人员的职业荣誉感、成就感及在执业活动中的心理习惯等，如对房地产经纪行业作用和地位的认识、在与客户及同行交往过程中的心理惯势等。

行为习惯是最能显化职业道德状况的层面。房地产经纪专业人员职业道德在行为习惯方面包括房地产经纪专业人员遵守法律、法规和行业规则以及在执业过程中注重仪表、言谈、举止等。例如，从业于21世纪不动产的房地产经纪人员，要求统一着装，举止大方、得体，给人以稳重、专业的印象。

2. 房地产经纪专业人员职业道德的形成

房地产经纪专业人员职业道德是一种在房地产经纪专业人员的思想、情感和行为等方面所形成的内在修养。职业道德是通过一定的教育训练、行业氛围的熏陶、社会舆论的引导形成的。

3. 房地产经纪专业人员职业道德的作用

房地产经纪专业人员的职业特点决定了提高其职业道德修养的必要性。首先，房地

产经纪专业人员掌握了委托人大量的信息资料甚至是商业秘密，要求房地产经纪专业人员必须为客户保守信息资料和秘密。其次，房地产商品价值大，交易过程复杂，涉及很多专业领域的知识，而客户在这方面缺乏相关知识和经验，与房地产经纪专业人员相比较，存在信息的不对称。另外，房地产经纪专业人员与客户之间是"无连续性"关系，唯有良好的信誉才能赢得客户的信赖和合作，这也是今后房地产经纪专业人员业务发展的基本条件。因此，房地产经纪专业人员必须提高自身的职业道德素质。

（二）房地产经纪专业人员职业道德的主要内容

1. 规范执业

政府相关部门对房地产经纪机构和从业人员进行管理，只有取得房地产经纪执业资格和资质，并遵循相关行业管理规定的机构和人员，才能从事房地产经纪活动，不得无照、无证从业和经营。

2. 诚实守信

房地产经纪专业人员应将各种不利或有利的信息都坦诚相告，在让客户自己判断的同时，做一个有经验且公正的参谋，而不能一味地迎合。这样的交易不容易产生后续纠纷，同时，又可以树立房地产经纪专业人员和经纪机构的形象和品牌，为经纪工作的长远发展奠定基础。

3. 尽职尽责

房地产经纪专业人员应该敬业爱岗、尽职守责，以促成他人的房地产交易成功为己任，并尽最大的努力去实现这一目标。首先，房地产经纪专业人员要吃苦耐劳，在提供房地产经纪服务的各个环节中，一丝不苟、尽职守责。其次，房地产经纪专业人员要承担起自己的职业责任，不断提高自己的专业水平。再次，房地产经纪专业人员要替委托人保守商业秘密。最后，按现行的规定，房地产经纪专业人员都是以自己所在的房地产经纪机构的名义来从事业务活动的。

4. 公平竞争，注重合作

房地产经纪专业人员必须不怕竞争、勇于竞争，这就要求房地产经纪专业人员要以坦诚的心态、公平的方式参与竞争。另外，合作也是企业经营和发展的基本方式。合作常常是房地产经纪专业人员和经纪机构提高市场竞争力的重要手段。通过合作，房地产经纪人员和经纪机构可以以他人之长补己之短，在做大业务增量的同时，提高自己的市场份额和收益。

（三）房地产经纪专业人员的职业责任

1. 房地产经纪专业人员职业责任的内涵

房地产经纪专业人员的职业责任是指其在从事房地产经纪活动时所应尽的义务，以及因自己在职业活动中的违纪、违法甚至犯罪行为而应承担的行政和法律责任。

就义务层面而言，违反职业道德的行为，会受到同行和社会的谴责和良心的拷问，这是房地产经纪专业人员职业责任中的道德责任。

就行政和法律责任而言，房地产经纪专业人员在履行职责的过程中，如果违反有关行政法规、法律，违反合同或不履行其他法律义务，侵害国家集体财产，侵害他人财产、人身权利，则应承担相应的行政责任或民事责任。

2. 房地产经纪专业人员执业中的民事法律责任

房地产经纪专业人员在执业过程中可能涉及的民事法律责任是侵权责任。侵权责任是指侵犯经济合同所约定的债权之外的其他权利而应承担的民事责任。侵权责任的构成要件，一是有侵权行为，二是无免责事由。

侵权行为的构成要件如下：行为违法、有损害事实、违法行为与损害事实之间有因果关系、主观过错。

免责事由包括阻却违法性事由（包括正当防卫和紧急避险）、不可抗力、受害人过错。

承担侵权责任的主要方式包括停止侵害，排除妨碍，消除危险，返还财产，恢复原状，赔偿损失，消除影响、恢复名誉，赔礼道歉。

3. 房地产经纪专业人员违纪执业的行政责任

房地产经纪专业人员违反有关行政法规和规章的规定，行政主管部门或其授权的部门可以在其职权范围内，对违规房地产经纪专业人员处以与其违规行为相应的行政处罚。

根据《房地产经纪管理办法》，有下列行为之一的，由县级以上地方人民政府建设（房地产）主管部门责令限期改正，记入信用档案；对房地产经纪专业人员处以一万元罚款；对房地产经纪机构处以一万元以上三万元以下罚款：

① 房地产经纪专业人员以个人名义承接房地产经纪业务和收取费用的。

② 房地产经纪机构提供代办贷款、代办房地产登记等其他服务，未向委托人说明服务内容、收费标准等情况，并未经委托人同意的。

③ 房地产经纪服务合同未由从事该业务的一名房地产经纪人或者两名房地产经纪人协理签名的。

④ 房地产经纪机构签订房地产经纪服务合同前，不向交易当事人说明和书面告知规定事项的。

⑤ 房地产经纪机构未按照规定如实记录业务情况或者保存房地产经纪服务合同的。

4. 房地产经纪专业人员的刑事责任

房地产经纪专业人员在执业过程中，触犯刑法的，司法机关必将追究有关责任人的刑事责任，具体由相关部门根据相应刑法、事件严重性和涉及金额做出判决。

任务二　设立房地产经纪机构

案例导入

孙某是杭州市一名房地产经纪人，从业两年后，与朋友李某共同出资100万元，准备开一家房地产经纪公司。两人先是在杭州某街道租下一个面积大于20平方米的商铺作为经营场所，签了租期3年的租赁合同，并开始装修成符合房地产中介机构所需要的办公场所。然后是办理营业执照。公司名称要预先核准，为了避免重名，两人准备了3个公司名称，分别为杭州 A 房地产代理有限公司、杭州 B 房地产代理有限公司、杭州 C 房地产代理有限公司，最后核准的名字为杭州 A 房地产代理有限公司。接着制定了公司章程并设置了组织机构。两人准备了相关申报材料，到所在区域的市场监督管理部门申请工商登记，领取了营业执照。领取营业执照后，进行房地产经纪机构备案初始登记。两人持申请表、申请报告、企业营业执照（复印件并核对原件）、营业场所的自有房屋产权证或租赁证（复印件并核对原件）、法定代表人任命书及身份证明（复印件并核对原件）、公司组织章程及内部管理制度（加盖公章并核对原件）、专职经纪人的杭州市房地产经纪人资格证书（原件及复印件，不少于3名人员）、经纪人劳动合同原件、经纪人"三金"缴纳证明材料原件、原单位解聘证明（调令函）原件、经纪人上一年度年审中年检合格证明等所需要的有关资料和证件，进行了备案登记，完成了公司的设立。

思考与讨论

申请设立房地产经纪机构的程序是什么？

一、房地产经纪机构概述

（一）房地产经纪机构的界定、特点与类型

1. 房地产经纪机构的界定

房地产经纪机构，是指依法设立并到工商登记所在地的县级以上人民政府建设（房地产）主管部门备案，从事房地产经纪活动的中介服务机构。

《房地产经纪管理办法》第十四条明确规定，房地产经纪业务应当由房地产经纪机构统一承接，服务报酬由房地产经纪机构统一收取。分支机构应当以设立该分支机构的房地产经纪机构名义承揽业务。房地产经纪人员不得以个人名义承接房地产经纪业务和收取费用。房地产经纪机构是房地产经纪业务运行的基本载体，是开展房地产经纪业务的基本法律载体，是联系房地产经纪市场中交易双方的桥梁。

2. 房地产经纪机构的特点

（1）房地产经纪机构是企业性质的中介服务机构

房地产经纪机构是在房地产转让、租赁、抵押等经营活动中，以收取佣金为目的，为促成他人交易而进行居间、代理等相应服务的组织，包括公司制、合伙制、个人独资和房地产经纪机构设立的分支机构。

（2）房地产经纪机构是轻资产类型的企业

房地产经纪机构的资金密集度较低，固定资产所占比例小，主要依靠人力资源和信息资源进行运作，经营效益的高低主要取决于企业治理结构、内部管理、人员培训、企业文化等软性实力。

（3）房地产经纪机构的企业规模具有巨大的可选择性

由于房地产的不可移动性，房地产市场具有很强的地域分割性，大多数房地产经纪机构通常会选择在其所熟悉的城市、乡村或某一区域范围内设店并提供相应的房地产经纪服务。因此，行业中既有大规模的房地产经纪机构，又有大量中小型房地产机构分布生存。

3. 房地产经纪机构的类型

（1）按主营业务范围划分的房地产经纪类型

① 以存量房经纪业务为主的房地产经纪机构。这类房地产经纪机构主要从事存量房的租赁和买卖经纪业务。据有关数据统计，目前我国国内以存量房经纪业务为主的房地产经纪机构数量要大于以新建商品房经纪业务为主的房地产经纪机构，大量的存量房经纪业务是通过经纪机构来完成的。21世纪不动产、北京链家、信义房屋、满堂红等企业就属于这类房地产经纪机构。

② 以新建商品房经纪业务为主的房地产经纪机构。随着房地产市场竞争的加剧，很多房地产开发企业通过房地产经纪机构来进行新建商品房的销售和租赁代理服务，并且这一数据在逐步上升。这类机构主要提供代理服务，在北京、上海等一线城市，开发商委托房地产经纪机构代理销售的比例相对较高。深圳世联地产、上海同策、上海新联康等企业就属于以新建商品房经纪业务为主的房地产经纪机构。

③ 以策划、顾问业务为主的房地产经纪机构。这类房地产经纪机构对房地产市场的研究和认识较为全面，层次高，有深度，主要为房地产开发商和大型房地产投资者提供营销策划、投资分析等咨询类服务。目前主要是以境外来我国内地的房地产服务企业为主，如戴德梁行、仲量行、世邦魏理仕、第一太平戴维斯、高纬环球等。这类机构还有大量的房地产租售代理业务，侧重办公楼、综合性商业物业和高端住宅。

④ 综合性房地产经纪机构。这类机构涉足房地产服务业的多个领域，如经纪、估价、咨询、培训等，是一种综合性的房地产服务机构，如易居（中国）、中原地产、合富辉煌、富阳（中国）、我爱我家等企业。这类机构的特点有两个：一是服务范围全面，通常集房地产经纪、价格评估、营销策划、投资咨询、销售代理、物业管理顾问等功能于一体，形成全方位的服务体系，为客户开展综合服务；二是跨区域经营较为普遍，采取全球化扩张策略，在世界上许多国家和地区设有分支机构，利用先进的科学技术服务手段以及强大的国际网络开展房地产综合服务，其在执业标准、执业规范、专业

人员素质、执业技术手段、执业运作经验和管理经验等方面的水准普遍较高。

⑤ 房地产网络经纪企业。随着互联网的蓬勃发展以及共享经济对传统行业的不断冲击，房地产经纪行业也开始寻求突破，一种结合了"互联网+"的全新房地产经纪行业应运而生。目前房地产网络经纪行业呈现出"四足鼎立"的格局：一是新组建的完全轻资产运营的房地产电商平台，如房多多、好屋中国等；二是传统电商巨头跨界进入房地产电商行业，如京东房产；三是众多房地产经纪机构建立的房地产电商平台，在搭建线上数据平台的同时积极布局线下门店，如伟业我爱我家集团推出的视频看房和 720 全景看房；四是传统的依托品牌效应和流量规模的网络平台，如搜房网、安居客等。

⑥ 其他类型的房地产经纪机构。除了上述几种类型的房地产经纪机构外，还出现了一些边缘性的房地产经纪机构，它们是其他行业涉足房地产经纪行业，或者房地产经纪行业与其他行业相结合后的产物，反映了房地产经纪企业的业态出现多样化的演变，如物业服务企业涉足房地产经纪业而形成的管理型房地产经纪机构，由大型商业零售企业分化出的商业物业服务企业，从事商业物业的代理租赁业务等。

（2）按企业组织形式划分的房地产经纪机构类型

① 公司制房地产经纪机构。房地产经纪公司是指依照《中华人民共和国公司法》和有关房地产经纪管理的部门规章，在中国境内设立的从事房地产经纪业务的有限责任公司和股份有限公司。

② 合伙制房地产经纪机构。合伙制房地产经纪机构是指依照《中华人民共和国合伙企业法》和有关房地产经纪管理的部门规章在中国境内设立的由各合伙人订立合伙协议，共同出资、合伙经营、共享收益、共担风险，并对合伙企业债务承担无限连带责任的从事房地产经纪活动的营利性组织。

③ 个人独资房地产经纪机构。个人独资房地产经纪机构是指依照《中华人民共和国个人独资企业法》和有关房地产经纪管理的部门规章在中国境内设立，由一个自然人投资，财产为投资人个人所有，投资人以其个人财产对机构债务承担无限责任的从事房地产经纪活动的经营实体。这种形式在设立要求和程序上比较简单，与其他形式相比，在资金、技术和社会信誉等方面要弱一些，并且经营风险较大。

④ 房地产经营机构设立的分支机构。在中华人民共和国境内设立的房地产经纪机构、国外房地产经纪机构，经拟设立的分支机构所在地主管部门审批，都可以在中华人民共和国境内设立分支机构。分支机构能独立开展房地产经纪业务，但不具备法人资格。房地产经纪机构的分支机构独立核算，先以自己的财产对外承担责任，当分支机构的全部财产不足以对外清偿到期债务时，由设立该分支机构的房地产经纪机构对其债务承担清偿责任；分支机构解散后，房地产经纪机构对其解散后尚未清偿的全部债务（包括未到期债务）承担责任。

（二）房地产经纪机构的设立

1. 房地产经纪机构设立的条件

房地产经纪机构是房地产经纪专业人员从事房地产经纪活动必须依附的经济实体，

应当具备相应的资质、一定数量的注册资金和足够数量的房地产经纪专业人员，办理营业执照和税务登记，在规定的业务范围内承接业务，其执业人员应具有相应执业资格。

房地产经纪机构的设立应当符合《中华人民共和国公司法》《中华人民共和国合伙企业法》《中华人民共和国个人独资企业法》等法律法规及实施细则和工商登记管理的规定。

2. 房地产经纪机构设立的程序

（1）工商登记

设立房地产经纪机构，应当首先向当地房地产行政管理部门申请办理工商登记。企业名称应以"房地产经纪"作为其行业特征，经营项目统一核定为"房地产经纪"，并按规定提供一定数量的经登记的房地产经纪专业人员信息。

（2）备案

设立房地产经纪机构及其分支机构，应当在领取营业执照之日起 30 日内，向所在地直辖市、市、县人民政府建设（房地产）主管部门申请备案，方可经营。

房地产经纪机构申请办理备案应当提交的材料一般如下：经纪机构及其分支机构的名称、住所、经纪机构房地产经纪专业人员职业资格和注册证书、法定代表人（执行合伙人、负责人）的身份证件、注册资本等。

根据《房地产经纪管理办法》，直辖市、市、县人民政府建设（房地产）主管部门应当构建统一的房地产经纪网上管理和服务平台，为备案的房地产经纪机构提供以下服务：

① 房地产经纪机构备案信息公示。

② 房地产交易与登记信息查询。

③ 房地产交易合同网上签订。

④ 房地产经纪信用档案公示。

⑤ 法律、法规和规章规定的其他事项。

（三）房地产经纪机构的变更与注销

1. 房地产经纪机构的变更

房地产经纪机构（含分支机构）的名称、法定代表人（执行合伙人、负责人）、住所、登记房地产经纪专业人员等备案信息发生变更时，应当在变更后 30 日内，向原备案机构办理备案变更手续。

2. 房地产经纪机构的注销

房地产经纪机构的注销，标志着其主体资格的终止。注销后的房地产经纪机构不再有资格从事房地产经纪业务，注销时尚未完成的房地产经纪业务应与委托当事人协商处理，可以转由他人代为完成，可以终止合同并赔偿损失，在符合法律规定的前提下，经当事人约定，也可以采用其他办法。

房地产经纪机构的备案证书被撤销后，应当在规定的期限内向所在地的市场监督管理部门办理注销登记。房地产经纪机构歇业或因其他原因终止经纪活动的，应当在向市场监督管理部门办理注销登记后的规定期限内向原办理登记备案手续的房地产管理部门办理注销。

（四）房地产经纪机构的权利和义务

1. 房地产经纪机构的权利

房地产经纪机构有以下权利：

① 享有市场监督管理部门核准的业务范围内的经营权利，依法开展各项经营活动，并按规定的标准收取佣金及其他服务费用。

② 按照国家有关规定制定各项规章制度，并以此约束在本机构中注册经纪专业人员的执业行为。

③ 房地产经纪机构有权在委托人隐瞒与委托业务有关的重要事项、提供不实信息或者要求提供违法服务时，中止经纪服务。

④ 由于委托人的原因，造成房地产经纪机构或房地产经纪专业人员的经济损失的，有权向委托人提出赔偿要求。

⑤ 房地产经纪专业人员可向房地产管理部门提出实施专业培训的要求和建议。

⑥ 法律、法规和规章规定的其他权利。

2. 房地产经纪机构的义务

房地产经纪机构有以下义务：

① 依照法律、法规和政策开展经营活动。

② 在经营场所公示营业执照、备案证明文件、服务项目、业务流程、收费标准等。

③ 认真履行房地产经纪合同，督促房地产经纪专业人员认真开展经纪业务。

④ 维护委托人的合法权益，按照约定为委托人保守商业秘密。

⑤ 严格按照规定标准收费。

⑥ 依法缴纳各项税金和行政管理费。

⑦ 接受房地产管理部门的监督和检查。

⑧ 法律、法规和规章规定的其他义务。

（五）房地产经纪机构与房地产经纪专业人员的关系

房地产经纪产业是人才密集型产业，是人才需求量大、专业人才需要多的产业。作为房地产经纪企业人才主体的房地产经纪专业人员，其与房地产经纪企业之间有着较为特殊的关系，从而构成房地产经纪企业人力资源管理的一些特殊性。房地产经纪专业人员与房地产经纪企业之间的关系主要体现在以下几个方面。

1. 执业关系

房地产经纪专业人员与房地产经纪企业之间有执业关系，决定了房地产经纪企业的人力资源管理必须遵守行业的相关规定。一方面，大多数房地产经纪专业人员从事经纪活动必须以房地产经纪企业的名义进行，同时房地产经纪业务由房地产经纪企业统一承接；另一方面，房地产经纪企业必须是由房地产经纪专业人员组成的。根据一般规定，不论是设立房地产经纪公司、房地产经纪合伙企业、房地产经纪个人独资企业，还是设立房地产经纪企业的分支机构，都必须有规定数量的持有中华人民共和国房地产经纪人执业资格证书的人员和一定数量的持有中华人民共和国房地产经纪人协理从业资格证书的人员。由此可见，没有房地产经纪专业人员的加入，房地产经纪企业是无法成立的。

2. 法律责任关系

房地产经纪企业与房地产经纪专业人员之间有法律责任关系，房地产经纪业务一般是由房地产经纪企业统一承接的，房地产经纪合同是在委托人与房地产经纪企业之间签订的，因此，一方面，房地产经纪专业人员在执业活动中由于故意或过失给委托人造成损失的，由房地产经纪企业统一承担责任，房地产经纪企业向委托人进行赔偿后，可以对承办该业务的房地产经纪专业人员进行追偿；另一方面，由于委托人的故意或过失给房地产经纪企业或房地产经纪专业人员造成损失的，应由房地产经纪企业向委托人提出赔偿请求，委托人向房地产经纪企业进行赔偿后，再由房地产经纪企业针对房地产经纪专业人员的损失进行补偿。房地产经纪业务的特点决定了房地产经纪专业人员执业的流动性比较大，由经纪企业统一承接业务并承担法律责任有利于保护委托人、房地产经纪专业人员和房地产经纪企业三方的合法权益，也有利于促进经纪企业加强对其内部执业经纪人员的监督和管理。

3. 经济关系

房地产经纪企业与房地产经纪专业人员之间有经济关系，这决定了房地产经纪企业人力资源管理要有更加符合行业和地区特点的薪酬制度。由于房地产经纪业务是由房地产经纪企业统一承接的，房地产经纪合同是在委托人与房地产经纪企业之间签订的，因此，由房地产经纪企业统一向委托人收取佣金，并由房地产经纪企业出具发票。房地产经纪企业收取佣金后应按约定给予具体承接和执行经纪业务的房地产经纪专业人员报酬，报酬的形式可以由房地产经纪企业与房地产经纪专业人员协商约定，可以计件，也可以按标的提成等。报酬的具体金额或比例由双方约定，但应符合当地当时提供同类服务的正常水平。

二、房地产经纪机构的经营模式

（一）房地产经纪机构经营模式的含义

房地产经纪机构的经营模式是指房地产经纪机构承接及开展业务的渠道及外在表现形式，是为实现房地产经纪机构所确认的价值定位所采取的某一类方式方法的总称，主要包括房地产经纪机构对自己在产业链中所处位置、业务范围、竞争战略等的选择。

（二）房地产经纪机构经营模式的类型

房地产经纪机构的经营模式与房地产经纪机构自身的业务类型、企业规模、企业地位以及当地的社会、经济状况密切相关。根据房地产经纪机构是否通过店铺承接和开展房地产经纪业务，可以将房地产经纪机构的经营模式分为无店铺模式和有店铺模式，根据经纪机构下属分支机构的数量及分支机构的商业组织形式，可将房地产经纪机构经营模式分为单店经营模式、连锁经营模式。

1. 无店铺经营模式

采用无店铺经营模式的房地产经纪机构并不依靠店铺承接业务，而是主要靠业务人员乃至机构的高层管理人员直接深入各种场所与潜在客户接触来承接业务。在我国，这类机构主要以新建商品房经纪业务或存量商业房地产租售代理业务为主，因为面向的客户主要是机构客户，往往需要房地产经纪专业人员主动出击拜访。房地产经纪机构也可以通过招投标等形式来获得这类客户的委托。

随着信息技术的广泛运用以及互联网的普及，基于互联网技术的无店铺经营模式正被越来越多的房地产经纪企业广泛采用。随着电子商务进入房地产领域，客户可以在世界任何地方上网浏览房地产经纪机构的分类信息资料，房地产经纪机构也可以随时按照客户的要求添加新内容，且配有物业的各种照片、图解，内容形象、直观，所以客户很快便可选中相对较为满意的目标。电子商务节约了约 60%的实地考察费用，签订合同时间也平均缩短了两周到一个月左右。同时，网上信息是公开的，使得市场竞争的透明度大幅增加，从而有利于市场的公平交易，降低不动产的泡沫成分，合理使用和开发房地产资源。

2. 单店经营模式

单店即只有一个店铺，它通常也是房地产经纪机构唯一的办公场所，没有下设的分支机构，这种经营模式对资金等要素的要求较低，所以比较适合资金实力有限、人员较少、控制风险和减少管理成本是首要要素的大多数小型房地产经纪企业。同时，这种经营模式一般要求企业店面的选址要接近自身业务比较熟悉的区域，一般在一个城市房地产经纪业发展的初级阶段会大量存在。但是由于规模小、从业人员素质不高、管理混乱，采用这种经营模式的企业大都随着房地产市场的规范化、规模化、专业化和市场化而被淘汰。目前我国约有 1/3 的房地产经纪机构采用这种模式。

3. 连锁经营模式

采用连锁经营模式的房地产经纪企业通过广泛设立门店，在店内直接开展经纪业务，并将各店的房源和客户信息依靠网络实现整体的信息共享，以提高服务效率、降低经营成本。连锁经营模式根据门店的拓展方式不同，可以分为直营连锁经营模式和特许加盟连锁经营模式。

（1）直营连锁经营模式

直营连锁经营是由同一公司所有，统一经营管理，具有统一的企业识别系统，实行集中采购和销售，由两个或两个以上连锁分店组成的一种形式。在房地产经纪行业中，直营连锁经营模式中所有的连锁门店都是由总部自己投资建立的，总部负担所有门店的成本开销，同时对门店的经营收入和盈利拥有完全的索取权，对门店重大事项有完全的经营决策权。在直营连锁经营模式下，房地产经纪机构能够获得更多的信息资源，并借助网络实现信息资源共享、扩大有效服务半径，以规模化经营实现运营成本的降低。各连锁店之间虽然也可能存在利益竞争关系，但由于所有连锁店都为一个机构所拥有，整体上的利益还是一致的，可以通过内部的协调机制来解决。同时，因为各连锁店属于同一个所有者，管理权力绝对集中，在管理上相对容易，所有者的经营理念容易贯彻。缺点是在跨区域扩张时，直营连锁经营模式往往因为资金占用过多、人力资源缺乏和管理等问题出现危机。此外，直营连锁经营模式经营风险过于集中，不利于应对周期性的市场波动。目前采用这种模式的房地产经纪企业比较典型的有上海房屋置换股份有限公司和北京中原地产经纪有限公司、北京我爱我家房地产经纪有限公司等。

（2）特许加盟连锁经营模式

特许加盟连锁经营是将连锁经营与特许经营相结合的一种经营模式，它提供特许经营的方式来开设连锁店，而非像直营连锁经营那样由母公司直接投资并拥有各连锁店。特许经营起源于美国，是指特许者将自己拥有的商标（包括服务商标）、商号、产品、专利和专有技术、经营模式等以特许经营合同的形式授予被特许者使用。被特许者按照合同规定，在特许者统一的业务模式下从事经营活动，并向特许者支付相应的费用。特许经营在房地产中介行业中的应用也很广泛。

采取特许加盟连锁经营模式的房地产经纪公司，由特许人向加盟店提供特许权，并给予加盟店以人员培训、技术支持等方面的指导和帮助。在特许加盟合同的框架内，加盟门店拥有独立的经营管理并自负盈亏。特许人不享有加盟店的所有利润，仅获取约定的加盟费和年金。一般而言，采取特许加盟连锁经营模式的特许人都有国际背景和知名品牌，如 21 世纪不动产。对于特许人而言，特许加盟连锁经营模式可以不受资金的限制，迅速扩张规模，同时还可能降低经营费用，集中精力提高企业管理水平；对于那些资金有限、缺乏经验，但又想投资创业的人而言，特许加盟连锁经营模式具有极强的吸引力，因为一旦加盟实行特许经营的企业，就可以得到一个已被实践检验行之有效的商业模式和经营管理办法以及一个价值很高的品牌的使用权，还可以得到特许人的指导和帮助，所有这些都将大大降低他的投资创业风险。但是每一家加盟连锁店都是独立拥有的，要求每一家加盟店都按统一的标准提供服务是有一定难度的。同时，对信息的控制也比直营连锁经营模式困难。因此，特许加盟连锁经营模式要求房地产经纪企业必须拥有科学、有效的管理模式和高水平的管理队伍。

直营连锁经营模式和特许加盟连锁经营模式各有特点，表 2-1 是对两者的比较。

表 2-1　直营连锁经营模式和特许加盟连锁经营模式的比较

特性	直营连锁	特许加盟连锁
连锁经营组织与房地产经纪机构的关系	资产隶属	契约合作关系
投资情况及经济关系	房地产经纪机构投资，收入、支出统一核算	加盟者投资，独立核算，支付加盟费
总部对分店利润的分享	因承担全部费用，故分享全部利润	总部因分担部分费用，故分担部分利润
连锁经营组织的经营权	非完全独立	完全独立
连锁经营组织的扩展	速度较慢	速度较快
企业形象的树立与维护	较容易	较容易

续表

特性	直营连锁	特许加盟连锁
房地产经纪机构对连锁经营组织的管理	行政管理	合同约束与沟通督导
经营信息的传递	较好	较好
政策、活动的推行	容易采取一致行动	较易要求一致行动

（三）房地产经纪机构经营模式的演进

1. 境外房地产经纪机构经营模式的演进

早期一些发达国家的房地产经纪活动大多以房地产经纪从业人员的无固定场所、移动式活动为主，后来逐步出现了固定的经营场所。20 世纪 70 年代，特许加盟连锁经营模式使得美国的房地产经纪行业迅速发展壮大。到了 90 年代，美国的房地产经纪市场发展到了一定阶段，房地产经纪机构开始出现两极分化的现象：一方面是不断壮大的连锁经营的大型、超大型房地产经纪机构，另一方面则是单店模式的小型房地产经纪机构遍地开花，形成了多种经营模式并存的发展局面。

2. 境内房地产经纪机构经营模式的演进

我国的房地产经纪市场起步较晚，早期主要受到港台房地产经纪机构的影响，多以存量房经纪为主，基本都采用了有店铺的单店经营模式。随着房地产市场的发展，一部分房地产经纪机构逐步壮大，从单店经营模式发展到区域性的小型直营连锁，即在城市某个区域内设立多个分支机构，进行小规模的连锁经营。接着在连锁经营规模效应的推动下，企业逐渐发展为区域中型、区域大型直营连锁，甚至是跨区域大型直营连锁。目前已出现了拥有数千家经纪门店的超大型连锁经营机构。但是，由于我国房地产经纪业发展中存在的区域不平衡性，在中小城市以及大城市的低价区域，单店经营以其低成本的优势，仍然占据一定的市场份额。

三、房地产经纪机构的组织系统

（一）房地产经纪机构的组织结构形式

房地产经纪机构的组织结构与房地产经纪机构自身的业务类型、企业规模、企业地位以及当地的社会、经济状况密切相关。以下介绍几种大中型房地产经纪机构常采用的组织结构。

1. 直线—职能制组织结构形式

直线—职能制组织结构形式（图 2-2）是一种被广泛采用的组织结构形式。

这种形式的优点是：职能机构和人员按照管理业务的性质，各司其职，能较好地弥补管理者专业能力的不足；这些职能机构或人员对下级管理者无指挥权，从而保证了统一领导，提高了效率。

这种形式的缺点是：高层管理者高度集权，可能出现决策上不及时的问题，对环境的适应能力较差；只有高层管理者对组织目标的实现负责，各职能机构都只有专业管理的目标；各职能机构相互之间沟通协调性较差。

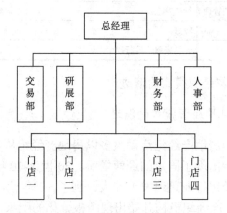

图 2-2 直线—职能制组织结构形式

2. 事业部制组织结构形式

对于一些规模较大，业务较繁忙的大型房地产经纪机构，不适宜采用高度集权的直线—职能制组织结构形式，可采用事业部制组织结构形式（图 2-3）。

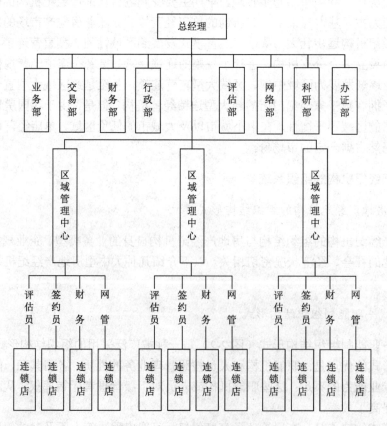

图 2-3 事业部制组织结构形式

这种形式的优点是：各部门有较大的自主经营权，有利于提高部门管理者的积极主动性；有利于高层管理者摆脱日常业务，集中精力抓全局，制定更长远的目标，从而带领整个企业走得更远。

这种形式的缺点是：职能部门重叠，增加开支；如果利益分配不当，容易导致各部门各行其是，无法保证企业整体目标的实现；各职能机构相互之间协调较为困难。

3. 矩阵制组织结构形式

在前两种组织结构形式中，横向沟通协调较为困难，大型房地产经纪机构业务量大，不同区域市场特点不同，为了通力协作，保证任务的完成，常常需要按区域分片设置常设性管理部门，并通过这些部门来整合各职能部门的人员。矩阵制组织结构形式（图 2-4）由此产生。

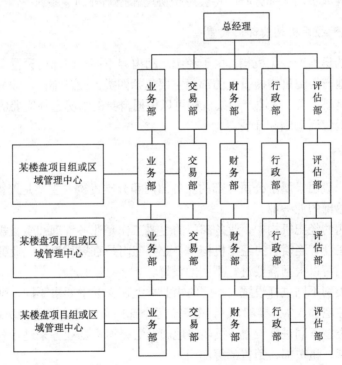

图 2-4 矩阵制组织结构形式

采用这种结构形式时，由职能机构派来参加横向机构（事业部或项目组）人员，既受所属职能机构领导，又受横向机构领导。事实上，矩阵制是介于直线—职能制与事业部制之间的一种过渡形态。它试图吸收这两种形式的主要优点而克服其缺点，但是矩阵制的双重领导违反了统一指挥原则，容易引起一些矛盾，导致职责不清、机构间相互扯皮的问题，所以在实际运用中高层管理者必须注意协调职能部门与横向机构间的关系，避免可能出现的矛盾和问题。

4. 网络制组织结构形式

网络制是一种较新的组织形式。在这种组织结构中，企业总部只保留精干的机构，而将原有的一些基本职能，如市场营销、生产、研究开发等工作都分包出去，由自己的附属企业或其他独立企业去完成。在这种组织形式下，企业成为一种规模较小，但可以发挥主要商业职能的核心组织——虚拟组织，依靠长期分包合同和电子信息系统同有关各方紧密联系。

这种组织结构形式的优点在于能够给予机构以高度的灵活性和适应性，易于适应科技进步快、消费时尚变化快的外部环境；同时机构可集中力量从事自己具有竞争优势的专业化活动。这种组织形式的缺点是，将某些基本职能外包，必然会增加控制上的难度，使得对外包业务完成的质量和水平缺乏有力和有效的控制。因此，在采用这种组织形式的机构中，管理人员的大部分时间将会用于协调和控制外部关系。

（二）房地产经纪机构的部门设置

不同类型的房地产经纪机构，由于经纪活动内容不同，在部门设置上会有较大的差异，但各类房地产经纪机构内设置的部门主要包括四类：业务部门、业务支持部门、客户服务部门和基础部门。房地产经纪机构可以根据自身的情况选择需要的某些具体部门形式，以保证经营活动顺利开展。

1. 业务部门

业务部门一般由隶属于公司总部的业务部门和分支机构（主要是连锁店）构成。

（1）公司总部的业务部

在有连锁店的经纪机构中，业务部门的主要工作是业务管理和负责规模、资金较大的业务项目。在没有连锁店的经纪机构中，业务部门是直接从事经纪业务的部门。公司总部的业务部门可以根据需要进行不同的设置。

根据物业类别不同进行设置。不同的物业类型在交易中要求不同，可以根据房地产类型不同设置住宅部、办公楼部、商铺部等，每个部门负责各自类型的房地产经纪业务。

根据业务类型不同进行设置。很多房地产经纪公司根据业务来进行分类，如可以划分为置换业务部、租赁部、销售部等部门。

根据业务区域范围进行设置。例如，根据业务覆盖区域不同可以划分为东区、西区、南区、北区业务部等。

（2）连锁店（办事处）

在连锁店（办事处）必须有一名以上取得房地产经纪人执业资格的房地产经纪人，否则不得从事房地产经纪活动。

2. 业务支持部门

业务支持部门主要是为经纪业务开展提供必需的支持及保障的部门，包括交易管理部、网络信息部、研究拓展部、办证部、法务部等。房地产经纪机构可以根据自身规模等来调整设置。

① 交易管理部。房地产经纪机构要对所属房地产经纪专业人员的行为承担法律责任，交易管理部门主要负责对房地产经纪专业人员与客户签订的合同进行管理，维护经纪机构的利益。

② 网络信息部。房地产经纪信息是房地产经纪机构的重要资源和无形财富，它反映了房地产经纪活动并为房地产经纪活动服务，一些大型房地产经纪机构采用计算机系统对信息进行管理，网络信息部的主要职责就是负责信息系统软件的管理和维护。

③ 研究拓展部。研究拓展部负责市场调查分析、原业务调整方案的制定、新业务品种的研究等工作。

④ 办证部。办证部负责为客户到房地产交易中心办理房地产权证过户、合同登记备案以及协助客户办理有关商业贷款、住房公积金贷款申请手续等。

⑤ 法务部。法务部负责起草各种房地产经纪合同文本，审核校对一切对外来往合同，为客户提供法律咨询服务。

3. 客户服务部门

客户服务部门既包括对客户进行服务以及受理各类客户的投诉，也包括对房地产经纪专业人员业务行为的监督。作为服务性行业，房地产经纪机构的售后服务非常重要，这直接关系到其形象和今后的发展。对房地产经纪专业人员行为的监督则是保证其在提供服务时能够严格按照经纪机构的要求提供规范服务，维护经纪机构的利益。

4. 基础部门

基础部门主要是指一些常设部门，如行政部、人事部、财务部等。这些基础部门也是一般公司常设的部门。

（三）房地产经纪机构的岗位设置

1. 岗位设置的基本原则

房地产经纪机构在设立岗位时，应该明确该岗位具体做哪些工作，包括工作职责、主要目标、任职条件、培训需求、职业规划，否则可能造成岗位设置重叠、工作相互推诿和效率低下的后果。另外，还应注意工作内容的丰富化，使员工所做的活动具有完整性，增强员工的自由度和独立性，增强员工的责任感，及时提供工作反馈，使员工了解自己的绩效状况并加以改进，以有利于员工的成长。

2. 主要岗位

（1）业务序列

① 业务员岗位。直接上级：案场销售经理（房地产代理机构）或连锁店经理（房地产居间机构）。主要工作：负责客户接待、咨询工作，为客户提供专业的房地产置业咨询服务；了解客户需求，提供合适房源，进行商务谈判；陪同客户看房，促成房产买

卖或租赁业务；负责公司房源开发与积累，并与业主建立良好的业务协作关系；掌握客户需求，发掘及跟进潜在客户，做好对客户的追踪、联系；热情接待，细致讲解，耐心服务，为客户提供满意的服务；负责市场信息的反馈，定期对销售数据及成交客户资料进行分析评估，提交销售总结报告；协助经纪门店经理或案场经理处理一般日常事务；协助维护经纪门店或售楼处现场设施的完好及清洁。

② 经纪经理岗位。直接上级：销售副总经理。主要工作：根据公司的授权负责该连锁店业务的运营及管理；执行公司的有关业务部署；负责对连锁店人员的管理和工作评估并及时将有关情况报告给公司的有关部门。

③ 商品房销售经理岗位。直接上级：销售副总经理。主要工作：负责本项目销售楼盘的销售管理、代理项目运营管理、案场现场管理及团队管理工作；负责年度销售目标的制定、分解，根据销售计划，参与制定和调整销售方案、宣传推广方案，并负责具体销售方案的实施；负责项目案场销售工作的组织、实施和销售数据的汇总与分析；负责销售团队内部建设及对业务员的督导和培训；负责销售渠道和客户服务管理，做好项目解释，及时处理案场各类突发问题，保证公司利益；评估销售业绩。

④ 销售副总经理岗位。直接上级：总经理。主要工作：负责领导各个案场销售经理的工作，对各个案场实施宏观管理、控制；负责销售员及各种资源在各个案场中的调配；负责组织各项目的前期谈判和准备工作以及项目营销方案的审定；负责销售员、案场经理的佣金发放、审核等工作。

（2）研发序列

① 项目开发岗位。直接上级：所在部门的部门经理。主要工作：针对各种渠道得来的信息进行项目跟踪，与潜在客户进行初步洽谈，形成某种意向后提交给上级。

② 市场调研岗位。直接上级：所在部门的部门经理。该岗位又分为专案市调、热点楼盘市调、开发市调等岗位，分别负责各自领域的市场调研。

③ 信息管理岗位。直接上级：所在部门的部门经理。主要工作：负责管理公司内部初期的商机信息及收集工作。

④ 专案研究岗位。直接上级：所在部门的部门经理。主要工作：对公司项目进行市场专案研究，并撰写研究、策划报告。

⑤ 市场研究岗位。直接上级：所在部门的部门经理。主要工作：针对房地产市场情况，包括供求情况、交易情况、政策法规等进行总体研究，并撰写研究报告。

（3）管理序列

① 部门经理岗位。直接上级：分管副总经理。主要工作：具体负责房地产经纪机构内各部门的工作计划制订、工作安排；监控各部门的工作进度；考核本部门的工作人员。

② 副总经理岗位。直接上级：总经理。主要工作：参与机构整体工作计划的制订；协助总经理分管房地产经纪机构内某一个或几个方面的工作。

③ 总经理岗位。主要工作：负责房地产经纪机构的全面管理，包括制定组织结构和调整机构经营模式、内部组织机构、内部管理制度和任免各岗位的工作人员等。总经理对董事会（有限责任公司或股份责任公司）或投资人（合伙企业）负责。

（4）业务支持序列

① 办事员岗位。直接上级：所在部门的部门经理。主要工作：经办与产权登记、抵押贷款代办等业务相关的事务。

② 咨询顾问岗位。直接上级：所在部门的部门经理。主要工作：在一些规模较大的房地产经纪机构内，为提高服务质量，还专门聘请具有专业知识和丰富经验的人员为客户提供信息、法律等方面的咨询。

（5）辅助序列

辅助序列主要包括会计、出纳，较大规模的房地产经纪机构内通常还有秘书、接应台服务生、保安、司机、保洁员等岗位，以辅助机构运转。

任务三　实训项目与练习

一、我爱我家经营模式案例

（一）公司简介

我爱我家控股集团股份有限公司（证券代码：000560）是国内首家 A 股主板上市的房地产经纪企业，杭州我爱我家隶属于该集团，成立于 2000 年，经过二十余年的发展，围绕"房子的需求"，形成了以二手房经纪业务为核心，提供线上线下一体化的房地产全产业链的综合性平台化服务，为广大客户提供二手房买卖、新房代理、房屋租赁、住宅资产管理、海外房产交易等房地产全生命周期服务。

杭州我爱我家拥有我爱我家、相寓、伟业顾问、汇金行、海外有家等业务模块，480多家门店全城直营，8000 多名房地产专业服务人员，围绕客户在安居和社区内的需求，规划、构建居住服务生态平台建设。

（二）经营模式及服务理念

在从"供给为王"向"需求为王"转变的房地产经纪时代，居住服务回归本质已成必然；基于二十余年一贯坚持的直营理念，杭州我爱我家提出"想放心 选直营"的主张。主要服务内容如下：

① 专业服务：总部指定，全城所有门店全覆盖的专业服务体系。

② 安全服务：总部对门店"一管到底"，构建完整的安全服务闭环。

③ 稳妥服务：每一个节点严格把关，精细化铸就稳妥交易流程。

④ 高效服务：资源高度共享及人员高度配合，交易环节极大优化。

⑤ 规范服务：系统化培训+阶梯式测评，专注培养职业化服务团队。

⑥ 透明服务：所有环节都有严格的作业标准，每项流程清晰可查。

为提升房产交易效率，让每一位置业者都能轻松安家，杭州我爱我家首次提出"一站式"和"最多跑一次"的服务理念，着力于高效与品质双重提升，是房产交易行业首创，也是一次真正的交易提速。这些服务理念主要体现在以下方面：

① 公证专窗：签约后可办理身份核验，过户无须再次奔波。

② 银行驻点：签约后可到交易服务中心银行长期驻点处办理按揭面签，节省往返时间。

③ 产权证书寄件：自主选择证书寄送，宅家即享专属安心。

④ 房款在线支付：在线支付实时便捷，足不出户房款到账。

⑤ 在线签约服务：远程在线签署合同，足不出户开启线上新体验。

⑥ 流程在线查询：官微、APP 在线查询交易流程，随时随地掌握交易进展。

二、实务操作（模拟组建房地产经纪公司）

王某和朋友准备在杭州组建一家房地产经纪公司，按照以下流程进行公司设立操作。

（一）工商注册前的准备工作

① 信息核准：首先了解房地产机构设立的必备条件和流程，做好相应的准备工作。

② 公司命名：王某与朋友为公司准备了"杭州××房地产代理有限公司"的名称，后面办理注册时要进行名称核准。

③ 公司选址并租赁办公场所：经过多番考察和比较，并与房东进行谈判，王某和朋友选中了杭州××小区的商铺作为门店（大于 20 平方米），并签订了 3 年合同，同时对门店进行了装修，具备房地产经纪公司特色。

④ 明确经营范围：以二手房的租赁与买卖业务为经营内容。

⑤ 制定公司章程和组织机构：制定公司章程，包括总则、经营范围、权利与义务、机构的产生及规则等，同时确立了公司的组织机构为企业。

⑥ 资金范围确认：房地产经纪股份公司注册资金为 500 万元，房地产经纪有限公司注册资金为 50 万元不等，现在注册资本金已采取认缴制，不用实际到账，资金范围可以自己拟定。

（二）申办营业执照等

准备好所有上述材料，到杭州市市场监督管理局申办营业执照，到税务部门办理税务登记，到物价部门申办收费许可证。同时与公司受聘的 5 名房地产经纪专业人员签订劳动合同等，准备好相关材料，确认只在本公司受聘。最后填写好杭州市房地产经纪机构备案登记申请表、申请报告等资料。

（三）备案登记

营业执照办理完 15 天后，王某和朋友携带相关资料到杭州市平海大厦三楼办证大厅进行公司的备案登记，准备的材料包括：①备案申请表及申请报告原件 1 份；②营业执照原件和复印件 1 份；③房屋租赁备案证原件和复印件 1 份；④法定代表人身份证及任职文件（原件 1 份）及身份证明原件和复印件 1 份；⑤房地产经纪机构章程原件 1 份；⑥房地产经纪机构管理制度原件 1 份；⑦房地产执业经纪人资格证书原件及复印件 1 份；⑧房地产经纪机构与专职房地产经纪专业人员签订的劳动合同及为其缴纳的社会保险证明原件 1 份；⑨房地产经纪专业人员原房地产经纪机构解聘证明原件 1 份；⑩本人签章的房地产经纪专业人员工作简历原件 1 份；⑪经银行确认的房款监管账户及账号清单（可以备案后办理）原件 1 份；⑫经纪机构网上签订合同开户申请（可以备案后办理）原件 1 份。

　　工作人员对资料进行核对查收，部分资料核对原件后返还。

　　自受理之日起 10 个工作日完成备案，王某和朋友领取了杭州市房地产经纪机构备案证书，该证书有效期 2 年。

项目三　存量房经纪业务

📝 知识目标

了解存量房的概念、存量房的交易类型及其流程，以及存量房经纪业务操作流程。

📬 技能目标

1. 能实地进行存量房买卖经纪业务的操作。
2. 能实地进行存量房租赁经纪业务的操作。
3. 能熟练进行存量房经纪业务相关表单的填写。

📝 素养目标

通过学习存量房业务流程和操作，学生能够初步掌握存量房经纪业务操作实务，意识到只有提高自身素养和熟练掌握业务操作技能，才能做一个高素质、高技能的经纪人。

案例导入

房东甲因为新购买位于杭州下城区某楼盘的复式商品房住宅，为支付购房首付款和装修费，于 2020 年 1 月委托某房地产经纪公司 A 店出售其位于杭州上城区的另一宗物业。该物业是 20 世纪 90 年代初建造的多层住宅楼（共 6 层）的二楼，房型为二室一厅，建筑面积为 54 平方米，朝向东南，5 年前装修，权属为个人产权。该物业以 110 万元在房地产经纪公司 A 店挂牌出售。

客户乙是初来杭州工作的技术人员，他希望在上城区交通较为方便的区域购买一处面积不一定大、价格在 120 万元以下的房屋。乙于 2020 年 2 月委托该房地产经纪公司 A 店为其推荐合适房源。

A 店的业务员接到上述委托后马上在计算机中进行初步配对，发现房东甲的房源比较适合客户乙，希望通过经纪业务活动，使客户乙购买房东甲的住宅。

业务员首先与客户乙联系，向其推荐了房东甲的住宅。实地看房后客户乙相当满意，对价格也没有太多异议。然而进入实质性谈判阶段时，甲乙双方都提出了特殊要求：房东甲要求客户乙补贴其房屋 2 万~3 万元的装修费，并尽快付款；但客户乙只愿意补贴 1 万元且要求签约后延期一个月交款。这些条件的提出使得谈判陷入僵局。

业务员没有气馁，对两人的要求进行了认真的分析，分别找到了两人不同需求的突破点：客户乙肯定是要购买房东甲的房屋，突破点是房款付款时间和装修补贴问题，坚持只补贴 1 万元；房东甲愿意将住房卖给客户乙，但希望其尽快付清房款，因为他要用这笔房款支付其新购买房屋的首付款和装修费。

分析清楚上述事实后，业务员准备对甲乙双方实行各个击破。业务员首先做房东甲的思想工作，帮他分析装修价格的补贴计算方法，并站在他的立场上分析应尽快出售房屋防止老房型再跌，说服他将装修费再做一些让步，尽快地促成交易；然后又做客户乙的工作，经过多次协商，客户乙答应看到预定合同即付款。

通过业务员分头做工作，又经过近一个月的谈判，在甲乙双方分别让步后终于在 2020 年 3 月初步达成协议，签订了有关交易合同，完成了这笔业务，并为经纪机构获得了可观的中介费用。

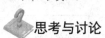 思考与讨论

1. 上述业务属于何种房地产经纪业务？
2. 上述经纪业务的操作流程如何？
3. 业务员促成交易的过程对你有哪些启发？

任务一 熟悉存量房交易

一、存量房交易概述

（一）存量房的概念和类型

存量房是指已被购买或自建并取得所有权证书的房屋，相对于增量房而言。增量房是指房地产开发商投资新建造的商品房。存量房是在房地产二级市场上进行产权交易的房地产，卖房人具有完全处置权，俗称"二手房"。根据房地产的性质，存量房可以分为以下几类。

1. 商品房

商品房是指开发商开发，未享受任何优惠政策的，产权清晰的市民自有的房地产，包括住宅、商业用房以及其他建筑物。

2. 已购公房

已购公房是指在房屋改革过程中，已经购买为私人产权的原公有住房。

3. 经济适用住房

经济适用住房是指由开发商开发，但享受了土地及其他相关优惠政策且产权清晰的市民自有住房。

（二）存量房交易

存量房交易是一种专业性很强的行为，具有特定的法律意义，其主要内容包括存量房转让、存量房租赁和存量房抵押。房地产经纪活动的最终目的就是要促成存量房交易。房地产经纪人员只有熟悉存量房交易基本流程及相关的法律关系，才能顺利地促成房地产交易，完成房地产经纪业务。图 3-1 所示为房地产经纪业务与存量房交易的关系。

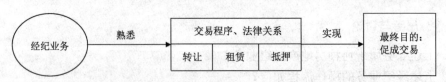

图 3-1　房地产经纪业务与存量房交易的关系

二、存量房交易流程

（一）存量房转让流程

存量房转让的实质是房地产权属发生转移。房地产转让时，房屋所有权和该房屋所占用范围内的土地使用权同时转让。

买卖、交换、赠与是存量房转让的主要方式，其中存量房买卖是最基本的方式，见图 3-2。存量房转让方式不一样，其操作的具体流程也各不相同。

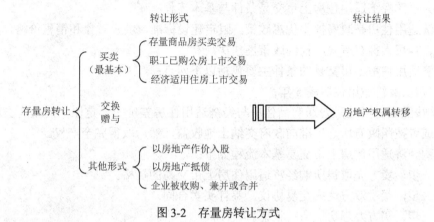

图 3-2　存量房转让方式

1. 存量房买卖基本流程

存量房买卖是指通过办理房屋权属转移登记取得房屋所有权证的房屋的再次买卖。

（1）存量商品房交易基本流程

存量商品房买卖的一般流程如下：

第一步，购房人或卖房人通过中介、媒体等渠道寻找交易对象（须进行房源核验与购房资格审核）。

第二步，交易双方签订房屋买卖合同：①买卖双方签订房屋买卖合同；②买卖双方办理存量房买卖合同网签备案（如有）；③买卖双方办理交易资金监管及抵押贷款（如需要）；④买卖双方按照规定缴纳有关税费。

第三步，办理产权转移登记过户手续：①买卖双方申请不动产转移登记；②买方领取不动产权属证书，卖方收款、交付房屋。

房屋买卖双方持房屋买卖合同，到房屋所在地房地产产权管理部门办理房屋产权和土地使用权转移登记，换取新的房产证。

（2）已购公房上市交易基本流程

公房也称公有住房、国有住宅，是由国家以及国有企业、事业单位投资兴建、销售的住宅，在出售之前其所有权归国家拥有。在房屋改革过程中，很多公房按房改成本价出售给了单位职工，所以，已购公房即职工按房改成本价购买的公有住房。

公有住房的建设用地大多是以划拨的方式取得的，原单位未支付土地出让金，职工购买时的房改成本价里也没有包括土地出让金。职工在转让所购公房时，需要按规定补交土地出让金，其交易程序相比一般二手商品房的交易复杂。

已购公房上市交易基本流程如下：

第一步，卖方先取得所购公房上市交易的资格。

第二步，买卖双方达成交易协议，签订买卖合同。

第三步，买方办理房屋所有权证。买方持买卖合同、卖方的房屋所有权证到土地行政管理部门申请办理土地出让手续，并按规定补交土地出让金。然后到房地产权属登记部门办理新的房屋所有权证。

（3）已购经济适用住房上市交易条件与基本流程

经济适用住房是政府提供优惠政策，限定建设标准、供应对象和销售价格，具有保障性质、购房人拥有有限产权的政策性住房。

经济适用住房上市交易的条件主要包括以下两点：

① 购买经济适用住房满 5 年；

② 按照届时同地段普通商品住房与经济适用住房差价的一定比例向政府交纳土地收益，或者按照政府所定标准向政府交纳土地收益，然后取得完全产权。

已购经济适用住房上市交易基本流程如下：

第一步，卖方先取得所购经济适用住房上市交易的资格。

第二步，买卖双方达成交易协议，签订买卖合同。

第三步，买方办理房屋所有权证。

买方持买卖合同、卖方的房屋所有权证到房地产权属登记部门办理新的房屋所有权证。

2. 存量房交换基本流程

存量房交换的主要含义是存量房地产产权的互换。目前阶段，房地产交换还包括公房与公房的交换、公房与私房的交换，不同交换形式的流程并不完全一致，但总体来讲，都要经过以下几个基本步骤：

第一步，换房人通过房地产中介等渠道寻找交换的房源。

第二步，交换双方签订公（私）有住房差价换房合同。

第三步，到房地产登记机构进行换房合同登记备案和审核。

第四步，交换双方支付差价款和相关税费。

第五步，产权交易过户或办理公房租赁变更手续，领取房地产权证或公房租赁证。

3. 存量房赠与基本流程

存量房赠与可以分为生前赠与和遗赠两种。

（1）生前赠与的基本流程

第一步，赠与人与受赠人签署赠与书、受赠书。

第二步，赠与双方持赠与书、受赠书到公证机关进行公证。赠与书、受赠书经公证机关公证后有效。

第三步，赠与双方持公证后的赠与书、受赠书、房地产权证等资料到房地产登记机构办理赠与登记过户、领证等手续。

（2）遗赠的基本流程

第一步，房地产权利人生前订立遗嘱，承诺将其自有的房地产在其死后全部或部分赠送给受赠人，此遗嘱须经公证机关公证后才生效。

第二步，房地产权利人死亡，遗嘱生效，受赠人表示接受赠与。

第三步，受赠人持有关合法文件到房地产登记机构办理过户登记领证手续。

（二）存量房租赁流程

存量房租赁实际上是房屋流通的一种特殊形式，它是通过房屋出租逐步实现房屋价值，从而使出租人得到收益回报的一种房地产交易形式。存量房租赁和存量房买卖是存量房交易行为中最常见的两种形式。存量房租赁包括存量房屋出租和存量房转租。

1. 存量房出租流程

存量房出租是指房屋所有权人将存量房出租给承租人居住或提供给他人从事经营活动或以合作方式与他人从事经营活动的行为。一般流程如下：

第一步，出租方或承租方通过中介等渠道寻找合适的承租人或出租房源。经纪人在从事房屋租赁经纪活动时，首先要确认出租人和承租人是否具备合法条件，并出具相应的证明文件。出租人的条件主要是出租的房屋必须是其所有的房地产，以房地产管理机构颁发的房屋产权证为凭。对于出租房屋，如果设有抵押，应有抵押权人的书面同意材料；如果属共有房屋，应有共有人的书面同意材料；如果是售后公房，须经过购房时同住成年人的同意。承租人方面，如果是个人须具备合法有效的身份证件；如果是单位则须提供工商注册登记证明。

第二步，签订房屋租赁合同时，可参照示范文本，也可由租赁双方自行拟订合同。合同中应明确出租房屋的用途，不得擅自改变原使用用途。

第三步，持租赁合同和相关材料到租赁房屋所在地的房地产登记机关申请办理房屋租赁合同登记备案。

第四步，缴纳相关税费，领取租赁证。

图 3-3 是存量房出租基本流程。

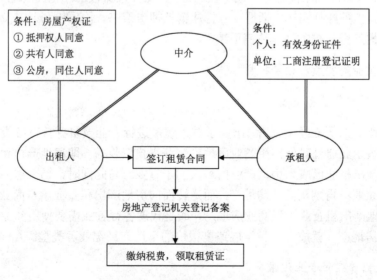

图 3-3　存量房出租基本流程

2. 存量房转租流程

存量房转租是指房屋承租人在租赁期间将承租的存量房部分或全部再出租的行为。存量房转租的基本流程如下：

第一步，原承租人取得原出租人的书面同意，将其原出租的存量房部分或全部再出租。

第二步，原承租人与承租人签订房屋转租合同。

第三步，持转租合同和原房屋租赁证到房地产登记机关办理房屋转租合同登记备案。

第四步，领取经注记盖章的原房屋租赁证，缴纳有关税费。

房屋转租除了必须具备一般房屋租赁的必要条件之外，还必须符合以下几点：①转租必须取得原出租人的书面同意；②转租合同的终止日期不得超过原租赁合同的终止日期；③转租合同生效后，承租人必须同时履行原租赁合同的义务；④转租期间，原租赁合同变更、解除或终止的，转租合同随之变更、解除或终止。

（三）存量房抵押流程

存量房抵押是指债务人或第三人以不转移占有的方式向债权人提供存量房作为债权担保的法律行为。在债务人不履行债务时，债权人有权依法处分该抵押物并就处分所得的价款优先得到偿还。这时，抵押权人必定是债权人，而抵押人是债务人或第三人，债务不能履行时，抵押权人有权依法处分抵押物。

存量房抵押的一般流程如下：

第一步，债务合同成立，债务人或第三人将自己依法拥有的房地产作担保。

第二步，签订抵押合同。

第三步，抵押双方持抵押合同、权利证书到登记机构办理抵押登记手续。贷款购买商品房的，可在申请办理交易登记的同时申请办理抵押登记手续。

第四步，抵押权人保管房地产他项权利证明，抵押人保管已注记的房地产权利证书。

第五步，债务履行完毕，抵押双方持注销抵押申请书、他项权利证书及已注记的权利证书到房地产登记机关办理注销手续。

三、房屋租赁业务发展及租赁托管

（一）房屋租赁业务发展

从发达国家的历史经验来看，出现了越来越多进行专业投资并持有各类商业房地产的企业。这些企业通过对外出租商业房地产来获得投资收益，即房地产出租业。目前在美国，房地产出租业已成为房地产业内最大的子行业。与此同时，越来越多需要使用商业房地产的企业不再购买商业房地产，而是转而向房地产出租企业承租商业房地产。因此，代理房地产出租企业出租商业房地产，或是代理各行各业需要使用商业房地产的企业承租商业房地产，就成为一种发展速度很快的房地产经纪业务类型。

1. 房屋租赁经营专业化服务

市场上常见的房屋租赁专业化服务主要有两类：一类是房地产租赁经纪，另一类是房地产租赁经营。

房地产租赁经纪的主体是房地产经纪机构。房地产经纪机构以中介（居间）或者代理方式促成房地产租赁经纪，房地产经纪机构不介入租赁活动。根据《房地产经纪管理办法》及行业惯例，房地产经纪服务不得赚取差价，无论是房款差还是租金差，都不能赚取。中介形式的经纪服务，主要报酬形式通常为佣金（标准为 1 个月的租金），服务完成节点为房地产租赁合同签订；代理形式的经纪服务，主要报酬形式为出租人支付的佣金及按租期收取的代管服务费用，服务完成的节点为租赁合同履约完成。

房地产租赁经营的主体是房地产租赁企业。以向出租人收取管理运营服务费为主要收入，其行为应认定为租赁房屋代理，理由是根据《民法典》关于代理的规定，如果管理运营方以出租人名义提供租住服务并收取费用，应定义为出租人的代理人。就分散的商品住房而言，房地产租赁经纪和房地产租赁经营多混业经营。

2. 房屋租赁经营模式

房屋租赁经营模式主要有两种：包租（也称二房东模式）和租赁代管（也称轻托管模式）。包租是指房地产租赁企业将以合法方式取得的他人房屋提供给承租人居住，并与承租人签订房地产租赁合同，向承租人收取租、押金及租住期间的相关服务费用，以租金差为主要报酬形式的经营行为；租赁代管是指房地产租赁企业接受出租人委托，按照委托合同约定，向出租人提供寻找租客，代办出租、续租、退租手续，交接查验房屋，催收租金，日常修缮维护，日常保洁，协调处理纠纷及其他相关服务，出租人向租赁企业支付报酬（通常包括销售费用、运用管理费用及超额收益分成等）的经营行为。

房地产租赁企业以包租或者代管的形式介入房地产租赁活动，经营期限贯穿包括租赁期限在内的租赁活动全过程。包租形式的租赁经营，主要报酬为租金差价；代管形式的租赁经营，主要报酬为出租人支付的托管服务费用。

（二）房屋租赁托管

1. 房屋租赁托管的含义及分类

（1）房屋租赁托管的含义

房屋租赁托管是租赁运营机构承租业主（出租人）的房屋，经过标准化装修后转租给承租人。房屋租赁托管包括日常管理、招租、承担房屋中途空置期风险等系列内容。日常管理包括卫生清洁、协助办理房屋验收交接、定期查验房屋状况、代为催收租金水电等、代为转交租金、代办流动人口信息报送、设施维修等。房屋租赁托管不是房屋租赁中介业务，其与单宗的房屋租赁经纪最大的区别是租赁运营机构承租业主（出租人）的房屋，经过标准化装修后转租给承租人。业主（或委托人）将房屋委托给受托方并签订委托合同，受托方按照业主的协议为其寻找租客。合同期内，由房屋经营单位代收房租、水电费、燃气费等费用并按合同约定将租金打入业主或业主指定的银行账户，受托方承担中途租客退租风险。

（2）房屋租赁托管业务分类

从经营模式来看，房屋租赁托管主要包括集中式和分散式两种，集中式一般以独栋楼宇或一栋中多层楼宇为运作标的，以较长的租约（一般 5～10 年甚至更长）承租后进行改造，然后再出租给租户。分散式一般是从分散的出租人处承租到房屋，通过房屋装修改造和标准化的服务，将房屋再出租给租户。

2. 房屋租赁托管业务的益处

房屋租赁托管业务对出租人和承租人都有很多益处。

（1）对出租人的益处

① 保障出租人的收益。房屋租赁托管不仅解决了空置房产的维护和管理问题，还充分利用了空置房产，确保了空置房产的保值、增值。一般情况下，出租人需要承担此房屋因承租人退租出现空置而无法实现的收益，但托管业务在托管当天就知道该房屋在托管期限内的全部收益。

② 降低经济和时间成本。从成本角度来看，房屋租赁托管服务可以免除出租人看房而产生的时间成本和配置家具家电等物品而产生的经济成本、维修费用及时间成本。业主将房屋托管给房屋租赁运营机构出租，就由房屋租赁运营机构带客户看房、根据租户需求来配置物品，以及承担在租赁期间相应的屋内设施维修。这大大降低了出租人的成本。

③ 免除不必要的经济纠纷。只要出租人和房屋租赁运营机构签订《房屋出租托管合同》（俗称包租合同、收房合同），承租人出现的违约行为就由房屋租赁运营机构和承租人协商解决。出租人可以免除不必要的经济纠纷。

④ 减少与客户沟通的麻烦。房屋在出租期间会有很多的房地产经纪人员给出租人打电话询问房屋状况、看房时间和出租条件等，但只要出租人和房屋租赁运营机构签订《房屋出租托管合同》，房屋租赁运营机构就会指派专人和出租人联系。

（2）对承租人的益处

① 保障承租人的安全。如果承租人承租的是房屋租赁运营机构的托管房，均经过住房与城乡建设部门的备案，则会大大提高承租人的租房安全性。

② 提高房屋维修的效率。一般地，房屋租赁运营机构接到承租人维修需求会在最短时间内提供相关服务。房屋租赁运营机构都有相应的专业维修人员，会在接到承租人维修房屋设备的需求后 1～2 小时内及时响应，并在 12～24 小时内约定上门维修。

③ 满足灵活性需求。针对承租人的各种需求，房屋租赁运营机构会提供长租、短租、日租等各种房屋租赁服务。在租金支付方面，承租人可以按日、月、季度，通过门店、银行、第三方支付平台等多种方式向房屋租赁运营机构支付租金和费用，保障承租人的需求的灵活性和私密性。

④ 为承租人提供延伸服务。房屋租赁运营机构在房屋租赁托管服务中，积极吸取国外先进的管家服务，如英式管家服务，可以为承租人提供延伸服务，如房屋保洁、洗衣服、接送快递等。

3. 房屋租赁托管业务操作要点

房屋租赁托管业务主要包含五个方面的操作要点。

① 房屋租赁运营机构与出租人和承租人分别签订房屋租赁合同。这种租赁关系的建立是由两份合同组成的：一份是房屋租赁运营机构与出租人签订的《房屋出租托管合同》，另一份是房屋租赁运营机构与承租人签订的《房屋租赁合同（经纪机构代理成交版）》（俗称承租合同）。按规定经由房地产经纪机构、住房租赁企业成交的住房租赁合同，应当及时办理网签备案，然后上传到所在城市住房租赁管理服务平台上，包括租赁合同期限、租金押金及其支付方式、承租人基本情况等租赁合同信息。

② 房屋租赁运营机构与出租人约定的租金低于房屋租赁运营机构与客户约定的租金。根据住房和城乡建设部等部门联合发布的《关于加强轻资产住房租赁企业监管的意见》（建房规〔2021〕2号）的规定，除市场变动导致的正常经营行为外，房屋租赁运营机构支付给出租人的租金原则上不高于其收取承租人的租金。当然，由于房屋租赁运营机构自身原因导致的空置损失也由自己承担。

③ 房屋租赁运营机构向承租人收取租金的方式和期限与房屋租赁运营机构向业主支付租金的方式也不相同。根据住房和城乡建设部等部门联合发布的《关于加强轻资产住房租赁企业监管的意见》（建房规〔2021〕2号）的规定，房屋租赁运营机构单次收取租金的周期原则上不超过3个月，一般是押1付3。但房屋租赁运营机构向业主支付租金的方式一般是每月或每季（3月）支付。

④ 房屋租赁运营机构会向业主要求一段时间的所谓空置期（免租期）。空置期即不用向业主支付租金的时间，一般是30～60天不等。这段空置期在房屋租赁运营机构与业主签订的合同中有明确的规定，且房屋租赁运营机构在此期间将该房屋出租后的所得归房屋租赁运营机构所有。由于房屋托管需要提供空置期，因此许多公司对加入托管业务的业主免收中介费。不同租赁企业对加入托管业务的条件略有不同。

⑤ 业主、客户和房屋租赁运营机构任何一方违约都要以不同的形式承担违约赔偿责任。一般情况下，违约金的额度大体相当于1～2个月的租金，如果违约方在合同规定的违约条款之外给守约方造成其他损失，则还要根据实际损失情况承担其他赔偿责任。

（三）房屋租赁经纪业务与房屋租赁托管业务的异同

房屋租赁经纪业务与房屋租赁托管业务在主体要求、合同类型、租赁费用、租赁期限及责任等方面都存在差异。

1. 主体要求不同

单宗租赁经纪业务的主体满足房地产经纪机构的条件即可，房屋租赁托管业务的主体可以是企业，也可以是自然人。对于从事房屋租赁经营的企业，以及转租房屋10套（间）以上的自然人，应当依法办理市场主体登记、取得营业执照，其名称和经营范围均应当包含"住房租赁"相关字样。住房租赁企业跨区域经营的，应当在开展经营活动的城市设立独立核算法人实体。

2. 租赁合同类型不同

单宗租赁经纪业务所签署的合同，其主体为三方，即出租人、经纪机构和承租人，签署一份《房屋租赁中介合同》。该合同一式四份，出租人、承租人和经纪机构各持一份，政府部门登记备案一份。房屋租赁托管经纪业务，需要房屋租赁运营机构分别与出租人和承租人签署不同的合同，即出租人与房屋租赁运营机构签署《房屋出租托管合同》，承租人与房屋租赁运营机构签署《房屋租赁合同（经纪机构代理成交版）》。

3. 房屋租赁费用支付方式不同

租赁中介通常是承租人将租金直接交付给出租人，或者由房屋租赁运营机构以代收代付的方式将承租人支付的房租转交给出租人。但租赁托管涉及两对房屋租赁关系：房屋租赁运营机构运营托管业务时通常将房租按年或按月支付给业主；在房屋租赁运营机构与承租人之间的"租房"租赁关系中，房屋租赁运营机构一般按照季度（押 1 付 3）向承租人预收租金。

4. 房屋租赁托管合同有所谓空置期的特殊要求

在《房屋租赁中介合同》中，出租人、承租人与经纪机构不约定空置期，而在《房屋出租托管合同》中，房屋租赁运营机构与出租人要约定时间长短不一的空置期。在空置期内，房屋租赁运营机构将房屋出租出去而获得的收益和损失，由房屋租赁运营机构承担。

5. 签订合同期限及责任不同

在房屋租赁中介业务中，房地产经纪机构在确保出租人和承租人产权、身份等信息的准确安全下共同签署《房屋租赁中介合同》，经纪机构完成物业交验后结束任务，以后产生的相关问题均由双方自行解决并各自承担责任。在租赁托管业务中，出租人、承租人和房屋租赁运营机构的权利义务是在两份合同中分别体现的。在托管阶段，出租人与房屋租赁运营机构签订《房屋出租托管合同》，委托期可以长达 3～5 年之久；在房屋出租阶段，承租人与房屋租赁运营机构签订《房屋租赁合同（经纪机构代理成交版）》，承租期几个月到一年不等。在托管期间，相关问题由房屋租赁运营机构指派特定的人员单线联系承租人自行解决。

任务二　熟悉存量房经纪业务

一、存量房经纪业务分类

存量房市场上的房地产经纪业务涉及面很广，类型丰富。

（一）存量房买卖经纪业务和存量房租赁经纪业务

存量房经纪业务按交易方式可分为存量房买卖经纪业务和存量房租赁经纪业务。存量房经纪业务的标的以单宗房地产或单套房屋为主。从长远来看，存量房经纪业务的增长空间比新建商品房更大，将成为房地产经纪的主要业务。在发达城市，有许多房地产经纪机构全面进行新建商品房经纪业务与存量房经纪业务两类业务融合发展，俗称"一、二手业务联动"。这种融合使房地产经纪机构能充分利用自身资源，拓展发展空间。

存量房买卖经纪是指房地产经纪机构为使房屋出售方和购买方达成买卖交易而提供的经纪服务。

存量房租赁经纪是指房地产经纪机构为使房屋承租方和出租方达成租赁交易而提供的经纪服务。存量房租赁经纪包括存量房租赁中介和存量房租赁代理，二者完成的标准都是房屋租赁合同签订。存量房租赁中介是指房地产经纪机构按照房地产出租经纪服务合同约定，向委托人报告订立房地产租赁合同的机会或者提供订立房地产租赁合同的媒介服务并向委托人收取佣金的行为。存量房租赁代理是指房地产经纪机构按照房地产出租经纪服务合同约定，以出租人的名义出租房屋，以出租人代理人身份与承租人签订房地产租赁服务合同，并向出租人收取佣金的行为。房地产经纪机构作为出租人的代理人出租房屋成功后，往往在租赁期限内，还向出租人提供房屋修缮维护、租金催缴、续租和退租等服务。北京市曾称之为房屋租赁经纪委托代理业务。

（二）住宅经纪业务与商业房地产经纪业务

根据房地产的用途类型（如住宅、商业、办公、工业、仓储等），可以将房地产经纪业务分为住宅经纪业务和商业房地产经纪业务。其中，商业房地产经纪业务是指除住宅以外其他所有类型（如商业、办公、工业、仓储等）房地产的经纪业务。到目前为止，住宅经纪业务一直是我国房地产经纪行业的主要业务类型。

在发达国家，房地产经纪机构已广泛涉足于商业房地产经纪业务。商业房地产（commercial property）概念内涵丰富，包括写字楼、商铺、购物中心、旅馆、餐厅、度假村、游乐场、健身俱乐部、高尔夫球场、服务式公寓、工业房地产等。这类房地产有一个共同点（也即商业地产的本质），即作为各种企业（包括房地产出租企业）的生产资料。

商业房地产经纪业务对房地产经纪机构及人员的专业性要求较高，正因为如此，目前我国商业房地产经纪市场主要被境外一些发展历史悠久、具有良好品牌的房地产经纪机构所占据。

（三）存量房买方代理业务与存量房卖方代理业务

按服务方式，存量房经纪业务既有采用居间方式进行的，也有采用代理方式进行的。采用代理方式的，根据房地产经纪服务对象的不同，可以将房地产经纪业务分为卖方代理业务和买方代理业务。

房地产卖方代理业务是指房地产经纪机构受委托人委托，以委托人名义出售、出租房地产的专业服务行为。目前我国房地产卖方代理业务主要有存量房出售代理业务和房屋出租代理业务等。

房地产买方代理业务是指房地产经纪机构受委托人委托，以委托人名义承租、承购房地产的专业服务行为。房地产买方代理的委托人是需要购买或承租房屋的机构或个人。受消费习惯、交易成本等因素的影响，目前我国房地产买方代理业务的发展还不是很成熟，这方面的业务主要集中在境外公司和个人在我国境内承租房屋的代理上。因此，从业务总量上看，目前房地产买方代理业务远远少于卖方代理业务。

二、存量房买卖、租赁经纪业务操作流程

房地产经纪人员从事经纪业务，必须履行一定的规范流程。这一方面是对委托人负责，通过规范运作保障交易双方当事人的利益，避免发生纠纷；另一方面也是房地产经纪人员防范自身风险、保证自身利益的有效途径。通过规范流程，房地产经纪人员可以保证信息的标准性、合法性，为经纪机构的规范化、信息化管理打下基础。房地产经纪机构开展存量房经纪业务操作流程如图 3-4 所示，具体包括以下几个步骤。

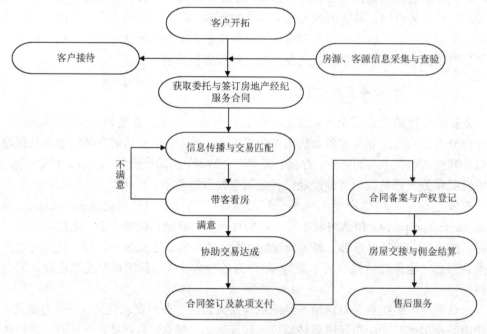

图 3-4　存量房经纪业务操作流程

（一）客户开拓

房地产经纪机构应该通过各种媒介，开发潜在客户和接待上门客户。客户开拓是房地产经纪人员达成交易的关键，房地产经纪人员必须遵循"客户至上"的原则，想方设法去开拓客户。当然，一些信誉好的经纪机构也会有客户找上门来，但这只是来源的渠道之一，而且是被动的，必须培养主动寻找客户的技能。房地产经纪人员寻找客户可以从以下两个方面着手。

1. 积极联系潜在客户

要把潜在客户变成显现的客户还要做大量的工作，这也是开发客户过程中最关键的一环。与客户联系的方法可以是电话、信函。如果对客户并不熟悉，一般要求房地产经纪人员登门拜访，当面会晤。开拓新客户是一门艺术，有许多技巧需要房地产经纪人员在实践中去摸索。

在客户开拓过程中，有三个原则应当遵守，即信誉第一、真诚服务、耐心细致。信誉是房地产经纪人员得以生存和发展的根本。长时间以来，社会对房地产经纪人员一直有偏见，加上有的房地产交易行为不规范，人们对房地产经纪人员有防范心理，因此，房地产经纪人员更应该以信誉立足社会，用真诚感动客户，靠耐心细致发现机会，把握住商机。

2. 在竞争中争取更多的客户

在当今竞争激烈的商业社会，必须不断开拓新客户才能有生存的空间。要搜集新客户的信息，可以采取以下几种方法：

① 直接拜访法。即先以电话或信函联系、后登门拜访。

② 介绍拜访法。即先通过亲戚、朋友、同学等介绍，再进行拜访。

③ 计划拜访法。由于熟人介绍容易取得信任，此法效果颇佳。

④ 其他方法。通过扩大自己的交际圈，如参加各种俱乐部、社会团体、同乡会、同学会、行业协会等，以增进人际关系。

（二）客户接待

客户接待流程与客户沟通是房地产经纪人员工作的第一步，也是房地产经纪人员与客户联系的关键一步，而接待水平是否专业，将决定客户是否会与房地产经纪人员建立初步的信任关系，进而委托房地产经纪人员代理交易业务。客户接待最根本的目的是与客户沟通，了解并记录客户需求，确定客户意向，并力求尽快满足客户的要求，实现交易。

到店接待、电话接待、网络接待是房地产经纪人员日常工作中最常见的接待方式。

1. 到店接待

到店接待是指客户直接到各房地产经纪机构或各营业门店了解信息、寻求服务时房地产经纪人员对客户的接待。到店客户多数是潜在客户，他们可能对某一处房源产生购买欲望，或者希望房地产经纪人员协助其出售或出租其名下的房产。房地产经纪人员专业、周到、热情的服务对客户做出交易决策起到重大影响。

2. 电话接待

电话接待不同于到店接待，由于缺乏面对面的交流，房地产经纪人员必须熟练掌握电话接待的流程才能促使客户采取进一步的行动。

第一步，问候。向客户问好，报出公司名称和自己的姓名。

第二步，回答咨询。记录来电客户的需求，并填写客户电话来访登记表。

第三步，记录来电者的基本资料。

第四步，感谢来电者。当通话结束后，房地产经纪人员使用标准结束语感谢来电者。

第五步，信息录入。挂断电话后应及时将信息录入企业管理数据库内。如果是售房（出租房屋）或购房（承租房屋）客户，则应立即给出价格信息或寻找房源，为推荐房源、约客户看房等后续工作做好准备。

3. 网络接待

与门店接待和电话接待不同，网络接待是利用计算机上的互联网界面接待客户。网络接待是指通过微信、钉钉、QQ 等社交软件以及线上交易平台（如 58 同城、安居客、搜房网等）接待客户。在互联网环境下，一些房地产经纪人员利用网络即时聊天工具、房地产经纪机构网站上的在线咨询窗口、房地产经纪人员网页等新型沟通工具接待客户。有些机构通过网络获得的客户占 60% 以上甚至更高。客户在计算机上输入文字描述其需求，房地产经纪人员通过文字响应客户需求。网络客户接待流程与电话接待流程类似，唯一的差别是电话沟通采用直接的语言方式，网络接待采用文字方式。房地产经纪人员阅读了文字后会有自己的理解，相比较电话中直接的语言沟通，这中间可能会产生信息误差。因此，房地产经纪人员利用网络接待客户后，要继续通过电话、面谈等方式，进一步了解客户的真实需求。

（三）房源、客源信息采集与查验

无论是到店接待的客户还是电话接待的客户，接待完毕后，房地产经纪人员都应及时将信息录入企业管理数据库内（包括房源和客户数据库）并定期回访。数据库内需要填写的信息没有固定的格式，由各个房地产经纪机构根据需要了解信息的多少自行设计，具体见本项目的实务操作部分。

1. 房屋买卖信息采集与查验

（1）业主信息采集与查验

业主信息主要是售房业主基本信息、售房动机及价格区间，而房屋售价为核心信息。共有房屋出租和出售必须得到共有人的书面同意或委托书；委托代理应当有房屋所有权人的合法书面同意；房屋已抵押的应当经抵押权人的同意或解除抵押后才能交易。

（2）房源信息采集与查验

由于房地产商品的特殊性及其权属内容的复杂性，房地产查验成为房地产经纪人员签订正式房地产经纪服务合同的前期准备工作。房地产经纪人员要对接受委托的房地产的权属状况、文字资料、现场情况等进行查验。查验的主要内容包括如下几项。

① 房地产产权审核。

第一，房地产权属的类别与范围，即是否取得不动产权证或房屋所有权证、国有土地使用权证等完整产权。房地产权属是否清晰，是能否交易成功的必要前提。对权属有争议的、未取得房地产权证的、房屋被司法或行政部门依法限制和查封的、依法收回房地产权证等的产权房，都不得转让、出租、抵押，因而涉及此类物业的房地产经纪业务，房地产经纪人员不能承接。第二，房地产他项权利设定情况，即是否设定抵押权、租赁权，如果有，权利人是谁，期限如何确定，诸如此类的情况对标的物交易的难易、价格、手续均会产生重大影响，必须事先弄清楚。

房屋产权需要到房地产权属登记部门查询核实。他项权利也需要与当事人核实。

② 房地产实物状况核实。需现场调研房地产的实物状况，包括房地产所处地块的具体位置和形状、朝向、房屋建筑的结构、设备、装修情况、房屋建筑的成新度、房屋相邻的物业类型、周边的交通、绿地、生活设施、自然景观、污染情况等。

（3）客户信息采集与查验

① 购房需求信息采集，主要包括客户身份信息、客户需求范围、客户支付能力、客户特殊需求、客户购房资格等。据此可将客户分为试探型、引导型、加强型、成熟型，然后采取针对性的引导服务。

② 购房资格查验。一是城市限购购房资格；二是民事行为能力资格，特别要注意限制民事行为能力人和无民事行为能力人需要监护人和法定代理人签署合同；三是购买学区房的客户是否符合学区规定。另外，外籍人士、我国港澳台地区居民或华侨购房也有限定条件。

2. 房屋租赁信息采集与查验

（1）出租房屋信息采集与查验

房地产经纪人员要对接受委托的房地产的权属状况、房屋主体结构及室内配套设施、现场情况等进行采集与查验。对房屋查验后如果发现不符合国家规定的出租条件，则应及时告知业主。

（2）客户信息采集要点

在客户接待过程中，房地产经纪人员要深度了解客户的核心需求，这对于房源信息和客户信息配对和实现最终交易十分重要。出租客户和承租客户的需求不同，房地产经纪人员应针对不同客户了解相关信息，重点解决他们的核心问题。房地产经纪人员要重点采集出租客户和承租客户在时间、租金、安全、服务费用、特殊需求等方面的信息，以及业主希望的租期、付款方式、税费承担方式、业主对租户及房屋使用方式的特殊要求等信息。

（3）经纪业务信息告知

房地产经纪人员应向出租方告知如下信息：提示业主出租房屋需要准备的文件资料，如房产证、身份证的原件和复印件、共有产权人同意出租证明等，以及出租客户和承租客户在时间、租金、安全、服务费用、特殊需求等方面的信息。

（四）获取委托与签订房地产经纪服务合同

1. 获取委托

经过业务洽谈和信息核实后，房地产经纪人员与委托人同意达成委托意向。委托分为普通委托和独家委托。普通委托即业主同时委托超过一家以上的经纪机构为其服务。独家委托主要是指业主授予经纪机构独家的、排他性的代理权，房屋成交后仅向独家委托的机构支付佣金。目前房地产经纪实务操作有两种：不带保证金的独家委托和带保证金的独家委托。不带保证金的独家委托一般签订三个月期限，带保证金的独家委托可由双方协商确定委托期限和保证金金额。因此，独家委托比普通委托约束力更强，更具有实质的法律意义。

2. 签订房地产经纪服务合同

房地产经纪人员接受委托人的委托，应签订房地产经纪服务合同。签订合同之前，应先查看委托人身份和不动产权属有关证明，避免出现意外风险。房地产经纪服务合同的当事人双方既可以都是自然人或法人，也可以一方是自然人、另一方是法人。自然人必须具有完全民事行为能力。为规范房地产经纪行为，各地市相关部门依据有关规定制定了相应的示范合同文本。在委托房地产经纪业务时，既可以采用示范合同文本，也可以参照示范合同文本，由双方当事人自行拟订。2017年，中国房地产估价师与房地产经纪人学会发布的新版"房地产经纪服务合同推荐文本"有四种，即《房屋出售委托协议书》《房屋出租委托协议书》《房屋承购委托协议书》《房屋承租委托协议书》。在经纪服务合同中，委托人与房地产经纪机构对服务项目、服务内容、服务完成标准、服务收费标准及支付时间进行了明确约定。房地产经纪服务合同具体内容详见项目七。

（五）信息传播与交易匹配

房地产经纪人员受理委托业务以后，要进行信息传播，以吸引潜在的交易对象。信息传播的主要内容为委托标的物和委托方的信息（主要在委托销售商品房时）。传播方式则是通过报纸、电视广告、经纪机构店铺招贴、人员推介、网络、邮发函件及运用信息高速公路及互联网技术进行信息的采集及传递。交易匹配是指将合适的房源和合适的客户进行对接配对。在接到新客户（房源）后，就需要进行房源（客户）匹配。匹配的方法基本有两种：一种是以房源为基础，以客户需求为标准，房地产经纪人员围绕客户需求将多套房源逐一与之匹配（即一个客户匹配多套房源）；另一种是以客户为基础，以房源特性为标准，房地产经纪人员围绕房源特性将多个客户逐一与之匹配（即一套房源匹配多个客户）。进行匹配时应注意三个核心问题：房源信息、客户信息和工作效率。目前很多房地产经纪机构使用房地产中介管理系统，利用信息技术快速进行房源（客户）匹配。房地产中介管理系统可以根据客户需求的面积、价格、类型等条件自动匹配房源，也可以根据房源的基本情况自动匹配客户。利用房地产中介管理系统进行交易配对详见房地产信息管理部分相关内容。

（六）带客看房

当客户对房地产经纪人员推荐的房源初步满意时，需由房地产经纪人员引领客户实地看房。带客看房的目的有两个：一是激发客户对房源的兴趣，二是通过看房深入了解客户的真正需求。带客看房是实现存量房交易的关键环节之一，房地产经纪机构常常将带客看房作为业绩考核指标之一，并进一步细化为带看量、一带多看、陪看量、约看量、二看量、带看转换率等考核指标。房地产经纪人员应为双方接洽看房事宜，向出售人（出租人）预约上门看房时间，与求购人（求租人）一起现场看房，解答、协调双方的细节问题。房地产经纪人员要主导看房过程，要向客户客观、全面地讲解房源状况，向购房客户传达业主的售房信息。如果房地产经纪人员的数据库中没有合适的房源，则其应将该委托意向通过其信息网络对外发布，直到为委托方寻找到合适的房源为止。

（七）协助交易达成

房地产交易能否顺利达成，房地产经纪人员的撮合是一个关键的环节。交易撮合时的操作要点主要包括三个：首先，分析交易双方的分歧点，区分是主要问题还是次要问题，房地产经纪人员要主导解决双方的分歧，不能让双方自行协调；其次，要依照公平、公正的原则和市场惯例解决分歧；最后，当分歧较大时尝试将双方分开进行协调。

1. 买卖业务撮合

买卖业务的撮合主要包括以下五个方面。

① 做好回访前的准备，具体包括预估看房结果、准备说服方案或备选方案以及用于记录的纸笔等。

② 确定客户看房结果。一般情况下，客户看房后有不同的反映。有些购房客户在看房过程中就表示十分喜欢该物业，接受售房人的条件，愿意签署房屋买卖协议，这是最理想的状况。但通常情况下，由于购买房产是客户的一项重大支出，客户要花很多时间考虑，征询亲属、朋友、公司股东的意见后才能最后决定。

③ 注意撮合中常见问题的处理。在撮合过程中最主要的问题就是价格的磋商。房地产经纪人员应该积极协调二者的价差，说服购房人从售房人的角度分析其要价的理由，也要说服售房人站在购房人的立场上分析其出价的根据。房地产经纪人员应该分析双方的价格心理底线，耐心地与售房方和购房方分别进行协商，最终使二者达成一致。

④ 分析客户行动，引导购房人签署购房确认书。购房人完成购房行动不是一蹴而就的事情，房地产经纪人员撮合买卖成交也是一个缓慢的过程。房地产经纪人员应该细心地观察购房人的行为，从中获得购房人拒绝还是同意购买的蛛丝马迹。例如，购房人向房地产经纪人员询问"房价还可以再降1万元吗？""售房者最晚搬出房屋是哪天？""我们想在10日内完成搬迁，可以吗？"等问题时，就表明购房人愿意购房。一旦购房人发出希望签署购房确认书的信号，房地产经纪人员就应该及时把握，试探性地引导购房人签署确认书。房地产经纪人员此时应该告知定金的数额，并与购房人讨论关于购房的一些细节问题。

⑤ 购房人如果对房源十分满意，房地产经纪人员可以让购房人签订买房确认书，并交纳一定金额的定金。定金不得超过法定标准。收到客户定金时，应取得买方一份书面指示，用以发放定金给卖方；或建议买方直接将定金交给卖方，此时应持有卖方房地产证原件并代为保管。也需提醒买方在卖方权利状况不明确时定金宜交房地产经纪机构

代为保管，同时告知保管期不会过长及无利息支付。签订正式买卖合同时卖方可能要求支付首期房款或称之为大定，约十万元左右。

2. 租赁业务撮合

房地产租赁业务是房地产经纪人员的主要业务之一。房地产经纪人员在进行租赁业务撮合时，要注意以下几个要点。

① 要十分熟悉和了解市场租金的变化。在租赁双方对租金有较大分歧时，房地产经纪人员应从租金支付方式、租金折扣、提供充分的家具和其他设备等方面，尽量促使租赁双方从对方角度考虑，折中缓和双方的分歧，最终在租金价格、租金支付等方面达成一致。

② 要从多个角度撮合双方，包括房源紧缺、位置与交通情况、配套设施情况、周边环境、居住人口素质等。需要注意的是，无论房地产经纪人员寻找何种理由，都应该寻找客观真实的，最好是租赁双方都很在意的方面，切忌为了促成交易而编造不实情况。

③ 与租赁双方协调租金交纳方式和佣金标准。房地产租金通常按月交纳，也有约定按季或年交纳，租期内租金可以不变，也可商定每年递增比例或随行就市。写字楼租金是否包含空调费和物业管理费应特别注意，水电费通常由租户承担。

（八）合同签订及款项支付

实地看房后，有些客户对房源不满意，此时房地产经纪人员需要重新为客户匹配房源。有些客户对房源基本满意，但对某些问题难以与售房人达成一致，如成交价格、合同条款等，此时需要房地产经纪人员以专业的身份和经验协调双方的认识，解决双方的矛盾，使双方达成交易共识。房地产经纪人员作为中介人应该参与签订买卖合同全过程。在此阶段，房地产经纪人员除了要为双方签订合同提供具体的信息资料外，还要在双方有分歧时做一定的协调工作，直到双方签约成交。按照 2019 年 8 月 16 日住房和城乡建设部颁布的《房屋交易合同网签备案业务规范（试行）的通知》（建房规〔2019〕5 号），实现新建商品房、存量房买卖合同、房屋租赁合同、房屋抵押合同网签备案全覆盖。例如，存量房应该使用统一的交易合同示范文本在网签系统中签署房屋交易买卖合同。

在买卖双方签订购房合同时，要求买方交纳一定数额的定金，并由房地产经纪机构代为保管。定金的数额没有明确规定，有些公司收取总房价的 10%，有些是一万元或者两万元，但根据我国法律相关规定，收取的定金不能超过房价的 20%。交易达成后定金可抵充购房款。此后若卖方悔约，则应双倍返还定金；若买方悔约，则卖方不退还定金。

交纳定金后，房地产经纪机构通常要求买方在约定时间内将剩余房款等存入其指定的账户，由公司代为保管。房地产经纪机构则应在房屋过户后将购房款交付卖方。

（九）合同备案与产权登记

房地产交易行为的生效必须通过权属转移过户、登记备案或抵押权、租赁权的设立来实现。在这一阶段，房地产经纪人员采用代理方式的经纪业务要代理办理各类产权登记和合同备案手续；采用居间方式的经纪业务要协助交易双方办理权属登记（备案）工作，如告诉登记机关的工作地点、办公时间、必须准备的材料等。

（十）房屋交接与佣金结算

客户签订房屋买卖、租赁合同，并完成登记过户、租赁合同备案手续，出售（出租）方应按照合同期限规定，迁出非转让、出租物品，结清有关物业费，妥善办理房屋交接手续。买卖房屋的还要根据约定迁出原有户口。房屋交接是交易过程中容易暴露问题和产生矛盾的一环。房屋交接时买方要核对物业实际情况是否与合同约定相符，如房屋质量、设备、装修规格等。这时房地产经纪人员必须充分发挥自己的专业知识和经验，协助买方进行核对。

房屋交接过程完成后，在存量房买卖经纪业务中，房地产经纪人员应督促买方及时完成付款，同时与交易双方进行佣金结算，金额和结算方式应按合同约定来确定。在存量房租赁经纪业务中，承租方按照合同规定交纳相应的押金和租金，服务佣金按比例租金提取，商业习惯中也有提取相当于一个月或半个月的租金作为佣金的。

（十一）售后服务

售后服务是房地产经纪机构提高服务、稳定老客户、吸引新客户的重要环节。经纪业务的后续服务内容可包括三个主要方面：第一是延伸服务，如作为买方经纪人员，可为买方进一步提供装修、家具配置、搬家等信息咨询服务；第二是改进服务，即了解客户对本次交易的满意程度，对客户感到不满意的环节进行必要的补救；第三是跟踪服务，即了解客户是否有新的需求意向，并提供针对性的服务，如购买了二居室住房的客户，一段时间后又要买更大的住房等。这样做，既能为客户提供最大的便利，也有助于今后业务的进一步开拓。

虽然存量房经纪业务流程大致包括以上几个方面，但不同的业务对象在具体操作时略有不同，如商业地产项目，在出租或转让时可能会涉及转让费的问题。即使是同一业务对象，不同的房地产经纪机构在具体操作时也会有所不同。

三、房屋租赁托管业务流程

房屋租赁托管业务流程分为出租委托和承租委托两方面。

（一）出租委托流程

出租委托业务流程一般包括出租客户接待、实地查看房屋、租金价格谈判、签订《房屋出租托管合同》、物业交验（交房）、支付租金、标准化装修装饰、发布房源广告等环节。

1. 出租客户接待

房地产经纪人员得到出租客户信息的途径包括互联网、手机软件、电话咨询及到店咨询等。接待出租客户时，需要核实出租客户的身份和物业交验（交房）证件，初步了解出租人对出租房屋的想法。

2. 实地查看房屋

接待出租客户之后，与其约定看房时间，需要实地查看房屋，主要包括出租房屋实物状况、标准化装修装饰、权属状况、周边环境状况、交通状况以及配套设施等。通过实地查看，与接待客户时所获取的信息进行核对，确保出租房屋信息完整、准确，并编制《房屋状况说明书（房屋租赁）》，对出租房屋布局和设施设备进行拍照。

3. 租金价格谈判

实地查看房屋之后，结合区域内出租物业的租金价格水平及房屋新旧程度、房间布局等，与出租人协商确定租金价格。

4. 签订《房屋出租托管合同》

协商确定租金价格之后，房地产经纪人员应尽快代表房屋租赁运营机构与出租人签订《房屋出租托管合同》，明确双方的权利义务。特别地，要在出租托管合同中明确约定房地产经纪机构享有转租第三人的权益，并就出租房屋的租金标准、空置期、物业管理费、供暖费（如果有）维修支出、租金支付时间等与房屋租金相关的核心问题进行沟通且落实到具体条款上，以防止后期出现矛盾和纠纷。

5. 物业交验（交房）

业主将房屋托管给房屋租赁运营机构进行经营之后，房屋租赁运营机构要与业主共同进行房屋验收，对房屋内的设施设备一一进行查验，登记到表格内。

6. 支付租金

按照房屋租赁运营机构与业主签订的《房屋出租托管合同》中关于房屋租金支付的条款，向业主支付租金，并向业主索取房屋租金收到的收据。

7. 标准化装修装饰

在房屋租赁托管业务中，房屋租赁运营机构为了提升托管房屋在市场的竞争力，在业主同意的情况下，一般会对出租房屋进行一定的装修改造、配置家具家电等，为承租人提供更好的入住条件。分散式房屋租赁托管的房屋装修通常不是标准化统一装修，多为利用原来业主的家具家电，适当进行装修改造，以提升居住或办公品质为目标。集中式房屋租赁托管的房屋，通常要进行统一的标准化装修，建立品牌风格，为后期出租打下良好的基础。

8. 发布房源广告

在签署完《房屋出租托管合同》后，房地产经纪人员需要通过电话、手机 APP、电视、报纸、人员推荐等多种方式进行广告宣传。

（二）承租委托流程

承租委托业务流程一般包括承租客户接待，房屋带看，达成房屋租赁意向，签订《房屋租赁合同（经纪机构代理成交版）》，支付租金、押金和其他费用，物业交验，提供增值服务等七个环节。

1. 承租客户接待

房地产经纪人员得到承租客户信息的途径包括互联网、手机软件、电话咨询及到店咨询。房地产经纪人员在接待客户时，需要了解客户需求，并根据客户需求和客户的租金支付能力对客户进行分类。在这个环节，房地产经纪人员最重要的工作是快速匹配房源信息与客源信息，为承租客户提供与其需求相吻合的房源信息列表，供承租客户遴选。

2. 房屋带看

本部分房屋带看与存量房租赁经纪业务流程中相应的流程基本一致，重点是根据《房屋状况说明书（房屋租赁）》上的内容向承租人介绍房屋状况，记录承租人对带看房屋的意见，目标是达成房屋租赁意向。

3. 达成房屋租赁意向

应该说，达成房屋租赁意向是房屋带看的结果。一旦承租人对房屋租赁运营机构提供的租赁房源表示满意，希望达成物业交验租赁意向，就进入下一个环节。

4. 签订《房屋租赁合同（经纪机构代理成交版）》

承租人与房屋租赁运营机构达成房屋租赁意向后，就要签订《房屋租赁合同（经纪机构代理成交版）》。在该合同中，房屋出租方是房屋租赁运营机构，而不是房屋原始出租人。承租人与房屋租赁运营机构对房屋租赁条款的具体内容进行协商。

房屋租赁运营机构不得变相开展金融业务，不得将住房租赁消费贷款相关内容嵌入《房屋租赁合同（经纪机构代理成交版）》，不得利用承租人信用套取住房租赁消费贷款，不得以租金分期支付、租金优惠等名义诱导承租人使用住房租赁消费贷款。

5. 支付租金、押金和其他费用

签订《房屋租赁合同（经纪机构代理成交版）》之后，承租人需要根据约定向房屋租赁运营机构支付租金、押金和其他费用。其他费用包括房屋租赁运营机构提供保洁、维修、代缴水电费等增值服务所产生的费用。房屋租赁运营机构应当在商业银行设立一个住房租赁资金监管账户，向所在城市住房和城乡建设部门备案，并通过住房租赁管理服务平台向社会公示。房屋租赁运营机构单次收取租金超过 3 个月的，或者单次收取押金超过 1 个月的，应当将收取的租金、押金纳入监管账户，并通过监管账户向出租人支付租金、向承租人退还押金。

6. 物业交验

签订完《房屋租赁合同（经纪机构代理成交版）》，房屋租赁运营机构要与承租人办理物业交验手续。承租人在房地产经纪人员的引导下，对承租房屋的装修状况、家具家电、厨房卫生间设施设备等一一进行核验。对于刚刚装修的房屋或者新家具，承租人可能还需要测试房屋甲醛浓度。对于存在的问题，房地产经纪人员要一一记录，争取及时解决。

7. 提供增值服务

房屋租赁托管业务经常会提供增值服务，一般包括代收代付水、电、燃气、电话、有线电视、物业服务费等，代出租方查验清理退租房屋，代承租人维修家用电器、居室保洁等。

四、商业房地产租赁代理业务流程

（一）客户开拓

商业房地产租赁代理业务的服务对象主要是商业房地产业主（开发企业或其他机构）和需要承租商业房地产的各类企业。客户开拓主要有以下几种方式。

① 房地产经纪机构向潜在客户提供有关商业房地产的资讯、分析报告，组织论坛和专业活动等。房地产经纪机构能否及时提供准确的商业地产市场资讯和高质量的市场分析报告，能否组织高水准的论坛和专业活动，是影响客户开拓效果的基础因素。

② 房地产经纪机构高层管理者与潜在客户高层管理者之间直接接触。重要的是找到潜在客户企业内对商业房地产出租或承租具有决定权或重要影响力的关键人物或关键部门及其负责人，从而精准地传达信息或进行接触。

③ 房地产经纪机构与其他房地产经纪机构进行合作。

（二）签订房地产经纪服务合同

房地产代理是正式开展一项商业房地产租赁代理业务的起点。房地产经纪机构应与委托方签订房屋出租代理合同或房屋承租代理合同。合同应对房地产经纪机构与委托方之间的权利、义务关系进行详细约定。

（三）信息搜集与分析

房地产经纪服务合同签订后，房地产经纪人员应根据委托方的交易需求，对其潜在交易对象、标的房屋进行广泛而深入的信息搜集。如果委托方是某办公楼的出租方，则房地产经纪人员应对该办公楼及其潜在的承租方进行信息搜集。如果委托方是需要承租办公楼的企业，则房地产经纪人员应根据委托方对办公楼的具体需求，搜寻符合条件的办公楼。

在商业房地产承租代理业务中，对相关信息的分析不仅是必要的，有时甚至是至关重要的。因此，房地产经纪机构及人员如果能对不同的商业房地产对委托方经营收支所产生的影响进行深入的分析，将有利于为委托方选择最合适的房屋，也更能赢得

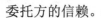

委托方的信赖。

（四）信息传播

在商业房地产租赁代理业务中，房地产经纪人员需要进行信息传播，以吸引潜在的交易对象。根据委托方地位的不同，信息传播的内容与方式均有不同。如果委托方是出租方，通常需要对出租商业房地产本身及出租方的企业形象进行宣传，并且可以采用广告的方式来传播。如果委托方是承租方，房地产经纪机构及人员一般通过与潜在出租方的关键人员进行信函、电话联系或直接接触，向其定向传播承租方的相关信息（如经营范围、企业形象等）。

（五）引领承租方查勘房屋

无论委托方是出租方还是承租方，房地产经纪人员都应引领承租方现场查勘其选择的待租商业房地产。由于商业房地产的承租方主要是企业，因此一定要安排承租企业中对承租事务具有决定权的人物到现场查勘。在查勘过程中，应全面、客观地向承租方展示商业房地产，并认真听取承租方对商业房地产的现场反映及相关意见，认真解答承租方对商业房地产提出的各种问题。遇有一时不能解答的问题，应先做书面记录，事后进行查证，再向承租方解答。

（六）租赁谈判与租赁合同签订

房地产经纪机构或者代理出租方与承租方谈判，或者代理承租方与出租方谈判。就租金及支付方式、租金折扣、租金调整、租赁期限、房屋的使用要求和修缮责任、税费和物业服务费的支付、公用事业费的支付、转租条件、房屋返还时的状态、违约责任、房屋交付日期等进行谈判，一旦谈判达成一致，房地产经纪机构及人员就应高度重视与租赁双方法务部门或人员的沟通，以使租赁商务谈判的结果能顺利地转化为法律文本——房屋租赁合同。

（七）办理租赁合同备案

作为商业房地产承租代理的房地产经纪机构应代理委托方办理房屋租赁合同备案，作为商业房地产出租代理的房地产经纪机构也应提醒承租方及时办理房屋租赁合同备案。

（八）佣金结算

房地产经纪机构应按照房地产经纪服务合同的约定，及时与委托方进行佣金结算，以保护自身的合法权益。

（九）后续服务

房屋租赁合同签订和备案后，房地产经纪机构可为委托方提供相关后续服务。例如，为委托承租方联络装修公司，提供搬迁方案，联络搬迁公司，联络设备、家具、绿化供应商及员工午餐就餐点等；为委托承租方提供物业使用与履约能力监控、预警分析等。

任务三　存量房经纪业务实务操作

一、存量房买卖经纪业务操作案例

（一）求购客户接待操作

王先生是杭州本地人，原来与父母同住，现在打算结婚，需要在杭州求购一套两居室住宅。2021 年 3 月 25 日，王先生走进我爱我家委托置业顾问（居间人）为其寻找合适的房源。

客户接待是置业顾问树立良好的第一印象、建立与客户之间相互信任关系的第一步，是准确录入信息的第一关。

1. 接待准备

① 保证工作装穿戴整洁、无异味，头发、面容干净，女士可化淡妆。
② 接待台面整齐，只放置显示器、电话、名片架、便笺纸等。
③ 店内环境干净、整齐。

2. 客户到达门店后，置业顾问主动开门迎接客户

① 起立并且面带微笑迎接。致欢迎词："您好，欢迎光临我爱我家！"
② 客户进入店堂后，自然地将客户引导至接待台前的客户座位。
③ 客户入座后，给客户倒水或请同事配合倒水、递杯。

3. 自我介绍

① 询问客户称呼。
② 做自我介绍，主动递上名片。

4. 问明来意

① 用合适的询问语言判断客户来意。例如："王先生，您需要了解些什么信息吗？"
② 询问来意是对客户需求的第一次探询，在谈话氛围允许的情况下，获取客户基本信息及需求越多越好。置业顾问的态度要亲切、诚恳。
③ 获得客户信息后，及时将客户信息录入系统。信息要点主要包括姓名、性别、移动电话、需求类型、承受价位、建筑面积等。例如：

姓名：王×　　　　　性别：男　　　　　　　　手机：13711111×××
需求类型：住宅　　　承受价位：400 万～500 万元　　建筑面积：95～110 平方米

5. 签订委托

① 初步寒暄过后，如果双方需要确定委托关系，则需要签订委托协议。

② 对于求购客户应该签订《求购委托协议书》，并对客户提出的关于协议条款的疑问给予满意的解释。

（二）出售挂牌客户接待操作

张三在杭州某小区有闲置一居室住宅一套，高档新装修。张三计划以 270 万元的价格出售该物业，于是走进我爱我家某门店，欲挂牌出售。

1. 接待准备

① 保证工作装穿戴整洁、无异味，头发、面容干净，女士可化淡妆。
② 接待台面整齐，只放置显示器、电话、名片架、便笺纸等。
③ 店内环境干净、整齐。

2. 客户到达门店后，置业顾问主动开门迎接客户

① 起立并且面带微笑迎接。致欢迎词："您好，欢迎光临我爱我家！"
② 客户进入店堂后，自然地将客户引导至接待台前的客户座位。
③ 客户入座后，给客户倒水或请同事配合倒水、递杯。

3. 自我介绍

① 询问客户称呼。
② 做自我介绍，主动递上名片。

4. 问明来意

① 用合适的询问语言判断客户来意。
② 询问来意是对客户需求的第一次探询，在谈话氛围允许的情况下，获取客户基本信息及需求越多越好。置业顾问的态度要亲切、诚恳。
③ 获得客户信息后，及时将客户信息录入系统。信息要点主要包括姓名、移动电话、地址、建筑面积、底价及挂牌价等。

5. 签订委托

① 初步寒暄过后，如果双方需要确定委托关系，则需要签订委托合同。
② 如果客户的来意是出售物业，则应该签订《出售委托合同》，并对客户提出的关于协议条款的疑问给予满意的解释。

6. 即时勘察

① 委托合同的签订意味着委托成立，此时为了确保信息的真实性，以利于房源推荐，置业顾问小李向房主张三提出即时勘察物业的要求，并向张三说明提前勘察物业有利于置业顾问熟悉房源信息、进行有效配对，早日促成交易。
② 征得张三的认可后，小李对业主房屋进行了即时现场勘察，核实了该物业地址、

装修情况、户型结构等基本情况，征得张三的允许后，审核产权归属并预约了实勘摄影师进行专业拍摄。

> **注意**
>
> 　　房屋所有权证的审核要点主要是产权人、建筑面积、土地性质、共有权人、抵押记录、产权获取方式等。

③ 小李绘制了该物业的户型图。在户型图上标明了墙体、门、窗的位置，标注了朝向等。

④ 小李还调查了该物业所在的小区情况，并绘制了小区平面图，在图中注明了小区四至道路、小区内楼幢分布、小区内通道、花园等。

7. 送客出门，信息录入

张三离开时，小李主动起立并且送至店门外。张三离开以后，小李及时根据业务系统要求将该房源信息录入系统，实勘摄影师将拍摄的房屋图片、户型图上传到系统。

（三）物业勘察操作训练

物业勘察的作用是对房源建立直观、全面的认识，有利于推荐与带看。

1. 物业勘察的方式

物业勘察的方式多种多样，最常见的是物业现场勘察。总之，物业勘察的目的是对物业有直观的认识，为向客户推荐该物业做好准备。

2. 物业勘察的主要内容

房屋买卖经纪服务中的物业勘察主要包括房屋区位状况、实物状况、物业管理状况、房屋使用相关费用、其他事项等。

① 房屋区位状况：坐落、楼层、朝向、交通设施、环境状况、嫌恶设施、景观状况、配套设施等。

② 房屋实物状况：建筑规模、空间布局、房屋用途、层高或室内净高、装饰装修、设施设备、通风、保温、隔热、隔声、防水、梯户比等。

③ 房屋物业管理状况：物业服务企业名称、物业服务费标准和服务项目、基础设施的维护情况和园区环境的整洁程度等。

④ 房屋使用相关费用：水、电、燃气、供暖、车位等费用的收费标准、交费周期、交费方式等。

⑤ 其他事项：房屋使用状况，如委托出售的房屋是业主自住还是出租、签订的租约何时到期、租户是否愿意提前结束租约腾空房屋以及放弃购买等；房屋有无附带出租、出售的车位，有无需要拆除的附着物，有无附赠的动产等。

（四）编制房屋状况说明书操作训练

房屋状况说明书是发布房源信息的基础资料，是向客户介绍房屋基本情况的依据，编制房屋状况说明书是房地产经纪业务不可或缺的环节。

① 根据亲自查看的情况，真实描述、详细记录房屋状况和信息。对于不能一次性落实的事项，应进一步核实；确实无法核实的，要在房屋状况说明书中予以注明。

② 对于房屋产权状况、房屋交易信息，房地产经纪人员需要根据房屋权利人提供的资料或说明编写，并到登记部门核实权属状况是否真实。

③ 房屋状况说明书应及时更新。房地产经纪人员应根据实际情况及时更新房屋状况说明书，并注明实地查看房屋的日期及房源信息核验完成日期。在实际交接房屋时，如果房屋实物状况与房屋状况说明书记载的状况不一致，应以实际交接时的状况为准。

④ 房屋状况说明书的编制和更新要经委托人签字确认。

房屋状况说明书包括房屋坐落、性质、类型、年代等内容。

（五）客户信息配对操作训练

任何销售均要做到知己知彼。知彼即了解客户，这一点在现代营销中更显重要。要取得命中率精准有效的客户配对，首先要做好对客户需求的全面了解。总之，越了解客户，配对的成功率越高。

1. 需求挖掘

客户需求要素分为三个层次，即基本信息、基本需求、深层需求。下面针对前述案例中的客户王先生进行客户需求分析。

（1）基本信息

姓名：王×　　年龄：34 岁　　电话：13711111×××　　籍贯：浙江杭州
职业：企业管理人员　　获知本公司的途径：广告

（2）基本需求

所需房型：2 室 1 厅　　所需面积范围：95～110 平方米
承受价格：400 万～500 万元　　购房资格：首套
楼层：均可　　装修：最好毛坯　　付款方式：首付三成

（3）深层需求

看房经历：看过一手房　　区域：火车东站 3 公里内　　购房原因：结婚自住
决策人：本人　　购房紧迫度：急

2. 需求分析

获得需求信息后，置业顾问应该对信息进行深层次分析，分析该需求背后的原因。最简单的方法是多问几个“为什么”。例如，年轻的求购客户表示要求购买楼层在一楼的物业，要对“楼层在一楼”这项信息进行分析。总之，详细的信息需求与分析非常有利于客户配对与谈判。

3. 信息匹配

信息匹配的基础是对客户需求的掌握程度，客户需求掌握程度越高，匹配成功率越高，否则越低。

匹配时对信息的搜索顺序一般是先搜索业务系统中标注的五星房源、速销房源、三星房源、一星房源，如果以上途径失败，可以尝试为客户专门做房源开拓。信息匹配成功后，要及时勘察与带看，忌拖拉、推延。

4. 客户分类

获得客户需求后要对客户进行有效的客户分类，分类时要考量客户的购买力、决策权利、购房紧迫度这三个指标。

客户分类的目的是对不同客户倾注不同程度的关注，所以根据客户分类的不同，需要及时制订与这个客户相符合的客户跟进计划。

客户王先生具备一定的经济实力，承受能力强，有急迫的需求，有决策权，是重点客户，应该每天跟踪两次。

（六）邀约带看操作训练

邀约带看由邀约与带看两个部分组成，邀约阶段着重突出物业的优势，这些优势在带看阶段得到证实与强化。

1. 邀约技巧

邀约时要注重突出优势，先把物业的优势亮出来，引起客户的关注以后，再向客户介绍该物业的其他信息。

向王先生邀约时，可以先说明该物业离王先生的公司非常近，步行 5 分钟之内能够到达，可免除早高峰堵车之苦。单价为 4.7 万元/米 ^{2}，位于市中心，性价比极高。

2. 邀约误区

一般而言，房主在物业中等待，客户与置业顾问约见在物业附近的标志性地点。邀约误区如下：
① 夸大其词。
② 胡乱承诺。
③ 不守时。
④ 业主与客户约在同一地点见面。

3. 清楚客户的看房目的

置业顾问在引导客户看房的过程中，要充分运用对物业的熟知，指导、介绍、解释客户所提出的各种问题。看房的目的有两项：
① 看物业房型、面积结构、采光情况。

② 看设施配套、家庭装潢、周边学区。

4. 看房前、看房中、看房后注意事项

（1）看房前做好"四备"

① 备房源及带看排序：首看一般精心准备 3 套，另外要准备 3~5 套备选房源，按一般房、主推房、对比房依次排序安排带看。

② 备客户：明确看房时间、地点，了解客户出行交通工具，做好带看前的提醒。

③ 备工具：钥匙、鞋套、户型图、房源纸、雨伞、矿泉水、记事本、笔、税费计算表、名片等。

④ 备突发情况应对：客户迟到或者爽约、业主迟到或者爽约及其他突发状况，需见招拆招，灵活处理，以安抚买卖双方的不良情绪为宗旨。

（2）带看中按五步骤执行

① 初次见面：见面问好，体现专业度和辛苦度。

② 深入交流：增进交流，注意礼仪，探寻深层次需求，不与客户争论。

③ 拒绝"哑巴式"带看：突出房源优点的描述，介绍房源缺点时以不欺骗、不争辩为原则，回归优点，找到客户最在意的是什么，提醒客户没有十全十美的房子。

④ 判断客户意向：把握客户有意向的表现，如询问首付、按揭等。

⑤ 防止跳单：防止客户和业主聊得太过投机，防止客户和业主互留联系方式，事前、事后都要做好业主维护。

（3）带看后做好反馈和总结

① 引客回店/送客：按不同客户意向确定下一步如何走。

② 客户回访：再次挖掘客户深层次需求，为下一次带看做准备。

③ 业主反馈：送客后，及时登门或电话沟通反馈，抓住机会与业主沟通。

④ 自我总结。

小李获得的看房结果是，王先生对本套物业基本满意，但是希望价格能够降到 460 万元。小李制定的下一步目标是，与房主张三谈判，希望能把价格降到王先生的期望价格。

（七）撮合交易操作训练

1. 促使客户支付意向金的主要原因

① 物业与客户需求相符合。

② 客户非常喜爱房屋的各项优点（包括价格、环境、学区配套）。

③ 房地产经纪人员能将房屋及环境展示得很好，客户认为本房屋的价值超过"表列价格"。

2. 在议价过程中应遵循的原则

① 对"表列价格"要有充分的信心，不轻易让价。

② 不要有底价的观念。

③ 一定要在客户携带足够现金能够支付意向金、有做买卖决定的权利的情况下进

行，否则不要做议价谈判。

④ 让价要有理由。

⑤ 挖掘无形的价值（人文、名人效应等）。

3. 抑制客户有杀价念头的方法

① 坚定态度，信心十足。

② 强调房屋的优点及价值。

（八）签订合同操作训练

当双方都能够对全部谈判要素达成共识时，即可进入签订合同阶段，此时忌拖拉、推延。租赁、置换两种居间业务的谈判要素略有不同。

置换谈判要素：价格、支付方式、交房时间、设施装修、首付款额度、余款支付方式等。

1. 材料准备

合同数份，黑色签字笔数支，印泥、打印机无故障等。

2. 约定时间和地点

与买方、卖方约定签约时间与地点，并提醒其需要携带的证件物品。

① 卖方需要携带不动产权证书、身份证明（身份证、护照、军官证、警官证）、户口本、婚姻证明。

② 买方需要携带身份证明（身份证、护照、军官证、警官证）、户口本、婚姻证明。

3. 签订合同的原则

完善仔细、速战速决。

4. 合同文本

相关合同文本见项目七和中国房地产估价师与房地产经纪人学会发布的房地产经纪业务合同推荐文本。

（九）结算交验操作训练

1. 钱款交割

① 协助卖方还清贷款，撤销房屋抵押。

② 协助买方办理贷款手续。

③ 协助买方将房款打入指定监管账户（按揭需陪同签署按揭合同）。

④ 协助尾款、首付款交割。

2. 陪同买卖双方办理过户手续

房地产经纪人员应陪同买卖双方到房地产产权交易中心办理产权过户手续。

办理过户手续时，卖方需要携带身份证、户口本、房产证、契证、结婚证（单身的需要单身证明），买方需要携带身份证，并提交下列材料：

① 登记申请书；

② 申请人身份证明；

③ 不动产权证书；

④ 证明房屋所有权发生转移的材料；

⑤ 其他必要材料。

3. 物业交割

卖方、买方、房地产经纪人员三方根据合同中填写的物业附件，清点屋内设施，并且试用设施，抄清楚水表、电表、燃气表的读数，交钥匙。填写《物业交验单》。

4. 客户维护

① 归类整理成交客户资料并将其录入成交客户档案。

② 用合适的方式建立联络，如节假日用短信问候等。

二、存量房租赁经纪业务操作案例

（一）求租客户接待操作

小张大学毕业后来杭州工作，打算在单位附近租一套一室一厅的房子，看到单位所在地旁边有我爱我家门店，就直接进店想咨询附近是否有合适的房源。

租赁业务中一般直接进店咨询房源，特别是个别带着行李进店的客户是租赁准客户，房地产经纪人员能否在第一时间协助其寻找合适的房源，是能否做成存量房租赁经纪业务的关键。

1. 接待准备

① 保证工作装穿戴整洁、无异味，头发、面容干净，女士可化淡妆。

② 接待台面只放置显示器、电话、名片架、笔记本等，忌客户信息本胡乱放置在桌面、接待台面杂乱不堪。

③ 店内环境干净、整齐。

2. 客户到达门店后，房地产经纪人员主动开门迎接客户

① 起立并且面带微笑迎接。

② 致欢迎词："您好，欢迎光临我爱我家！"

③ 客户进入店堂后，自然地将客户引导至接待台前的客户座位。

④ 客户入座后，给客户倒水或同店同事配合倒水、递杯，水温适中，水位七分满

左右。

3. 自我介绍

① 询问客户称呼。

② 做自我介绍，主动递上名片。例如："张小姐您好，我是我爱我家的房地产经纪人王××。您可以称我小王。这是我的名片。"

4. 问明来意

① 用合适的询问语言判断客户来意。例如："张小姐，您想要了解哪方面的信息？"

② 询问来意是对客户需求的第一次探询，在谈话氛围允许的情况下，获取客户的基本信息及需求越多越好。忌客户反感后依然不断提问。房地产经纪人员的态度要亲切、诚恳。

③ 获得客户信息后，及时录入系统。信息要点主要包括姓名、移动电话、来意、区域范围、需求户型、价格范围、入住时间、目前居住状态、租房动机、主要交通工具等。例如：

姓名：张××   手机：13711122×××   来意：求租住房
区域范围：杭州市拱墅区河东路一带   需求户型：1室1厅
价格范围：2000～2500元/月   入住时间：越快越好
目前居住状态：酒店   租房动机：工作   主要交通工具：公交

5. 签订承租合同时，一并签订委托合同

房地产经纪人员在客户到店签订房屋承租合同时，应与客户一并签订房屋承租委托合同。

（二）出租挂牌客户接待操作

李女士在某小区有闲置一居室住宅一套，地址在杭州市拱墅区河东路××号 1 幢 1 单元 301 室，普通装修，近期计划出租该物业。李女士走进我爱我家某门店，预挂牌出租。

1. 接待准备

① 保证工作装穿戴整洁、无异味，头发、面容干净，女士可化淡妆。

② 接待台面只放置显示器、电话、名片架、便笺纸等，忌客户信息本胡乱放置在桌面、接待台面杂乱不堪。

③ 店内环境干净、整齐。

2. 客户到达门店后，房地产经纪人员主动开门迎接客户

① 起立并且面带微笑迎接。

② 致欢迎词："您好，欢迎光临我爱我家！"

③ 客户进入店堂后，自然地将客户引导至接待台前的客户座位。

④ 客户入座后，给客户倒水或同店同事配合倒水、递杯，水温适中，水位七分满左右。

3. 自我介绍

① 询问客户称呼。

② 做自我介绍，主动递上名片。例如："李女士您好，我是我爱我家房地产经纪人刘××。您可以称我小刘，这是我的名片。"

4. 问明来意

① 用合适的询问语言判断客户来意。例如："李女士，您需要了解些什么信息吗？"

② 询问来意是对客户需求的第一次探询，在谈话氛围允许的情况下，获取客户的基本信息及需求越多越好。忌客户反感后依然不断提问。房地产经纪人员的态度要亲切、诚恳。

③ 获得客户信息后，及时录入系统。信息要点主要包括姓名、移动电话、来意、户型、面积、楼层、装修、意向租金、房屋设备设施等。

5. 查验业主证件，签订委托合同

① 初步寒暄过后，双方需要确定委托关系；在查看业主不动产权证书、身份证（留下复印件）后，需要签订委托合同。

② 如果客户的来意是出租物业，应该签订房屋出租委托合同，并对客户提出的关于合同条款的疑问给予满意的解释。

6. 房屋实勘

① 征得李女士的认可后，小刘对该业主房屋进行了实勘拍摄，同时核实了该物业地址、装修情况、户型结构、设备设施等基本情况。

② 小刘还调查了该物业所在小区的情况，包括生活配套、教育设施等，以方便向租客推荐。

7. 信息录入

房地产经纪人员在送客出门后，进行信息录入，或在跟业主沟通时，边聊边录入。及时根据业务系统要求录入该房源信息，将拍摄的房屋实勘图片上传至系统。

（三）物业勘察操作训练

1. 物业勘察的方式

物业勘察的方式多种多样，最常见的是物业现场勘察。当遇到房主不配合等因素导致现场勘察失败时，可以采用电话勘察等方式。总之，物业勘察的目的是对物业有直观认识，为向客户推荐该物业做好准备。

2. 物业勘察的主要内容

存量房租赁经纪服务中的物业勘察主要包括房屋区位状况、实物状况、物业管理状况，家具、家电配置情况及房屋使用相关费用情况等。

① 区位状况：坐落、楼层、朝向、交通设施、环境状况、嫌恶设施、景观状况、配套设施等。

② 实物状况：建筑规模、空间布局、房屋用途、层高或室内净高、房龄、装饰装修、设施设备、通风、保温、隔热、隔声、防水、梯户比等。

③ 物业管理状况：物业服务企业名称、服务费标准和服务项目、基础设施的维护情况和园区环境的整洁程度等。

④ 家具、家电配置情况及房屋使用相关费用情况：床、衣柜、电视、冰箱、空调等能否正常使用等，水、电、燃气、供暖、网络、车位等费用的收费标准、交费周期、交费方式等。

（四）客户信息配对操作训练

1. 需求挖掘

下面针对前述案例中的客户小张进行客户需求分析。

① 基本信息。

姓名：张×× 　年龄：24 岁 　电话：13711122××× 　地址：暂住酒店

职业：企业刚入职职员 　获知本公司的途径：现场进店

② 需求信息。

所需房型：1 室 1 厅 　所需面积范围：40～50 平方米

价格承受：2000～2500 元/月 　租房原因：工作 　目标区块：河东路一带

③ 深度信息。

租房动机：离单位近或价优、交通便利。

干扰因素：找不到一居室就跟同事合租。

2. 需求分析

获得需求信息后，房地产经纪人员应该对信息进行深层次分析，分析该需求背后的原因。最简单的方法是多问几个"为什么"。总之，详细的信息需求与分析非常有利于客户配对与谈判。例如，针对小张的目标区块是河东路一带的信息进行分析，小张租房是为了离上班的公司近，但如果有通勤便利、价优的房子，也可以不拘于单位附近。

3. 信息匹配

匹配时对信息的搜索顺序一般是首先搜索本店是否有合适房源，其次在附近门店或所属区域范围内搜索是否有合适房源，最后沿求租客户单位坐落附近地铁线，搜索地铁沿线符合需求的房源，可以寻求地铁沿线相关区域门店房地产经纪人员的协助。

在本店房源中，发现业主李女士最近挂牌的一居室位于杭州市拱墅区河东路××号

1 幢 1 单元 301 室的物业与小张的需求非常匹配，于是在当天马上联系李女士看房。

4. 客户分类

获得客户需求后要对客户进行有效的客户分类，分类时要考量客户的支付能力、决策权利、入住日期这三个指标。

客户分类的目的是对不同客户倾注不同程度的关注，所以根据客户分类的不同，需要及时制订与这个客户相符合的客户跟进计划。

重点客户，应该每天跟踪两次，尽快帮其租房。

（五）邀约带看操作训练

1. 邀约技巧

邀约时要注重突出优势，先把房源的优势亮出来，引起客户的关注以后，再向客户介绍该房源的其他信息。

向小张邀约的时候，可以首先说明该房源离小张的公司非常近，步行 5 分钟之内能够到达，完全符合她要离公司近的需求。

2. 邀约误区

① 夸大其词。
② 胡乱承诺。
③ 不守时。

3. 清楚客户的看房目的

房地产经纪人员在引导客户看房的过程中，要充分运用对物业的熟知，指导、介绍、解释客户所提出的各种问题。看房的目的有两项：
① 看房型、朝向、采光；
② 看配套设施、房屋装修。

4. 看房物品准备

记事本、笔、钥匙、鞋套、名片、水等。

5. 看房前、中、后设定

房地产经纪人员应在客户看房前，设定看房时间、看房路线、看房重点，使看房过程顺利、自然，以保证客户看房的满意度。

（六）撮合交易操作训练

1. 促使客户下意向金的主要原因

① 房屋与客户需求相符合。

② 客户非常喜爱房屋的各项优点（包括价格、环境、生活配套）。
③ 能将房屋及环境展示得很好，受到客户的高度认可。

2. 在洽谈沟通过程中应遵循的原则

① 对客户：突出房屋优势，不轻易降租金。
② 对业主：突出客户优势，拿到价格浮动空间。

3. 抑制客户有杀价念头的方法

① 坚定态度，信心十足。
② 强调房屋的优点及价值。

（七）签订合同操作训练

当租赁双方都能够达成共识时，即可进入签订合同阶段，此时忌拖拉、推延。

存量房租赁业务谈判要素：价格、租期、押金额度、付款方式、设施装修、是否同意转租等。

1. 材料准备

合同数份，黑色签字笔数支，印泥、打印机无故障等。

2. 约定时间和地点（如电子签则不限时间和地点）

与客户、业主约定签约时间与地点，并提醒其需要携带的证件物品。

① 业主需要携带不动产权证书、身份证明（身份证、护照、军官证、警官证）、户口本、婚姻证明。
② 客户需要携带身份证明（身份证、护照、军官证、警官证）。

3. 签订合同的原则

完善仔细、速战速决。

4. 合同文本

合同文本见中国房地产估价师与房地产经纪人学会发布的房地产经纪业务合同推荐文本。合同签订完毕后，要及时收取服务佣金及代收税费。

（八）房屋物业交割操作训练

1. 物业交割

业主、租客、房地产经纪人员三方根据合同中填写的物业附件，清点屋内设施，并且试用设施，抄清楚水表、电表、燃气表的读数，交钥匙，填写《物业交割清单》。

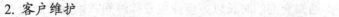

2. 客户维护

① 归类整理成交客户资料并将其录入成交客户档案。

② 用合适的方式建立联络，如节假日用短信问候等。

三、存量房租赁托管业务操作案例

李女士在某小区有闲置一居室住宅一套，地址在杭州市拱墅区河东路××号 1 幢 1 单元 301 室，普通装修，近期计划出租该物业。李女士走进我爱我家某门店，欲挂牌出租。

（一）出租客户接待操作

接待准备同存量房出租业务客户接待基本相同，主要内容沟通内容如下。

① 寒暄时与业主沟通是否有托管意向。

② 告知托管业务的特色及优势。

③ 确认房屋是否符合托管房业务的收房标准。

（二）实勘房屋搓谈价格操作

① 要了解房子的具体情况、房东的心理价位和最终底价。

② 根据市场近期成交价格与业主进行磋商。

③ 实勘过程中切记不得一味强调房源各方面不足，以免业主反感。

④ 磋商达成一致后应立即至门店签署《房屋出租托管合同》。

（三）《房屋出租托管合同》操作

基本准备工作同存量房出租业务一致，但《房屋出租托管合同》因涉及托管以及免租期等内容，其内容略有不同。

① 签署《房屋出租托管合同》。

② 签署授权书。

③ 完成物业交割。

（四）物业交割实操

物业交割为合同不可分割的一部分，由于部分物业当下为非空置状态，故存在签约后再进行物业交割的情况。以下为物业交割步骤。

1. 物业交割前的准备

（1）邀约业主

房地产经纪人员提前打电话与业主沟通并达成交割意向，明确物业交割时间和地点。房地产经纪人员在打电话与业主沟通前，需要明确以下具体要求：了解业主的合理时间，确定最终时间；要求业主带上相关文件；确定是否业主本人来做交割，若不是本人则需带上授权委托书；提醒业主带上合同约定的添置用品，带好委托房屋的钥匙（门禁卡、水表及信报箱钥匙）；通知交割的时长以方便业主安排时间。以短信息的方式通知业主，提醒其按时交割。

（2）准备物料

① 准备好消防安全告示，消防五要件或四要件，用水、电、燃气温馨提示贴。

② 准备好鞋套、电池（1#、5#、7#）、接线板、物业电话。

③ 查询该物业的水、电、燃气、有线、物业费用是否结清或欠费并且在物业交割单上做好记录。

④ 准备好名片。

（3）注意事项

① 如果交割时间定在业主下班后，则需提前要求物业先抄好水表、电表读数。

② 非物业代缴水电费的，需房地产经纪人员自行抄好水表、电表读数。

③ 现场交割必须由收房人本人完成。若收房人委托他人代为完成物业交割，则产生的责任仍由收房人承担。

2. 现场交割

① 交割准备，打开需要预热的设备。

② 清点检查家具。房地产经纪人员按照功能间顺序（卧室—客厅—餐厅—阳台）逐一检查家具外观和质量。

③ 检查厨卫设施设备。房地产经纪人员在检查厨卫设施设备时不仅要看外观，还要打开设施设备，以便观察是否能正常使用。

④ 检查家电。房地产经纪人员打开电视机、冰箱、洗衣机、空调等家电，检查其外观（有无破损和划痕）和运行状况。

⑤ 检查墙面地面。主要检查墙面是否有破损、脱落和污渍，地面是否有烫痕、隆起、破损和污渍，是否有漏水经历。

⑥ 检查消防安全设施。

⑦ 抄水表、电表、燃气表读数。房地产经纪人员需正确识别水表、电表、燃气表，并记录户号、读数。

⑧ 签字确认。房地产经纪人员在《物业交割清单》上正确填写屋内物品及水表、电表读数后，请产权人或被委托人签字确认。

⑨ 关门。

（五）业主托管后的维护

① 待租期：业主已将房屋托管给租赁企业，租赁企业托管后出现的空置周期。

② 承租期：租赁企业托管后将房屋顺利出租时租客的承租周期。

③ 退租期：退租结算费用的周期。

项目四 存量房经纪业务延伸服务与不动产税费

📝 知识目标

1. 能完成房地产产权登记、房地产抵押贷款代办服务。
2. 基本具备进行房地产投资、价格、法律咨询工作的能力。
3. 能快速准确地测算房地产经纪活动中委托人所需缴纳的税费数额。

🔧 技能目标

1. 能完成房地产经纪业务交易双方承担税费的计算。
2. 能完成房地产交易相关手续代办服务,特别是房地产产权登记和房地产抵押贷款代办服务。

📝 素养目标

培养学生的职业操守和服务意识,学会选取恰当的方式满足客户的需求。

任务一 熟悉存量房经纪业务延伸服务

一、不动产登记代办服务

根据《不动产登记暂行条例》的规定，不动产登记是指不动产登记机构依法将不动产权利归属和其他法定事项记载于不动产登记簿的行为。不动产登记分为不动产首次登记、变更登记、转移登记、注销登记、更正登记、异议登记、预告登记、查封登记等。由于不动产登记相对复杂，不动产交易双方一般不了解不动产登记的流程、需要提供的材料等信息，如果交易中涉及不动产抵押贷款等，则需要办理不动产抵押登记等业务，不动产交易当事人往往会委托房地产经纪机构代为办理。房地产经纪机构通常也会开展不动产转移登记及抵押登记代办服务。

（一）不动产登记流程

近年来，为营造良好的营商环境，我国不断进行不动产登记制度改革，不动产登记的办理流程也在相应变化。为提供更好的不动产登记代办服务，房地产经纪机构要及时收集当地的不动产登记最新政策和登记机构的具体要求，组织房地产经纪人员学习，提高业务水平。目前不动产登记的一般流程如下。

1. 申请

申请人根据当地登记机构提供的办事指南准备登记申请书，向不动产登记中心提交登记申请材料，申请材料应齐全、符合法定形式、真实有效。一般地方不动产登记中心会为申请人提供登记业务指南和咨询、不动产单元配号、登记申请表及样本。

2. 受理

查验申请主体和申请材料，询问申请人，扫描、录入相关信息，出具受理意见。符合要求予以受理的当场出具房屋登记受理通知书，不予受理的填写不予受理告知书。如果申请人提交的登记资料中缺少必要的不动产界址坐标、空间界限、权籍调查表、权属界限协议书、宗地图、房屋测绘报告、房屋平面图等材料，则不动产登记部门会告知申请人可以委托专业技术单位开展权籍调查和测绘。

3. 审核

（1）初审

查验申请人、委托代理人身份证明材料以及授权委托书与申请主体是否一致；权属来源证明材料或者登记原因证明文件与登记申请的内容是否一致；不动产界址、空间界限、面积等权籍调查成果是否完备，是否权属清楚、界址清晰、面积准确，是否与申请登记的不动产状况一致；法律、行政法规规定的完税或者缴费凭证是否齐全并已在《不动产登记申请审批表》上签署初审意见。

（2）复审/核定

核对提交的材料是否齐全，是否符合规范格式，各类表格、文书内容是否填写完整，录入信息是否准确，扫描材料是否完整清晰；核对申请登记的事项是否与提交的相应材料相符，所提交的材料是否与申请主体、申请登记的不动产以及申请登记的内容一致，不动产单元确认是否准确。审查是否按照法律、行政法规完税或者缴费，申请人应缴纳的费用是否计算准确；是否违反法律、行政法规的强制性规定，申请登记的不动产是否存在查封、抵押、预告、异议等限制或提示事项。对需要实地查看的开展实地查看或调查；在《不动产登记申请审批表》上签署复核、核定意见。

4．登簿

（1）核验

根据收件资料和审核意见，对需登记入簿的相关事项进行再次审核，根据登记业务分配证书、证明编号，查验登簿信息与申请登记内容是否一致，确认登簿。

（2）缮证

打印不动产权证书或不动产登记证明，粘贴图件，加盖不动产登记专用章，记录不动产权证书和证明使用情况，移交权属证书或登记证明与登记资料。

（3）缴费

对申请人按规定缴纳的各项登记费用进行审核、确认后，办理不动产登记缴费事项。

（4）发证

查验申请人的房屋登记受理通知书与身份证明无误后，由申请人和经办人填写领证记录表，向申请人发放不动产权证书、登记证明或不予受理告知书，并将资料整理移交。

（5）归档

将不动产登记产生的登记簿册、申请审核表、提交的资料等不动产登记相关资料进行补建目录、校对、归档。

（二）不动产转移登记代办

房地产经纪机构在获知不动产交易当事人办理转移登记需求后，向交易当事人介绍当地房产转移登记相关政策及流程，了解不动产权属现状，接受交易当事人委托签订委托代办合同，开始提供不动产转移登记代办服务。不动产转移登记代办服务流程及服务内容见表4-1。

表4-1 不动产转移登记代办服务流程及服务内容

不动产转移登记代办服务流程	房地产经纪机构提供的服务内容
介绍相关政策及流程	结合当地最新的不动产转移登记相关政策、法规和流程，告知交易双方当事人办理转移登记的流程、应当准备的资料、需缴纳的税费等。同时房地产经纪人员还应详细解答交易双方当事人提出的问题，必要时可提供相关的法律法规资料供其参考

续表

不动产转移登记代办服务流程	房地产经纪机构提供的服务内容
了解权属现状	房地产经纪人员通过实地查看房屋、到不动产主管部门核验产权，以及与交易当事人沟通，了解拟办理登记不动产的使用状况及权属现状。重点了解是否存在共有人，是否存在抵押、查封等权利限制情况，是否已出租，是否存在异议登记等。对于可能影响办理转移登记的相关问题，提醒并协助交易当事人提前解决
签订转移登记委托代办合同	与不动产交易当事人签订不动产转移登记委托代办合同，收取代办服务费。指导委托人填写登记申请书。若委托人同意，则可以代收代缴不动产登记相关税费。委托合同要约定委托事项、双方的权利义务、违约责任、代办收费等
收集转移登记相关材料	告知委托人需要准备的登记材料及提供的时间点。办理不动产转移登记需要的材料主要有房屋买卖合同、不动产交易结算资金托管凭证、买卖双方的身份证明、结婚证、不动产权证书、契税完税票据等。在接受委托人提供的相关材料时，要注意签收并妥善保管
不动产登记部门办理登记	房地产经纪人员前往不动产所在地登记部门申请办理相关的登记事项，若委托人委托，则还需代为缴纳不动产登记各类费用及税费
领取不动产权证书	办理完不动产转移登记，领取不动产权证书，连同办理登记所缴纳的各种税费的发票一并转交给委托人

（三）不动产抵押权登记代办

由于有部分不动产交易涉及抵押贷款，因此在办理不动产转移登记之外，还需办理不动产抵押登记，这样抵押权才能设立。

1. 可以设定抵押权的财产

根据《民法典》第三百九十五条的规定，可以进行抵押的不动产包括：
① 建筑物和其他土地附着物；
② 建设用地使用权；
③ 海域使用权；
④ 正在建造的建筑物；
⑤ 法律、行政法规未禁止抵押的其他不动产。

以建设用地使用权、海域使用权抵押的，该土地、海域上的建筑物、构筑物一并抵押；以建筑物、构筑物抵押的，该建筑物、构筑物占用范围内的建设用地使用权、海域使用权一并抵押。

2. 不动产抵押权登记代办服务流程及服务内容

目前一些城市不动产抵押登记与转移登记实行一窗办理，房地产经纪人员可以收齐两个登记所需材料一并提交办理登记。不动产抵押登记代办服务流程及服务内容见表4-2。

表4-2 不动产抵押登记代办服务流程及服务内容

不动产抵押登记代办服务流程	房地产经纪机构提供的服务内容
介绍相关政策及流程	结合当地最新的不动产转移登记相关政策、法规和流程，告知交易当事人办理抵押登记的流程、应当准备的资料及相关费用等

续表

不动产抵押登记代办服务流程	房地产经纪机构提供的服务内容
了解权属现状	通过实地查看房屋、到不动产主管部门核验产权，以及与交易当事人沟通，了解拟办理登记不动产的使用状况及权属现状。重点了解是否存在共有人，是否存在抵押、查封等权利限制情况，是否已出租，是否存在异议登记等。对于可能影响办理抵押登记的相关问题，提醒并协助交易当事人提前解决
签订抵押登记委托代办合同	与委托人签订不动产抵押登记委托代办合同，收取代办服务费。一般与转移登记委托代办合同一并签订。指导委托人填写登记申请书，若委托人同意，可以代收不动产抵押登记费。委托合同要约定委托事项、双方的权利义务、违约责任、代办收费等
收集抵押登记相关材料	告知委托人需要准备的登记材料及提供时间点。办理不动产抵押登记需要的材料主要有不动产权证书、主债权合同、抵押合同、抵押权人的身份证明、抵押人的身份证明
不动产登记部门办理登记	将抵押合同、不动产权证书等资料递送当地不动产登记部门，领取领证回执单
领取不动产权证书	领取不动产登记证明（他项权证），连同办理登记所缴纳的各种税费的发票一并转交给委托人

二、不动产抵押贷款代办服务

（一）不动产抵押贷款的种类

不动产抵押贷款一般涉及两类：不动产开发贷款和个人住房贷款。

不动产开发贷款是指与不动产或不动产开发经营活动有关的贷款。不动产开发贷款的对象是注册的有不动产开发、经营权的国有、集体、外资和股份制企业。

个人住房贷款是指金融机构向购买住房的自然人发放的贷款。

房地产经纪机构可以为不动产开发商代办不动产开发贷款手续，但更多情况下是为消费者代办个人住房贷款（购房抵押贷款）手续。

目前我国个人住房贷款主要有三种方式：住房公积金贷款、商业银行房地产抵押贷款和个人住房组合贷款。

1. 住房公积金贷款

住房公积金贷款是指由各城市住房公积金管理中心运用住房公积金，委托银行向缴存住房公积金的职工，在购买、建造、翻建、大修自住住房时向其发放的一种政策性担保委托贷款。住房公积金贷款由受委托的银行发放，并由借款人或第三人提供符合住房公积金管理中心要求的担保。

对于已参加缴纳住房公积金的居民来说，贷款购房时，应该首选住房公积金低息贷款。住房公积金贷款具有政策补贴性质，低于同期商业银行贷款利率。也就是说，在住房公积金抵押贷款利率和银行贷款利率之间存在一个利差，采用住房公积金贷款可以大大减小购房者的还款压力。

住房公积金贷款的流程一般为：买卖双方签订房屋买卖合同→办理网签手续（有的城市没有网签）→向住房公积金管理中心提出贷款申请→住房公积金管理中心委托房地产评估机构评估房屋抵押价值→买卖双方到住房公积金管理中心面签房屋抵押贷款合

同→住房公积金管理中心批贷→买卖双方办理缴税、产权过户、抵押登记手续→住房公积金管理中心委托银行放款。

2. 商业银行房地产抵押贷款

住房公积金贷款方式限于缴纳住房公积金的单位职工使用，限定条件比较多，未缴存住房公积金的人无缘申贷，但其可以申请商业银行房地产抵押贷款，也就是银行按揭贷款。只要购房人在贷款银行的存款余额占购买住房所需资金额的比例不低于相关规定，并以此作为购房首期付款，且有贷款银行认可的资产作为抵押或质押，或由具有足够代偿能力的单位或个人作为偿还贷款本息并承担连带责任的保证人，就可以申请银行按揭贷款。

商业银行房地产抵押贷款的流程一般为：贷款人贷款资格预审→买卖双方签订房屋买卖合同→办理网签手续（有的城市没有网签）→贷款人与贷款银行签订个人住房抵押贷款合同→办理抵押登记→银行放款。

3. 个人住房组合贷款

借款人以所购本市城镇自住住房作为抵押物可同时申请住房公积金个人购房贷款和商业性个人住房贷款，该贷款方式称为个人住房组合贷款。

住房公积金管理中心可以发放的贷款，一般会设置最高限额，如果购房款超过这个限额，不足部分要向银行申请住房商业性贷款。这两种贷款合起来称为组合贷款。此项业务可由一个银行的不动产信贷部统一办理。组合贷款利率较为适中，贷款金额较大，因而较多被贷款者选用。

个人住房组合贷款的流程一般为：买卖双方签订房屋买卖合同→办理网签手续（有的城市没有网签）→向银行和住房公积金管理中心提出贷款申请→住房公积金管理中心委托房地产评估机构评估房屋抵押价值→办理面签手续→买卖双方办理缴税、产权过户手续→办理抵押登记→银行放款。

（二）不动产抵押贷款代办服务的内容

房地产经纪人员在获知不动产买方个人住房贷款需求后，应详细向买方介绍个人住房贷款的类型、当地贷款的最新政策及办理贷款的流程等。同时房地产经纪人员还应在了解买方家庭财政收支情况的基础上，向买方提出合理的建议。一旦接受不动产买方委托，代办不动产抵押业务，房地产经纪人员就应当向委托人说明服务内容、收费标准等，并签订个人住房贷款代办服务合同。房地产经纪机构提供的不动产抵押贷款代办服务一般包括如下内容。

1. 查询委托方征信

个人住房贷款中需要查询买方的信贷征信，为金融机构的信贷决策提供支持。目前我国商业银行普遍认可的个人信贷征信是中国人民银行征信中心出具的个人信用报告。

根据《征信业管理条例》的规定，个人有权每年两次免费获取本人的信用报告。在没有得到他人授权的情况下,个人无权查询他人信用报告。因此,如果买方委托房地产经纪人员查询其信用报告,需要提供买方和代理人的有效身份证件原件和复印件、授权委托公证证明原件,同时填写《个人信用报告本人查询申请表》。如果买方自行查询信用报告,房地产经纪人员应告知买方个人征信的查询方式,目前查询个人征信主要有三种方式。

① 前往所在地中国人民银行分支机构进行现场查询。在当地中国人民银行分支机构进行现场查询时,需要本人携带身份证办理,可享受每年两次免费打印机会。

② 通过中国人民银行征信系统官网查询。

③ 通过其他服务渠道查询,如网银查询、商业银行代理查询等。为了方便征信查询,中国人民银行在很多商业银行设有专门的查询机,可以查询和打印报告。

2. 拟定贷款方案

房地产经纪人员在为委托方提供不动产抵押贷款服务时,需要结合委托方的征信情况及实际情况拟定贷款方案。一般而言,贷款方案包括以下要素。

(1)贷款额度

贷款额度也称贷款成数,是指贷款额与楼(房)价的比率。银行在贷款时通常要求购房者支付一定比例的现金,即首付款,其余的房款由银行提供贷款。目前国内一般一手楼贷款额度(贷款成数)在七成左右,有些二手楼为六成,如果是购买第二套房子,贷款额度减少到六成。

(2)利息(贷款利率)

贷款人在贷款期限内除偿还本金外,还要支付银行贷款利息。利息取决于贷款利率,而住房抵押贷款利率又取决于银行存款利率和政府对住房抵押贷款的金融政策。

(3)贷款期限

贷款期限是指住房抵押贷款分期偿还的期限。目前,国内住房抵押贷款根据贷款人申请贷款的年龄及相关条件进行评价,一般以男60周岁、女55周岁为上限,根据实际情况贷款最高期限为20~30年。贷款期限对于贷款人有正负两个方面的影响。贷款期限长,贷款人当前或近期承担还款的负担较轻,但承担的利息负担较重;反之,若贷款期限短,贷款人承担的利息负担较轻,但每期要偿还的债务负担较重。同时,还款方式的不同也会产生上述两种影响。

(4)贷款偿还方式

不同的还款方式,对贷款人贷款后的现金流要求是不同的。采用等额本息还款时,各期还款压力是一样的;采用等额本金还款时,贷款初期的还款压力较大,以后依次递减。房地产经纪人员在帮助客户制定贷款方案时,应充分考虑客户的储蓄、收入水平、家庭开支以及家庭理财状况,还贷方式一般由贷款客户自己选择,房地产经纪人员应向贷款人介绍等额本金和等额本息两种还贷方式的区别,为贷款客户提供参考意见。

(5)贷款费用

由于各地住房抵押贷款手续所需费用有所不同,在计算相关费用时,应以当地的实际为准。

3. 协助准备贷款申请材料

在贷款过程中，房地产经纪人员还需协助客户根据银行或住房公积金管理中心的要求提供贷款所需的材料，申请个人住房贷款一般需要提供下列材料：

① 个人住房贷款申请。

② 基本证件（指居民二代身份证、居民户口簿和其他有效居留证件、婚姻状况证件）。

③ 贷款人家庭稳定的经济收入的证明，这个证明对能否贷款成功及最高贷款额度有比较大的影响。

④ 符合规定的购买（建造、大修）住房合同、协议或其他批准文件。

⑤ 贷款人用于购买（建造、大修）住房的自筹资金的有关证明。

⑥ 抵押物或质押物的清单、权属证明以及有处分权人同意的抵押或质押证明；保证人同意提供担保的书面文件和保证人资信证明。为提高房屋抵押贷款通过率，要尽量多地提供家庭其他财产证明，如房产、股票、基金、存折、车辆证明等。

⑦ 贷款人要求提供的其他文件或资料。

4. 协助办理贷款相关手续

材料准备齐全后要根据与银行预约的时间办理各类贷款相关手续，主要包括：

① 带领客户去银行面签贷款合同。

② 协助客户办理交易资金监管手续。

③ 根据银行通知领取批贷函，并提醒贷款人注意批贷函的有效期。

④ 协助客户到不动产登记部门办理不动产抵押登记手续。

《中华人民共和国城市房地产管理法》第五十七条规定："房地产中介服务机构包括房地产咨询机构、房地产价格评估机构、房地产经纪机构等。"从这个规定来看，我国不动产咨询是房地产中介服务的一种，是为不动产经济活动的当事人提供法律法规、政策、信息、技术等方面服务并收取佣金的一种有偿的中介活动。现实中的具体业务可分为信息咨询业务和投资决策咨询业务两大类。信息咨询业务即以各种方式为有需要的人士提供不动产市场信息，是不动产咨询业务中最为广泛和普及的一种。投资决策咨询业务是诸如接受当事人委托进行不动产市场的调查研究、不动产开发项目可行性研究、不动产开发项目策划及不动产市场营销策划等。这类服务对从业人员的素质有较高的要求，是高水平的咨询服务，因此这部分不再赘述。

任务二　熟悉不动产税费及其计算

📋 案例导入

2022年12月，小钟在杭州购买了一套90多平方米的二手房，总价为270万元。在购房之前，小钟对需要缴纳的税费几乎一无所知，不清楚在二手房交易中需要交多少税。购房之后，她仔细算了算，发现自己一共交了 4.3 万元的税，金额远超自己的预想。她的朋友还提醒她，以后还可能会需要交房产税，又将是一笔不小的开销。

相比小钟对购房税费知之甚少，小王作为买过三套房的购房者就比较老到，他不仅知道要缴纳的税费名称，对税率也有一定的了解。房产流通环节需要缴纳的税和费包括契税、印花税、增值税、城市维护建设税、教育费附加、个人所得税、土地增值税、房产税、城镇土地使用税、产权登记费、权证费、交易手续费，如果是房改房，则还要交土地出让金，算下来有十几种，这还不算计划开征的房地产税。在具体税费的计算过程中还需要分不同的面积段、唯一住房和非唯一住房、5 年内和 5 年以上的房子。

在购房者中，像小钟一样对税费一无所知的顾客几乎占到了所有顾客的一半，他们都迫切需要专业人士的帮助。

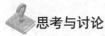 思考与讨论

1. 你了解购房要缴纳哪些税费吗？谈谈本案例给你的启发。
2. 联系当前新的房地产税收政策，谈谈其实施的目的、作用和对房地产交易活动的影响。
3. 你或你的家人是否有过购房经历？若有，购房时缴纳了什么税？缴纳了多少税？
4. 本案例说明了什么？作为房地产经纪人员，你打算怎样做？

一、熟悉不动产交易中的税费计算

（一）不动产税费概况

1. 不动产税收

税收是国家政权为了行使其职能，保证国家机构的正常运转，通过法律规定的标准，强制地、无偿地取得财政收入的一种形式。不动产税收贯穿于不动产开发、经营、销售、消费全过程。随着我国房地产业的快速发展，不动产税收已成为我国财政收入的重要来源，同时其对房地产市场能起到显著的宏观调控作用，能有效地促进房地产业持续健康地发展。

在房地产经纪服务中，在代办房地产交易、房地产咨询等各种业务活动中，必然会涉及有关不动产税费的咨询、测算、缴纳等工作，因此，认识国家的现行税收制度和政策，特别是熟悉本地区的税收实施办法，就成为提供良好服务的基础。

2. 房地产经营活动涉及的税费

目前，我国在土地使用权的出让和房地产开发、转让、保有诸环节都会涉及征收税费。表 4-3 依照房地产经纪业务的主要内容，对房地产活动涉及的税费项目做了不完全归纳。

表 4-3　房地产经营活动涉及的税费项目

房地产经纪业务		涉及的税费项目
房地产买卖		契税、印花税、增值税、城市维护建设税、教育费附加、个人所得税、土地增值税、产权登记费、权证费、交易手续费
房地产租赁	个人	增值税、城市维护建设税、教育费附加、房产税、城镇土地使用税、个人所得税、印花税
	企业	增值税、城市维护建设税、教育费附加、房产税、城镇土地使用税、企业所得税、印花税
房地产赠与、继承		契税、印花税、公证费、产权登记费、权证费
个人拥有房地产营业		房产税、城镇土地使用税

3. 房地产经营的主要费用

（1）评估费

在存量房买卖中，需对房屋进行估价的情形一般为以下两种：

① 申请贷款时，住房公积金管理中心或商业银行为确定房屋的价格需对待抵押的房地产进行估价。

② 缴纳房地产有关税费时，交易双方申报的房屋成交价格过低，有关主管部门对房屋进行估价。

银行贷款中发生的评估费用一般由贷款人承担，而为确定房地产税费缴纳额发生的评估费用则由有关主管部门承担。新房在交易过程中，不要求必须对房屋进行评估。

房地产评估收费一般按资产有效评估金额的大小划分收费档次，按档累进计费。

（2）房地产经纪服务佣金

目前，我国由于房地产交易习惯和市场状况不同，佣金支付有单向支付和双向双付两种方式。根据《住房和城乡建设部 市场监管总局关于规范房地产经纪服务的意见》（建房规〔2023〕2 号），合理确定经纪服务收费。房地产经纪服务收费由交易各方根据服务内容、服务质量，结合市场供求关系等因素协商确定。房地产经纪机构要合理降低住房买卖和租赁经纪服务费用。鼓励按照成交价格越高、服务费率越低的原则实行分档定价。引导由交易双方共同承担经纪服务费用。目前，大部分地方按照房屋真实成交价的 1%～3% 收取。

房地产经纪机构除了提供房地产信息、实地看房、代拟合同等房地产经纪服务外，还会提供代办贷款、代办过户等服务。房地产经纪机构提供这些服务可以在佣金外另外收费，具体收费标准一般由各房地产经纪机构在国家或地方规定的标准内自行确定，但需要严格执行明码标价制度，不得收取任何未标明的费用。表 4-4 是杭州我爱我家经纪服务收费标准。

表 4-4　杭州我爱我家经纪服务收费标准

收费项目	收费标准
房地产买卖代理	实行分段累计收费： 100 万元（含）及以下买卖双方各付成交价的 1.5%； 100 万元以上买卖双方各付成交价的 1%
租赁代理	出租方、承租方各支付月租金的 50%
按揭代办服务	每单 1000 元

（二）不动产交易税费计算方法

1. 二手房买方税费计算

不动产交易中的税费负担项目繁多，为明晰可见、防止遗漏，房地产经纪企业一般会结合国家和地方税费制度政策等编制方便实用的交易税费表，依据此表完成各项税费的计算，最后汇总得出各方应缴纳的税费总额。表 4-5 是以杭州为例编制的二手房买方税费表，依据此表可便捷地计算出买方的分项税费额和总额。

表 4-5　杭州二手房买方税费表

税费名称	税费计算方法	纳税额
印花税	不含税房屋成交总额×0.05%（个人销售或购买住宅免征印花税）	
契税	90 平方米及以下普通住宅、属家庭唯一或第二套住房：不含税房屋成交总额×1% 90 平方米以上普通住宅、属家庭唯一住房：不含税房屋成交总额×1.5% 90 平方米以上住宅、属第二套住房：不含税房屋成交总额×2% 第三套住宅或非住宅：不含税房屋成交总额×3%	
产权登记费	住宅：免征 非住宅：按每套 550 元	
他项权利登记费	住宅：免征 非住宅：按每套 550 元	
土地出让金（划拨土地的房地产转让须补缴，如房改房上市、经济适用房上市）	土地等级对应的出让金缴纳标准×分摊的土地面积（具体见表 4-6）	
抵押评估费	分档累进计费： 评估额 100 万元（含）以内×0.42%、100 万元至 500 万元（含）×0.3%……（具体见表 4-7）	
经纪服务佣金	实行分段累计收费： 100 万元（含）及以下买卖双方各付成交价的 1.5% 100 万元以上买卖双方各付成交价的 1%	
合计总额		

表 4-6　土地等级缴纳标准

土地等级	一	二	三	四	五	六	七	八
缴纳标准	600	500	400	300	200	100	80	50

表 4-7　杭州市房地产评估收费标准

标的总额	累进计费率/%	浮动幅度
100 万元以下（含 100 万元）	0.42	
100 万～500 万元（含 500 万元）	0.3	可上浮 20%，下浮不限
500 万～2000 万元（含 2000 万元）	0.12	

标的总额	累进计费率/%	浮动幅度
2000 万～5000 万元（含 5000 万元）	0.06	可上浮 20%，下浮不限
5000 万元以上	0.012	

资料来源：杭州市物价局浙价服〔2005〕6 号文件规定。

2. 二手房卖方税费计算

表 4-8 是以杭州为例编制的二手房卖方税费表，依据此表可便捷地计算出卖方的分项税费额和总额。

表 4-8　杭州二手房卖方税费表

税费名称	税费计算方法			纳税额
印花税	不含税房屋成交总额×0.05%（个人销售或购买住宅免征印花税）			
增值税及附加	家庭唯一住宅	不满 2 年：房屋成交总额/（1+5%）×5.6%		
		2 年以上：免征		
	非家庭唯一住宅	不满 5 年：房屋成交总额/（1+5%）×5.6%		
		5 年以上：免征		
	非住宅自建	计税金额/（1+5%）×5.6%		
	非普通住宅及非住宅	（房屋成交总额－原购入价）/（1+5%）×5.6%		
个人所得税	唯一住房	完税或办证时间满 5 年	完税或办证时间不满 5 年	
		免征	房屋成交价×1%	
			（房屋成交价－房屋买入价－合理费用）×20%　注：合理费用为装修、手续费等	
	非唯一住房	房屋成交价×1%		
		（房屋成交价－房屋买入价－合理费用）×20%　注：合理费用为装修、手续费等		
土地增值税	住宅：免征			
	非住宅：四级累进税率或房屋成交总额×0.5%			
	若个人所得税选择按 1%，则土地增值税必须按 0.5%			
经纪服务佣金	实行分段累计收费：100 万元（含）及以下买卖双方各付成交价的 1.5%，100 万元以上买卖双方各付成交价的 1%			
合计总额				

说明：非普通住宅是指住宅小区建筑容积率在 1.0 以下（不含 1.0），单套建筑面积在 140 平方米以上（含 140 平方米），实际成交价格高于该区市场指导价 1.2 倍以上（不含 1.2 倍）；反之则为普通住宅。各省、自治区、直辖市要根据实际情况，制定本地区享受优惠政策普通住房的具体标准，允许单套建筑面积和价格标准适当浮动，但向上浮动的比例不得超过上述标准的 20%。

表 4-8 可作为缴纳交易税费的估算表，因税费政策时有调整，具体实际缴纳金额应以有关部门收取额为准。

　　根据《营业税改征增值税试点过渡政策的规定》，北京市、上海市、广州市、深圳市以外的地区实行以下优惠政策：个人将购买不足 2 年的住房对外销售的，按照 5%的征收率全额缴纳增值税；个人将购买 2 年以上（含 2 年）的住房对外销售的，免征增值税。北京市、上海市、广州市、深圳市实行的优惠政策：个人将购买不足 2 年的住房对外销售的，按照 5%的征收率全额缴纳增值税；个人将购买 2 年以上（含 2 年）的非普通住房对外销售的，以销售收入减去购买住房价款后的差额按照 5%的征收率缴纳增值税；个人将购买 2 年以上（含 2 年）的普通住房对外销售的，免征增值税。2021 年 1 月 27 日，杭州市住房保障和房产管理局发布《关于进一步加强房地产市场调控的通知》，在本市限购范围内，个人住房转让增值税征免年限由 2 年调整为 5 年。2022 年 5 月，杭州市住房保障和房产管理局发布《关于进一步促进房地产市场平稳健康发展的通知》，对本市限购范围内个人转让家庭唯一住房的，增值税征免年限从 5 年调整到 2 年；个人转让非家庭唯一住房的，增值税征免年限仍为 5 年。

　　（三）不动产租赁税费计算方法

　　房屋租赁是房地产经纪业务中的一项重要业务，特别是在人口数量大、年轻人多、流动人口多的特大城市，房屋租赁市场规模很大。房屋租赁业务中的税费通常包括增值税、城市维护建设税、教育费附加、房产税、城镇土地使用税、个人所得税、印花税等。表 4-9 是以杭州为例编制的个人出租房屋税费表，依据此表可便捷地计算出房屋租赁的分项税费额和总额。

表 4-9　杭州个人出租房屋税费表

税费名称	税费计算方法		纳税额
印花税	个人出租非住房：含税租金/（1+5%）×0.1%		
	个人出租住房：免征		
增值税及附加	个人出租非住房	月租金 3 万~10 万元（含）：含税租金/（1+5%）×5.35%	
		月租金 10 万元以上：含税租金/（1+5%）×5.6%	
	个人出租住房	月租金 3 万~10 万元（含）：含税租金/（1+1.5%）×1.605%	
		月租金 10 万元以上：含税租金/（1+1.5%）×1.68%	
个人所得税	按照租金总额的 0.5%简化计税：含税租金/（1+5%）×0.5%		
房产税	个人出租非住房：含税租金/（1+5%）×12%		
	个人出租住房：含税租金/（1+1.5%）×4%		
经纪服务佣金	出租方、承租方各支付月租金的 50%		
合计总额			

二、不动产交易税费计算案例

　　（一）房地产经纪服务佣金计算案例

　　杨先生委托杭州某房地产经纪机构购买了一套价值 215 万元的房子，杨先生购房前询问门店经纪人小李，需要缴纳多少经纪服务费，经纪人小李按该公司执行的房地产买卖经纪服务费率，现场做了如下计算。

每一方应支付的金额见表 4-10。

表 4-10　房地产经纪服务收费一览表

房地产买卖代理服务费率（分档累进）	计算过程	单方合计
成交价 100 万元（含）及以下买卖双方各付成交价的 1.5%	1 000 000×1.5%=15 000（元）	26 500（元）
成交价 100 万元以上买卖双方各付成交价的 1%	1 150 000×1%=11 500（元）	

本例中，杨先生需支付经纪服务费 26 500 元，出售方需支付经纪服务费 26 500 元，共计 26 500×2＝53 000（元）。

（二）房屋买卖经纪业务税费计算案例

小张 2020 年 3 月购得一套杭州市区的房屋，房屋面积为 92.7 平方米，房屋土地性质为出让，当时购入价格为 270 万元，该房屋为小张在杭州的第二套住宅。2021 年，他将该房屋委托某房地产经纪机构出售。无房的小王有意购买该房，双方谈定价格为 300 万元，现双方需要房地产经纪机构提供交易税费咨询，要求经纪人给出双方各需支付哪些税费及税费额。

经纪人为双方提供了该房屋的税费计算表，表中列出了双方当前应缴税费的全部项目和税率；接着根据双方谈妥的价格，为双方逐一计算了各税项的应纳税额；最后将所有税费额累加，计算出实际应缴纳的税费总额。计算结果填入表中，计算过程见表后。

1. 买方小王应支付的税费

买方小王应支付的税费见表 4-11。

表 4-11　买方税费计算表

税费名称	税费计算方法	纳税额/元
印花税	房屋成交价×0.05%（个人销售或购买住宅免征印花税）	0
契税	参考表 4-5	42 857.14
土地出让金（划拨土地的房地产转让须缴纳）	各区域要求不同	0
经纪服务佣金	参考表 4-5	35 000
合计总额		77 857.14

计算过程如下：

① 印花税：0（个人销售或购买住宅免征印花税）。

② 契税：300 000÷1.05×1.5%=42 857.14（元）（该房屋面积为 92.7 平方米，属于普通住宅，也是小王唯一购房，按照杭州目前契税有关政策，执行 1.5% 的优惠税率）。

③ 土地出让金：0（该房土地属于出让用地，不需要缴纳土地出让金）。

④ 单方经纪服务费：1 000 000×1.5%+2 000 000×1%=35 000（元）。

因此，小王购买该房应支付的税费（含经纪服务费）是 77 857.14 元。

2. 卖方小张应支付的税费

卖方小张应支付的税费见表 4-12。

表 4-12　卖方税费计算表

税费名称	税费计算方法		纳税额
印花税	房屋成交价×0.05%（个人销售或购买住宅免征印花税）		0
增值税及附加（包括增值税、城市维护建设税和教育费附加）	家庭唯一住宅	完税或制证时间不满 2 年　房屋成交价÷1.05×5.6%	160 000
		完税或制证时间 2 年以上　免征	
	非家庭唯一住宅	完税或制证时间不满 5 年　房屋成交价÷1.05×5.6%	
		完税或制证时间 5 年以上　免征	
	非住宅自建	计税金额/（1+5%）×5.6%	
	非普通住宅及非住宅	（房屋成交总额－原购入价）/（1+5%）×5.6%	
个人所得税	唯一住房	完税或办证时间满 5 年　免征	28 571.43
		完税或办证时间不满 5 年　房屋成交价×1%	
		（房屋成交价－房屋买入价－合理费用）×20%　注：合理费用为装修、手续费等	
	非唯一住房	房屋成交价÷1.05×1%	
		（房屋成交价－房屋买入价－合理费用）×20%　注：合理费用为装修、手续费等	
土地增值税	住宅	免征	0
	非住宅	四级累进税率或房屋成交价×0.5%	
经纪服务佣金	参考表 4-8		35 000
合计总额			223 571.43

计算过程如下：

① 增值税及附加：3 000 000÷1.05×5.6%=160 000（元）（非家庭唯一住宅完税或制证时间不满 5 年，按房屋成交价÷1.05×5.6%征收增值税及附加）。

② 个人所得税：3 000 000÷1.05×1%=28 571.43（元）（该房屋完税或制证未满 5 年，出售不享受个税免征条件，按其房屋成交价的 1%征收个人所得税）。

③ 土地增值税：0（该房属于普通住宅，按政策优惠实行免征）。

④ 经纪服务费：1 000 000×1.5%+2 000 000×1%=35 000（元）。

因此，卖方小张应支付的税费为 223 571.43 元。

需要说明的是，房屋完税价格须经税务部门核定，最终缴税金额以税务核定价及实际成交价就高计算，本案例税费仅为预算，以房屋成交价代表房屋完税价格。

案例一

房东出售绿城杨柳郡的商品房一套（房屋产权发证时间为 2017 年 7 月），出售时间为 2020 年 1 月，出售价格为 236.68 万元，建筑面积为 85.96 平方米，该房屋是房东家庭唯一住宅。买家属首套购房，使用住房公积金贷款。买方、卖方实际缴纳的各种税费和经纪服务费如下。

1. 卖方

① 印花税：0（个人销售住宅免征印花税）。

② 增值税及附加：0（该房屋属于满 2 年的家庭唯一住宅，免征）。

③ 个人所得税：2 366 800/（1+5%）×1%=22 540.95（元）（该房屋属于不满 5 年的住宅，按不含税房屋成交总额×1%计算）。

④ 土地增值税：0（该房屋属于普通住宅，免征土地增值税）。

⑤ 经纪服务佣金：1 000 000×1.5%+1 366 800×1%=28 668（元）（我爱我家执行分档累进计费办法，费率为 100 万元以下 1.5%，100 万元以上的部分 1%）。

卖方税费合计 22 540.95 元，经纪服务费 28 668 元。

2. 买方

① 印花税：0（个人购买住宅免征印花税）。

② 契税：2 366 800/（1+5%）×1%=22 540.95 元（该房屋属于 90 平方米以下的唯一一套住宅）。

③ 土地出让金：0（不属于划拨土地，无须缴纳土地出让金）。

④ 产权登记费：0。

⑤ 他项权利登记费：0。

⑥ 抵押评估费：0（住房公积金贷款不属于商业贷款，不需要交抵押评估费）。

⑦ 经纪服务佣金：1 000 000×1.5%+1 366 800×1%=28 668（元）（我爱我家执行分档累进计费办法，费率为 100 万元以下 1.5%，100 万元以上的部分 1%）。

买方税费合计 22 540.95 元，经纪服务费 28 668 元。

案例二

房东将 613.4373 万元购入的一套写字楼出售，出售价格为 810 万元，建筑面积为 155.72 平方米，买家使用商业银行房地产抵押贷款。买方、卖方实际缴纳的各种税费和经纪服务费如下。

1. 卖方

① 印花税：8 100 000/（1+5%）×0.05%=3857.14（元）（非住宅不含税总价的 0.05%）。

② 增值税及附加：（8 100 000-6 134 373）/（1+5%）×5.6%=104 833.44（元）（非住宅不含税差价的 5.6%）。

③ 个人所得税：房屋总价 8 100 000/（1+5%）×1%=77 142.86（元）（非住宅不含税总价的 1%）。

④ 土地增值税：8 100 000×0.5%=40 500（元）（非住宅总价的 0.5%）。

卖方税费合计：226 333.44 元。

卖方经纪服务佣金：1 000 000×1.5%+7 100 000×1%=86 000（元）（以杭州我爱我家费率为例）。

2. 买方

① 印花税: 8 100 000/(1+5%)×0.05%=3857.14(元)(非住宅不含税总价的0.05%)。

② 契税: 8 100 000/(1+5%)×3%=231 428.57(元)(非住宅不含税总价的3%)。

③ 土地出让金: 0(不属于划拨土地,无须缴纳土地出让金)。

④ 产权登记费: 非住宅550元。

⑤ 他项权利登记费: 非住宅550元。

⑥ 抵押评估费:(1 000 000×0.42%+4 000 000×0.3%+3 100 000×0.12%)×(1+20%)=(4200+12 000+3720)×(1+20%)=23 904(元)(缴纳标准按杭州评估费标准上浮20%执行)。

买方税费合计: 260 289.71元。

买方经纪服务佣金: 1 000 000×1.5%+7 100 000×1%= 86 000(元)(以杭州我爱我家费率为例)。

任务三 存量房经纪业务延伸服务与不动产税费操作及案例

一、存量房经纪业务延伸服务操作案例

案例一

马女士在杭州市余杭区凤兴花园二区有一套面积为122.76平方米的住房,房屋为2018年建成,目前市值300万元,还有20万元按揭尾款。马女士未婚,年龄37岁,名下还有一辆价值100多万元的宝马,有按揭50万元,户口在杭州西湖区,在上海经营某公司,现想贷款55万元,期限为5年,真实用途是用于公司投资。

融资方案: 国有商业银行操作,评估价为300万元,贷款成数为55%(最高可以贷到70%),贷款额度为165万元,期限为5年,目前1年央行的基准利率为4.35%,利率上浮20%后为5.22%,每月只需还利息7177.5元。一年到期后还清本金再贷出来。一次性费用: 抵押评估费为10 200元,咨询服务费为贷款额度的3%(49 500元)。

客户需提供的资料: 身份证、户口簿、单身具结书、抵押物房产三证、汽车行驶证、工作单位收入证明、银行卡流水。

案例二

郭女士在杭州市余杭区盛世嘉园有一套75平方米的住房,该住房有40万元贷款,且是目前唯一住房。夫妻俩都是33岁,都在杭州本地从事信息技术工作,两人年薪共计35万元,有对应流水,信用良好。两人想买一套70平方米的房屋,首付100万元(自筹60万元,缺40万元),贷款期限为10年。

融资方案: 国有商业银行操作,评估价为80万元,贷款成数为50%(最高可以贷到70%),实际贷款额度为40万元,期限为10年,目前5年以上央行的基准利率为4.9%,

利率上浮 15% 后为 5.635%，等额本息月还款额为 4368.85 元。一次性费用：抵押评估费为 3360 元，咨询服务费协议价为 12 000 元。

所需资料：抵押物房产三证、夫妻双方身份证、结婚证、户口簿、工作单位收入证明、银行流水。

案例三

徐先生两套房子的产权都在其儿子名下，儿子目前单身，26 周岁，杭州户籍，在建筑设计院工作，年收入约为 16 万元，有对应流水，信用良好。一套是竹海水韵 160 平方米的房子（有按揭 90 万元），另一套是和睦院 140 平方米的房子，无尾款。徐先生想贷款用于项目投资，贷 10 年，具有可操作性。

融资方案：国有商业银行操作，近期实际完税价为 230 万元，贷款额度为 150 万元，质押率为 65%，10 年期。目前 5 年以上央行的基准利率为 4.9%，利率上浮 15% 后为 5.635%，等额本息月还款额为 16 383.19 元。一次性费用：45 000 元。

案例四

刘女士在杭州有套紫林公寓，房产面积为 90.55 平方米，无按揭尾款，目前市值 200 万元，2001 年房龄，其名下还有萧山戈雅公寓 165 平方米，市值 175 万元，还有 40 万元按揭尾款。刘女士现在没工作，其丈夫在互联网公司担任工程师职位，年收入在 30 万～50 万元，名下还有一套商铺，价值 100 万元，有 30 万元尾款。现在需要用名下两套房子贷款 250 万元用于一次性付款购买价值 300 多万元的房子过户到刘女士爸妈的名下，用款时间为半年到一年。

融资方案：国有商业银行操作，用紫林公寓和戈雅公寓两套房子一起贷款，审批贷款金额为 250 万元，期限为 1 年，执行利率为基准利率上浮 20%，年息 6.42%，收取咨询服务费为贷款额度的 3%，审批放款时间为 7～10 个工作日。

所需资料：抵押物房产三证（名下的其他房产三证作为资产证明提供）、夫妻双方身份证、结婚证、户口簿、工作单位收入证明、银行流水。

二、存量房经纪业务延伸服务实训练习

① 到当地国有银行了解不动产抵押贷款的申请条件、申请程序以及需提交的申请材料。

② 到当地国有银行了解不动产抵押贷款的基准利率、上浮后利率、贷款额度、还款方式等。

③ 到当地的不动产经纪企业门店走访调查，了解不动产经纪企业代理、咨询业务种类以及服务费收费标准等。

④ 制作一张表格，将二手房交易涉及的各种税费、税率写在表格中，并进行介绍。

⑤ 甲某 6 年前在杭州市拱墅区买了一套房子（建筑面积 65 平方米），现在想以 146.7 万元的价格卖给小娜，房子的评估价也是 146.7 万元。他们分别要缴纳的税费有哪些？税额为多少？（要求以杭州市现行房地产税费政策为依据进行测算）

⑥ 李先生将两年前购入的一套房子出售给王先生，面积为 155 平方米，售价为 385 万元。此套房产不是李先生的唯一住宅，王先生需办理银行按揭。他们分别要缴纳的税费有哪些？税额为多少？

三、杭州不动产交易中的税费操作及案例

（一）不动产交易税费实务操作

1. 房地产交易税费咨询

房地产经纪服务主要是提供房地产交易环节的居间服务。因此，明确交易环节中的各种税费项目、缴交人和计税方法是房地产经纪人员必须掌握的内容。需要特别说明的是，房地产交易环节的税费在不同城市之间以及在同一城市的不同时期可能是不同的。房地产经纪企业及人员必须到当地税务部门和房管部门获取房地产税费征收规定或办法，才能为委托人提供准确的税费咨询。

2. 房地产交易税费转嫁

房地产交易税费转嫁是指在房地产交易过程中，纳税人将应由自己负担的税费转嫁给交易对方的一种现象。税费转嫁可能有两种情况：顺转和逆转。顺转是指出售方将自己所应负担的税费转嫁给购买者，反之则为逆转。税费转嫁会大大加重承受一方的负担。

税费转嫁能否实现，一般取决于当时的房地产市场状况。一般处于垄断地位的一方由于对价格的影响能力强，因而在税费转嫁中处于有利的地位，能更好地通过左右价格来转嫁税负。

房地产买卖、租赁环节的税收，一般会较多地发生顺转，即税费负担转给购房人和承租人。但在房地产供给大于房地产需求的市场情况下，购买者较之出售者处于有利的地位，从而有可能向房地产出售者转嫁税负。

（二）不动产交易税费测算案例

房东出售房改房住宅一套（非唯一住房），出售价格为 180 万元，建筑面积为 72.21 平方米，该房屋立契时间为 2016 年 4 月，房改房土地等级为 3 级，分摊土地面积 10.3 平方米，买家拟定商业按揭。买家为首套房。计算买家、卖家应缴纳的各种税费和佣金。

1. 列出买家、卖家应缴税费项

（1）卖家应缴税费项
① 印花税。
② 增值税及附加。
③ 个人所得税。
④ 土地增值费。
⑤ 经纪服务费。

（2）买家应缴税费项

① 印花税。

② 契税。

③ 土地出让金。

④ 产权登记费。

⑤ 他项权利登记费。

⑥ 抵押评估费。

⑦ 经纪服务费。

2. 依据当前税费执行标准，计算税费额

（1）卖家税费额

① 印花税：依据当前税费标准，住宅交易，印花税免征。

② 增值税及附加：由于房屋立契时间为 2016 年 4 月，距离现在已满 5 年，依据当前税费标准，住宅居住满 5 年，免征综合税。

③ 个人所得税：由于该房是满 5 年的非唯一住房，所以应按房价的 1% 计征个人所得税，即 1 800 000/（1+5%）×1%=17 142.86（元）。

④ 土地增值税：依据当前税费标准，住宅免征土地增值税。

⑤ 经纪服务费：卖家应支付佣金为 1 000 000×1.5%+ 800 000×1%=23 000（元）。

（2）买家税费额

① 印花税：依据当前税费标准，住宅交易，印花税免征。

② 契税：买家为首套购房，且建筑面积 90 平方米以下，契税执行优惠税率 1%，契税纳税额为 1 800 000/（1+5%）×1%=17 142.86（元）。

③ 土地出让金：本房产属房改房，上市交易应补缴土地出让金，本房改房土地等级为 3 级，缴纳标准为每平方米 400 元，分摊土地面积 10.3 平方米，因此补缴土地出让金为 10.3×400=4120（元）。

④ 产权登记费：普通住宅免征。

⑤ 他项权利登记费：普通住宅免征。

⑥ 抵押评估费：实行分档累进计税，具体费率见表 4-7，因此本项收费为 100 000×0.42%+800 000×0.3%=6600（元）。

⑦ 经纪服务费：依据房地产经纪企业服务收费标准，买家应支付佣金为 1 000 000×1.5%+800 000×1%=23 000（元）。

3. 汇总计算税费总额，并提供解释和咨询

（1）卖家

卖家税费=印花税+增值税及附加+个人所得税+土地增值税=0+0+17 142.86+0=17 142.86（元）。

税费合计：17 142.86 元。

经纪服务费：23 000 元。

卖家支付总计：40 142.86 元。

（2）买家

买家税费=印花税+契税+土地出让金+产权登记费+他项权利登记费 +抵押评估费=0+17 142.86+4120+0+0+6600=27 862.86（元）。

税费合计：27 862.86 元。

经纪服务费：23 000 元。

买家支付总计：50 862.86 元。

项目五 新建商品房租售代理

📝 知识目标

1. 掌握新建商品房租售代理业务的基本流程。
2. 能够正确操作新建商品房代理业务。
3. 能够对房地产代理业务操作过程中出现的部分问题进行分析并提出解决措施。

🔧 技能目标

1. 能模拟住宅项目销售流程。
2. 能对住宅项目客户进行营销。
3. 能进行商业地产项目商圈调查。

✏️ 素养目标

1. 培养良好的表达和交流能力。
2. 能够妥善处理突发事件。
3. 培养团队意识，善于统筹协调。
4. 建立较强的心理素质。

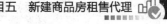

案例导入 1

杭州房产流行销售代理

2008 年 8 月的杭州，楼市依旧低迷，市场观望气氛异常浓厚。一个月都卖不出去一套房子的案例比比皆是，不少售楼处更是门可罗雀。但有关数据统计，9 月、10 月还将有大量新房源上市，很显然，一场规模更大的销售争夺战正箭在弦上。

就在这时，杭州一些销售代理公司的负责人却陡然忙碌了起来，不少之前"朝南坐"的开发商开始主动找上门来，一起研讨销售策略。在楼市凉意阵阵的同时，杭州销售代理业却恍若进入了春天，如花般粲然绽放。

这一轮销售代理热，首先源于一批外来品牌开发商的进驻。自 2004 年开始，以中海、华润新鸿基、复地、嘉里、凯德、万科、保利、金地、上海世茂、北京金隅、南京朗诗等为代表的一批外来品牌开发商，开始全面进入杭州市场。它们给杭州楼市带来了许多新的操作理念和开发模式，而销售交给专业的公司来代理，便是其中的新理念之一。

例如，万科邀请易居中国、同策、新联康等专业公司来做代理，嘉里和复地携手上海策源，华润新鸿基联合戴德梁行，保利、天鸿等外来品牌开发商也实行由营销公司代理销售的模式。虽然这些外来品牌开发商都采用销售代理的模式，但方式各有不同。有些开发商完全采用本地的营销代理公司，如汉嘉地产顾问机构（2004 年开始代理楼盘销售）、杭州双赢营销机构等。

据了解，外地项目的销售代理佣金，基本上在 1.5%~3% 之间，而杭州因为房价相对较高，基本上在 1% 左右。佣金水平跟物业类型也不无关系，如擅长卖住宅的公司比较多，住宅领域的竞争就会比较激烈，佣金水平也会相对较低，而商铺、写字楼等的佣金就会高一些。公司的销售队伍，有些是开发商和代理公司的销售队伍并存，开发商和代理公司在每个节点上联合进行策略制定，代理公司主要负责具体执行，而决策权基本上掌握在开发商手中。

思考与讨论

1. 为何在外来品牌开发商进入杭州房地产市场后，杭州开始流行销售代理？
2. 代理公司除了负责项目销售工作外，还可以为开发商提供哪些服务？

案例导入 2

杭州新建商品住房项目要求采用摇号方式进行销售

2018 年 4 月 4 日，杭州市住房保障和房产管理局发布《关于实施商品住房公证摇号公开销售工作的通知》，通知规定：为进一步贯彻落实"房子是用来住的，不是用来炒的"房地产市场调控精神，切实规范杭州市商品住房销售行为，保障消费者合法权益，经研究决定，自 2018 年 4 月 4 日起，市区范围内符合条件的新申领预售许可商品住房项目，房地产开发企业应采取委托公证机构摇号方式开展销售工作。具体要求如下。

一、房地产开发企业采用公证摇号方式公开销售商品住房，应在申领商品房预售许可证前制定商品住房公证摇号公开销售方案，一次性公开销售当期准售房源。

二、房地产开发企业应在销售现场公示购房意向登记方案，明确购房意向登记起止时间、地点和条件，意向登记条件应符合相关规定，不得设置有利于内部人员、关系户等购房的条款。

三、意向客户登记数量超过准售房源数量的商品住房项目，房地产开发企业应联系公证机构，采取公证摇号方式产生选房家庭和选房顺序号，并按序售房。

四、房地产开发企业公证摇号公开销售商品住房，应对"无房家庭"给予倾斜，提供一定比例的房源保障。

"无房家庭"是指在本市限购范围内无自有住房的家庭（不含未婚、2018 年 4 月 4 日后离异单身以及 2018 年 4 月 4 日后因自有住房交易产生的"无房家庭"）。

五、房地产开发企业应在意向登记起止时间内接受购房意向登记，要求客户提供购房人及家庭成员的身份证明、婚姻证明、户籍证明和房产情况核查证明等资料，对客户符合限购政策情况进行核对，并应在登记完成后出具相关凭据给意向登记人。房地产开发企业不得无理由拒绝相关登记申请。

六、意向登记截止后，房地产开发企业应整理形成购房意向登记汇总表，在销售现场公示后报送公证机构公证。

七、公证机构受房地产开发企业委托主持摇号工作，应确保摇号流程和结果公正可靠。

八、摇号结果产生后，房地产开发企业应依据摇号结果有序组织选房销售工作。前序家庭放弃选房、购房的，后序家庭依次递补。房地产开发企业应确保选房结果与网签名单一致。

九、中选后放弃选房、购房达两次的家庭，自放弃选房、购房之日起三个月内，各房地产开发企业不再接受其购房意向登记；中选后放弃选房、购房达三次（含）以上的家庭，自放弃选房、购房之日起六个月内，各房地产开发企业不再接受其购房意向登记。

十、房地产开发企业应及时将摇号结果、选房结果报房管部门备案，并做好购房意向登记方案、购房意向登记汇总表、公证摇号结果、选房结果等证据保全。

十一、房地产开发企业是商品住房销售工作的实施主体，要切实保证商品住房销售行为公开、公平、公正，并维持销售秩序，确保安全。

十二、房管部门应加强对房地产开发企业执行情况的监督检查。发现房地产开发企业违反本通知的，一经查实，责令立即整改，拒不整改的，暂停项目网签，记入房地产开发企业诚信档案，并给予公开曝光。发现购房者提供虚假信息资料或恶意干扰公证摇号销售行为的，房管部门一年内不再受理其限购查档申请。涉及犯罪的，移送司法机关依法追究刑事责任。

十三、公证主管部门要根据《中华人民共和国公证法》《公证程序规则》，对本市开展商品住房摇号销售的公证事项，制定公证业务规范。要加强对公证机构、公证员的业务指导、监督，确保本市商品住房公证摇号公开销售工作规范有序进行。

（资料来源：杭州市住房保障和房产管理局官方网站。）

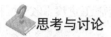

思考与讨论

1. 杭州为何要求新建商品住房项目采用摇号方式进行销售？
2. 新建商品住房项目采用摇号方式销售，与传统的销售方式相比，实施时有何区别？

任务一 熟悉新建商品房销售代理流程

一、新建商品房销售代理概述

（一）新建商品房销售代理的含义

新建商品房一般有两种营销渠道：一种为直接营销渠道，即房地产开发商自行进行项目销售；另一种为间接营销渠道，即房地产开发商委托房地产经纪机构进行销售。本章阐述的即是第二种情况。新建商品房销售代理是指房地产经纪机构（或经纪人员）受房地产开发商的委托，按委托人的基本要求进行商品房销售并收取佣金的行为。房地产经纪机构（或经纪人员）必须经房地产开发商委托，在委托范围内（如价格浮动幅度、房屋交付使用日期等）替开发商行使销售权。

（二）新建商品房销售代理的类型

1. 按照委托代理机构的数量分类

从房地产开发企业委托代理机构的数量来看，新建商品房销售代理可分为独家销售代理和联合销售代理。

独家销售代理是指房地产开发企业将其开发的房地产开发项目委托给一家中介服务机构代理销售。联合销售代理是指房地产开发企业将其开发的项目同时委托给两家或两家以上的中介服务机构代理销售，各中介服务机构通过代理合约，规定各自的职责和收费金额。

2. 按照新建商品房的建造情况分类

由于新建商品房销售包括商品房现售和商品房预售，所以新建商品房销售代理可分为商品房现售代理和商品房预售代理。

（1）商品房现售代理

商品房现售代理是指房地产经纪机构受房地产开发企业委托，将已通过竣工验收的商品房进行出售的经纪行为。

根据《商品房销售管理办法》第七条的规定，商品房现售应符合以下条件：现售商品房的房地产开发企业应具有企业法人营业执照和房地产开发企业资质证书；取得土地使用权证书或者使用土地的批准文件；持有建设工程规划许可证和施工许可证；通过竣工验收；拆迁安置已落实；供水、供电、供热、燃气、通信等配套基础设施具备交付使用条件，其他配套设施和公共设施具备交付使用条件或者已确定施工进度和交付日期；物业管理方案已经落实。

在商品房现售代理过程中，房地产开发企业应向房地产经纪机构出具委托书，房地产经纪机构则应向商品房购买人出示商品房的有关证明文件和商品房销售委托书。

（2）商品房预售代理

商品房预售代理是指房地产经纪机构受房地产开发企业委托，将正在建设中的商品房进行预先出售的经纪行为。

根据《城市商品房预售管理办法》的规定，商品房预售须符合以下条件：已交付全部土地使用权出让金，取得土地使用权证书；持有建设工程规划许可证；按提供预售的商品房计算，投入开发建设的资金达到工程建设总投资的 25%以上，并已确定施工进度和竣工交付日期。

3. 按照新建商品房的物业类型分类

根据代理的新建商品房的物业类型不同，商品房销售代理可分为住宅销售代理、写字楼销售代理和商业地产销售代理等，详见本项目任务二。

二、新建商品房销售代理业务流程

新建商品房销售代理业务流程一般包括开拓房地产代理业务、洽谈房地产代理业务、签订房地产代理合同、执行委托代理服务、收取佣金和提供售后服务六个部分。

（一）开拓房地产代理业务

目前，房地产业发展迅速，房地产市场逐步完善，房地产经纪行业也取得了较快的发展，房地产代理业务的类型和范围得到了拓展。业务量和客户量是房地产经纪机构生存、发展的关键，也是房地产代理业务开展的前提。房地产代理业务开拓的关键是争取客户，而要想赢得客户，最重要的是要切实为客户提供高质量的代理服务，合理收取佣金，认真履行合同，促成代理成功，以诚信获得客户信任，以良好的企业品牌来吸引和稳定客户群，这也是业务开拓的根本途径。

房地产经纪机构（或经纪人员）在房地产代理业务开拓过程中需要收集大量的信息资料，并对信息进行加工处理，找出有价值的信息，进行整理归档。对信息资料中潜在客户的需求做出合理的分析，制订相应的解决方案，为获取客户奠定基础。

（二）洽谈房地产代理业务

首先，充分了解客户意图与要求，向客户询问拟代理项目的相关情况，索要相关资料。同时，要衡量自身接受委托、完成任务的能力。

其次，要查清委托人是否对委托事务具备相应的权利，要查验委托人的有关证件，如个人身份证、公司营业执照等，并查清委托房地产的产权证、工程规划许可证、施工许可证、预售许可证等相关资料。此外，要了解委托人的主体资格、生产经营状况及信誉。

再次，要告知客户本房地产经纪机构的名称、资格、代理业务优势以及按房地产经纪执业规范必须告知的其他事项。

最后，就经纪方式、佣金标准、服务标准以及拟采用的代理合同文本内容等关键事项与委托人进行协商，若双方达成一致，房地产经纪机构（或经纪人员）即可接受委托，受理该项代理服务业务。

（三）签订房地产代理合同

为保护自身权益，避免纠纷发生，房地产经纪机构（或经纪人员）在接受客户委托，正式受理委托业务后，应与委托人签订书面的房地产代理合同。代理合同中应注明委托代理项目和内容、委托代理条件和服务标准、委托时间、服务佣金及支付方式等。签订的代理合同应交当地房地产登记机关进行合同备案登记。

（四）执行委托代理服务

在委托方和代理方签署房地产代理合同后，房地产经纪机构（或经纪人员）要按照合同中委托的项目服务内容及标准进行业务操作。进行新建商品房销售代理时，应完成以下工作。

1. 代理项目相关信息收集

房地产经纪机构（或经纪人员）应收集以下三方面的信息。

（1）委托方信息

委托方信息包括委托方的资质及信誉情况等，如房地产开发企业的法人营业执照和资质证书等。另外，还要对代理项目（新建商品房项目）的土地使用权证书、建设规划许可证、施工许可证、预售许可证等进行查验。

（2）代理项目的基本信息

代理项目的基本信息包括代理物业自然状况（房屋数量、面积、格局、建筑风格等）、权属状况、基础设施配套情况等。

（3）与代理项目相关的市场信息

与代理项目相关的市场信息包括代理物业所属的房地产细分市场的供求信息、价格信息、竞争楼盘状况等。

2. 方案设计，完成销售准备工作

方案设计是指房地产经纪机构针对代理项目的特点，制订房地产营销方案。另外，还要进行销售准备工作，如销售团队的组织、销售案场的布置、宣传资料及文件的准备等。

（1）销售团队的组织

① 销售团队的人员数量确定。销售团队的人数应根据项目所处的销售阶段、项目销售量、销售目标、广告投放等进行确定，并作动态调整。一般来说，销售量越大，所需的销售人员数量就越多。此外，项目处于不同的销售阶段，所需的销售人员数量也不同。项目销售阶段分为销售筹备期、正式公开发售期、持续销售期以及尾盘销售期。在

销售筹备期，来访客户量较少，销售人员相对也可少些；进入正式公开发售期，就要增设销售人员，如开盘日到售楼处的客户会非常多，就需要调配足够多的销售人员来接待购房客户。

② 销售人员的培训。在销售人员开展销售业务前，房地产经纪机构需要对其进行项目相关信息、销售流程及销售技巧的培训，内容涵盖企业文化及发展目标、员工行为准则、项目基本情况及周边环境、目标客户分析、市场调查、销售流程、销售说辞、销售技巧等。

③ 销售人员的考核。销售人员上岗前需要通过上岗考核，考核内容一般包括项目产品知识、项目竞争对手及市场情况、项目开发企业及合作企业相关背景、销售人员在岗行为准则、项目销售说辞以及项目销售接待流程。考核一般由笔试和现场模拟两部分构成。销售人员通过考核后，才可正式上岗，进行客户接待。

（2）销售案场的布置

房地产项目在销售前，需要进行售楼处、样板房的选址及包装。

售楼处的选址要具有昭示性和易达性，一般设置在项目现场。售楼处的装修要符合项目的形象，并与目标客户群的定位相呼应。

样板房的设置和装修也应符合本项目目标客户群的特征，突出产品在户型和空间功能上的优势。

（3）宣传资料及文件的准备

新建商品房在销售前，应准备好项目宣传资料、销售文件、须知文件、合约文件以及公示文件等销售资料。

① 宣传资料包括项目楼书、户型手册（或户型单页）、折页、影像资料（宣传片等）、展板以及导示牌等。

② 销售文件包括价目表、销控表以及置业计划。正式的价目表须有开发企业的有效盖章，价目表中应注明楼盘名、楼栋号、房号、户型、建筑面积、套内面积、公摊面积、单价以及总价。销控表是一种开发商公布楼盘销售进度情况的表，一般在售楼大厅予以公示，主要是为了帮助购房者了解楼盘销售计划以及在售房源的信息，从而方便购房者选房。置业计划是根据购房者的需求，向其明确展示付款方式以及付款金额的一种销售工具。置业计划应包括推荐房号、户型、面积、价格、付款方式、首付款、月供等信息，有时还包括购房折扣、定金以及其他需注明的事项。

③ 须知文件包括认购须知、购房相关税费须知以及房地产抵押贷款须知。认购须知应明确购房者所购物业的具体信息、付款方式，并提醒购房者对所认购物业有清楚详细的了解。购房相关税费须知应明确购房所需缴纳的相关税费，目前，购房相关税费主要有契税、印花税、抵押登记费以及房地产交易费。房地产抵押贷款须知应由项目的贷款银行提供，一般包括办理抵押贷款的程序、条件和需要提供的资料、抵押贷款的方式以及注意事项等。

④ 合约文件包括商品房认购协议书及商品房买卖合同。购房者在选定自己想购买的房源单位后，需要以交定金并签订商品房认购协议书的形式来确定购房者对该房地产的认购权，并明确该房地产的成交价格以及商品房买卖合同的签订时间等事项。商品房

认购协议书可以保证房地产开发企业以及购房者的合法权利。商品房买卖合同是买卖双方就物业交易详细约定的书面协议，是双方真实意思的表现，具有法律效力。

⑤ 公示文件。新建商品房进入市场销售需要取得以下文件，并需要在售楼处进行公示：房地产开发企业法人营业执照及开发资质证书，土地使用权证书或取得土地的批准文件，建设规划许可证和施工许可证，预售许可证（预售项目），已落实拆迁安置的文件（项目用地为拆迁地），供水供电等配套基础设施的相关文件，其他配套设施及公共设施具备交付使用条件或施工进度和交付日期的证明文件，商品房买卖合同，商品房认购协议书，认购须知，主管部门批准的总平面图、立面图、楼层平面图、分户平面图等相关告知文件，房地产开发企业盖章和物价主管部门备案的价格信息及自然资源局（或房管部门）联网的销售信息。

3. 销售方案执行

销售方案执行，即进行广告投放、宣传品发放及公关活动宣传等。房地产经纪机构应根据前期制订的销售方案开展相应的推广活动，如在广告媒体上投放软硬性广告、利用节假日开展暖场活动、针对已成交客户开展抽奖赠礼活动、在超市卖场设置展示点、开展人员派单等，不断提高楼盘的知名度和影响力，以促进项目销售工作的完成。

4. 客户接待、洽谈、签约

购房是客户的一次大的消费，房地产经纪人员要根据客户的需求为其推荐物业，介绍物业的面积、户型、层次、朝向、价格、建筑类型、材料等，并附赠相应的楼书、户型图、价目表等。另外，还需要带客户到现场看房，让客户能够清楚地了解物业的情况，做出理性的购房判断。当客户决定购买时，房地产经纪人员应代表委托方及时与客户签订房地产买卖合同，合同应采用政府制定的规范文本（交易双方可根据网上公示的买卖合同文本协商拟定相关条款，由房地产开发企业通过网上签约系统，打印经双方确认的合同，然后双方当事人签字盖章）。

5. 房地产交易价款收取与管理

房地产买卖合同签订完毕，房地产经纪机构要代理委托人收取房地产交易价款。交易价款的支付时间在房地产交易合同中明确约定。交易价款收取后，房地产经纪机构还要向客户出具正式的发票。收取的价款先暂由房地产经纪机构妥善保管，以后再按代理合同所约定的方式移交给委托人。

6. 房地产权属登记

在房地产买卖合同签订后，如果客户已付清所有房款，房地产经纪机构需代表委托人到房地产交易市场及产权监理处办理登记过户手续。

7. 房地产交验入住及客户回访

房地产交验时，买方要对物业实际情况进行核对，检查是否与合同中所说明的相符，如设备、装修的规格、质量等。此时，房地产经纪人员须充分协助买方客户进行核对，以避免日后发生纠纷。

（五）收取佣金

房地产经纪机构（或经纪人员）在完成代理业务后，应及时与委托人进行佣金结算，佣金金额和结算方式应按经纪代理合同的约定来定。

佣金一般按销售总房款的一定比例计算。佣金结算方式有三种：现场结款、周期结算和清盘结算。现场结款是指按照佣金标准，每实现一次销售回款现场提取佣金。周期结算是指按照佣金标准，每周或每月结算一次。清盘结算则是指按照代理合同约定，完成代理销售任务后一次性结算佣金。

（六）提供售后服务

售后服务是房地产经纪机构提高服务、积攒老客户的重要环节。售后服务主要包括延伸服务、改进服务及跟踪服务。良好的售后服务，既可以提高服务质量，稳定老客户，又可以通过口碑相传吸引更多的新客户。

任务二　掌握住宅、写字楼、商业地产租售代理工作

房地产经纪机构代理的商品房类别不同，销售策略及销售手段也会不同，此处针对目前房地产经纪机构常涉及的住宅、写字楼以及商业地产销售代理业务进行介绍。

一、住宅销售代理

目前，房地产经纪机构承担最多的销售代理业务就是住宅项目销售代理，其业务操作流程与任务一中的新建商品房销售代理业务流程基本一致。本任务主要说明住宅项目销售执行的要点。

（一）客户积累

客户积累是住宅项目销售执行过程中，房地产经纪人员所需完成的重要工作。目前，客户积累的方式一般有两种：客户主动上门和渠道拓展。渠道包括线上渠道和线下渠道。其中，线上渠道如自媒体、即时聊天工具等社交平台逐渐成为拓展客户的流行方式，线下渠道包括电话拜访、派单、巡展、大客户拓展、客户拦截、渠道电商及老带新等。

根据已购房情况，可将客户分为首次置业客户以及二次或多次置业客户。首次置业客户多为单身或年轻夫妻，对价格非常敏感，对户型和装修也有一定的要求。二次或多次置业客户的目的多为改善居住条件，一般两代或三代人同住，对居住环境、配套设施有更高的要求。

根据购房面积大小，可将客户分为小户型客户、中大户型客户、大户型及别墅客户。其中，小户型客户包括首次置业客户及投资型客户，中大户型客户多为二次或多次置业

客户，大户型及别墅客户的置业经验相对比较丰富，对物业有自己独特的判断。

根据置业目的，可将客户分为自住客户和投资客户。自住客户在看房时通常非常仔细，会反复比较看过的房源，在意朋友及家人的看法，关注小区环境及周边配套，而投资客户一般关注所购房源的市场前景，看重其投资收益情况。

（二）项目价格制定

房地产经纪机构通过与房地产开发企业沟通价格目标及价格策略，确定其对项目的价格预期，解决其现金流压力，是合理定价的一个关键前提。在项目入市前，需要制定其销售价格，而这也是消费者最关心的问题。价格的制定一般需通过市场调研、确定价格策略、确定核心均价、价目表形成及验证、推售安排等五个主要步骤完成。

1. 市场调研

本阶段市场调研的任务主要是分析当前的市场情况，了解市场环境及发展趋势，重点调查分析竞争项目的产品特征、销售情况及价格信息。

2. 确定价格策略

价格策略必须结合产品情况、客户需求及销售目标三方面的因素来确定。不同类型的产品价格应有所差异，不同房号的水平或垂直价差应基于产品差异、客户对价格的敏感度等来确定。此外，在销售过程中要能够有效地实现各类产品的价格过渡，并通过价格策略的实施实现稳定的销售速度。

3. 确定核心均价

核心均价的确定方法一般有三种：成本导向定价法、竞争导向定价法及需求导向定价法。目前应用比较广泛的是竞争导向定价法，有时也称之为市场比较法。

4. 价目表形成及验证

核心均价确定后，需要根据各楼栋、各楼层以及各水平单位的差异进行价格调差，最后形成价目表。

5. 推售安排

推售安排是指根据房地产开发企业的回款目标合理确定房源推售的节奏。价格的确定是与推售策略息息相关的，合理的推售是确保价格实现的关键。

（三）销售执行

1. 销售文件准备

在销售前，应准备项目合法的审批资料，如建设工程规划许可证、土地使用权证、商品房预售许可证（预售商品房需准备）或商品房现售许可证（现房销售需准备）、代理销售委托书（中介机构代理销售需准备）等。此外，还需要准备项目销售资料或相关文件，如楼书、宣传单页、认购合同、购房须知等。

2. 制订销售计划

项目在正式发售前，应结合前期积累客户的真实需求及意向，与开发商进行沟通，制定项目发售方案，发售方案应包括销售目标、销售方式、销售条件等内容。

销售计划可分为入市前的预热期、公开销售期、持续在售期和尾盘销售期等几个阶段进行说明。

3. 项目销售

项目销售一般分为集中销售和自然销售两种。集中销售是指在项目达到销售条件后，通知所积累的诚意客户集中于某日前来销售地点进行认购；自然销售是指项目在确定销售时间后，按客户自然上门的时间和顺序进行认购。

进行项目销售前，房地产经纪人员需要掌握销售现场接待流程和客户营销技巧，明确商品房认购、合同签订的程序及要求、了解项目的付款方式。在整个项目销售过程中，房地产经纪机构需要落实好销售管理工作。

（1）销售现场接待流程

客户到销售现场后，销售人员应热情迎接，并做自我介绍，然后带客户至项目沙盘处，向客户介绍项目的总体规划以及当前的在售房源，并通过询问了解客户需求。此外，还需要对项目所处的区位及周边的配套设施情况进行说明，如果客户有一定的购买意向，则带客户至洽谈区，结合销售资料，详细地介绍产品信息，加深客户对产品的印象，并了解客户对产品的意见、期望、顾虑等。详谈结束后，带客户至样板房参观，让客户亲身感受产品。参观完毕后，需要回到售楼处，做好客户接待登记，为该客户再次上门了解产品做好铺垫。

在进行客户接待时需要注意以下方面：

① 自我介绍时应简洁、明快、诙谐，让人印象深刻。

② 介绍项目规划情况时应思路明晰，根据统一说辞对产品的位置、规划设计、定位等进行说明。如果项目还未开盘，则应说明大概的入市时间。

③ 介绍项目详情时，应着重介绍朝向、户型分布状况、配套设施、基本情况数据，根据客户需求指出客户所需户型在整个项目中的位置和特点。

④ 参观样板房时应制定规范的讲解词，在参观过程中做到一步一景一说明，穿插房地产开发企业独特用心打造的亮点，加深客户对产品的认可。在参观样板房的过程中，应让客户多谈谈其对所关注户型的感受。

⑤ 返回售楼处后，应根据客户的需求以及客户对产品的感受，有针对性地推荐合适的房源，并做好客户接待记录，留下客户的联系方式。

⑥ 送客时应陪同客户至售楼处入口处，且目送客户离去。

（2）客户营销

目前，房地产销售过程中的客户营销主要集中在电话营销、现场接待及客户关系维护三个方面。

① 电话营销时的客户营销。电话营销时，应充分了解客户的需求，有针对性地介绍产品，并留下客户的有效联系方式。销售人员应事先熟悉市场状况与竞争对手情况，掌握项目销售资料，以确保在电话营销时能够为客户提供准确的楼盘信息，及时解答客户对本项目的疑惑。在电话营销时需要了解和把握客户的真实需求并积极推售合适的房源。

当客户首次致电咨询时，销售人员需注意引发或保持客户对项目的兴趣，尽量避免透露项目详细的价格信息，应诱导客户来现场咨询。销售人员在致电客户时，应注意选择合适的时间，避开客户工作繁忙及享受私人生活的时段，以免造成客户的不快，并且要事先考虑好沟通内容，确保沟通的顺畅性。

② 现场销售时的客户营销。现场销售时，销售人员面对的客户主要包括先前进行过电话咨询的客户和直接到现场的客户。在与客户沟通的过程中，应挖掘客户的实际需求和潜在需求，引导客户认同产品并帮助客户鉴别其购房需求，最后促成交易。

在与客户现场交流时，除了要给客户介绍正确翔实的产品信息外，更要善于倾听，从客户的谈话中发现客户目前及未来的置业意向，引导客户填写真实、有效、完整的客户调查问卷。客户调查问卷一般包括以下内容：客户姓名、性别、职业、地址、意向户型、意向面积、了解项目的渠道途径等。如果客户对产品有疑问或异议，销售人员要认真对待和倾听，回答疑问，并解决异议。客户的异议一般表现为对房地产开发企业实力和信誉的担心、对买期房的顾虑、对合同条款公平性的担忧等，销售人员必须耐心地向客户解释。

现场销售的基本原则是不超范围承诺，不提供虚假信息。

③ 客户关系维护。客户关系维护主要在于长期维系与客户的良好关系，增加客户或其朋友对销售人员的信任。销售人员应定期回访客户，了解客户对产品的认可情况或入住感受，节假日与客户联络感情，做好售后服务等。

总之，销售人员要在销售前、销售中以及销售后提供专业、完整、准确的服务，得到客户的充分信任和认可，做好客户营销。

（3）商品房认购

《关于进一步整顿规范房地产交易秩序的通知》（建住房〔2006〕166 号）要求：房地产开发企业取得预售许可证后，应当在 10 日内开始销售商品房。未取得商品房预售许可证的项目，房地产开发企业不得非法预售商品房，也不得以认购（包括认订、登记、选号等）、收取预定款性质费用等各种形式变相预售商品房。

商品房认购协议书网上或书面签订流程如下。

① 房地产开发企业与认购人就可预售（或现售）的房屋协商，拟订商品房认购协议书的相关条款。

② 经双方当事人确认后，通过管理系统在线填写商品房认购协议书的内容，网上提交后，系统自动生成认购协议书编号。

③ 房地产开发企业从网上打印商品房认购协议书，同时联机备案，管理系统及时标明该单元（套）商品房已预订。

对于不具备网上签订条件的地区，则按照当地政府指定的版本与内容，由房地产开发企业统一编号印刷制定。印刷通常要求一式三联，即客户联、房地产开发企业联与代理中介联。

签订商品房认购协议书时，订购人须提供的资料有身份证原件（外籍人士需提供护照原件）、认购定金。

签订商品房认购协议书时应注意的事项如下。

① 针对限购的城市，客户在支付认购定金前，必须通过银行的征信系统进行信用情况查询，确认客户是否具备购房或贷款资格，且需出示各地不动产档案资料查询大厅出具的购房查档证明（部分城市可通过支付宝 APP 进行住房信息查询）。

② 网上或书面商品房认购协议书备案后，签订商品房预售合同时的合同主体不得随意变更。签订合同的买受人变为认购人，在其同一户籍内的或是预订时已明确的其他人员不视为合同主体变更。

③ 商品房认购协议书约定了房地产开发企业与认购人之间签订商品房预售合同的时间，通过管理系统办理商品房预售合同网上签约手续。超过商品房认购协议书约定时间未签订商品房预售合同的，该套房屋的公示信息恢复显示该套（单元）商品房未预订且未预售。

因此，销售人员在指引认购人签订商品房认购协议书时，有义务提醒认购人在商品房认购协议书约定时间内签署商品房预售合同以及办理抵押贷款等购房相关手续。

（4）合同签订

房地产销售人员在买卖双方办理交易手续、正式签订商品房预售合同之前，必须将交易程序、合同条款、需要提交的资料、应纳税费用明细、银行抵押贷款流程、房款支付方式及时间安排等问题向购房者说明清楚。

商品房买卖合同网上或书面签约流程如下。

① 房地产开发企业与买受人就可预售（或现售）的房屋协商拟订商品房买卖合同的相关条款。

② 经双方当事人确认后，买受人选取相应的付款方式，按照银行规定缴纳首期房款。

③ 首期房款缴纳后，房地产开发企业销售人员通过管理系统在线填写商品房预售合同的内容，网上提交后，系统自动生成合同编号。

④ 房地产开发企业销售人员从网上正式打印商品房买卖合同，同时在管理系统联机备案，并下载打印商品房买卖合同签约证明和销售登记申请书。

⑤ 楼盘房号表标识公示，即商品房楼盘房号表内应及时标明该单元（套）商品房已销售。

对于不具备网上签订条件的地区，则按照当地政府指定的版本与内容，由房地产开发企业统一印刷制定。除签订的合同来源不同外，其他事项与网上签订的要求相同。

针对出台限购政策的城市，如果购房客户在限制购房政策发布前签署了认购协议书，并缴纳了购房定金，但由于没有及时网签商品房买卖合同，而在限购政策发布后，购房客户又不具备购房资格，那么商品房买卖合同就不能继续签署了。因此，销售人员应及时了解政府相关部门发布的政策规定，与购房客户保持及时的沟通，尽早网签商品房买卖合同。

签署商品房买卖合同时购房者须提供的资料如下。

① 购房者的有效身份证原件（外籍人士须提供护照原件，港澳台人士须提供回乡证、台胞证）。

② 商品房认购协议书原件、定金收据原件。

③ 抵押贷款银行已盖章的《抵押贷款确认单》原件。

办理抵押贷款手续时购房者须提供的资料如下。

① 购房者的有效身份证原件（外籍人士需提供护照原件，港澳台人士须提供回乡证、台胞证）。

② 商品房认购协议书原件、定金收据原件。

③ 加盖公司公章的收入证明一份（港澳台人士提供薪俸纳税证明）。

④ 银行要求的其他资产证明，如定期存单、股票对账单、其他房地产证明等。

以下情况商品房预售合同无效，房屋行政管理部门不予办理预售登记手续：

① 该商品房不在预售许可范围内。

② 该商品房已取得房地产权属证书或取得竣工备案表超过四个月。

③ 该商品房已被其他买受人联机或纸面签约或已预售登记。

④ 房地产开发企业名称与核准预售许可的预售人名称不一致。

⑤ 该商品房被司法机关和行政机关依法裁定、决定查封或以其他方式限制房地产权利。

⑥ 合同解除约定。

客户签订商品房买卖合同后，如果在合同中约定支付首付款后，剩余款项以银行贷款方式支付，而购房客户贷款资格被贷款银行审查不通过或因金融政策调整不符合贷款资格条件，客户的现金资金量又不能支付全部购房款，就存在客户与房地产开发企业毁约的可能。

商品房预售合同签约后，同一购房主体退房或换房的，经双方当事人协商一致，先签订解除该商品房预售合同协议，通过管理系统填写并打印解除合同申请，并共同到房屋行政管理部门办理解除合同手续。

同一购房主体退房的，该房屋在楼盘表内及时恢复可售标识；同一购房主体换房的，双方当事人应按照规定重新办理网上或纸面合同签约手续。

商品房预售合同其他条款变更的，双方当事人可签订补充协议，不再通过管理系统变更合同内容。

其他代办各项手续和费用如下。

① 办理银行抵押贷款手续。办理银行抵押贷款时，购房者需要缴纳的税费（以杭州为例）如表 5-1 所示。

表 5-1 杭州市房地产抵押收费项目一览表

收费项目	收费参考
贷款合同公证费	贷款额×0.3%
贷款合同印花税	贷款额×0.05%

注：以上收费信息来源于各收费单位，仅供参考。

② 办理房地产产权证需要缴纳的费用。办理房地产产权证需要缴纳的税费（以杭州为例）如表 5-2 所示。

表 5-2　杭州市办理房地产证税费一览表

收费项目	收费参考
契税	普通住宅：合同总价×1.5%或 1%*
	非普通住宅：合同总价×3%**
印花税	合同总价×0.05%（住宅免征）
交易手续费	住宅：3 元/米²
	非住宅：6 元/米²
登记费	住宅：80 元/套
	非住宅：550 元/套
贴花（印花税的完税）	5 元/本
工本费	10 元/本

注：以上收费信息来源于各收费单位，仅供参考。

*首套房且面积在 90 平方米以下按 1%征收，首套房且面积在 90～140 平方米之间按照 1.5%征收，首套房且面积在 140 平方米以上按照 3%标准征收，其他所有购房情况，均按 3%征收。

**凡满足以下两条非普通住宅标准中的一个条件，就视为非普通住宅：住宅容积率≤1.0；单套建筑面积≥144 平方米。

（5）付款方式

付款方式是根据购房者的经济情况及银行规定来确定的，一般分为一次性付款、分期付款和抵押贷款方式付款。

① 一次性付款是指购房者在约定时间内一次性付清全部购房款。购房款交到房地产开发企业指定的账户。

② 分期付款是指购房者按照双方的协议，将购房款按协议约定的比例分期支付给房地产开发企业。

③ 抵押贷款方式付款是指购房人以所购买的房产做抵押，向银行或住房公积金管理中心申请贷款，用来支付部分购房款，再分期向银行或住房公积金管理中心归还本金和利息。

抵押贷款的办理程序为：贷款人申请→贷款银行审查，出具贷款承诺书，与贷款人签订房地产抵押合同→贷款人凭贷款承诺书与房地产开发企业签订购房合同，房地产开发企业在房地产收押合同上签章→贷款人持购房合同到贷款银行指定的保险机构办理抵押房屋的保险→贷款人与贷款银行签订个人住房抵押贷款合同→贷款银行划款。

贷款人在申请抵押贷款时，应填写《个人住房借款申请表》并提交相关材料：贷款人的身份证及户口本、购买住房的商品房认购协议书或其他证明文件、贷款人所在单位出具的贷款人家庭稳定经济收入证明以及贷款银行要求的其他证明材料。

目前，抵押贷款常用的还款方式有等额本息还款法和等额本金还款法两种。等额本息还款即每月以相等的金额偿还借款本息，每月还款额固定，在这种还款方式下，借款人可准确掌握收支预算。等额本金还款即每月以相等的金额偿还本金，利息按剩余本金逐月结清。在这种还款方式下，还款初期还款额较等额本息还款法略高，但可以节省整体利息支出。

4. 物业交付

物业交付是住宅项目销售的最后阶段，房地产经纪机构协助房地产开发企业共同完成，购房者顺利搬入住房。

二、写字楼销售代理

写字楼是专业商业办公用楼的别称，是机关、企事业单位行政管理人员、业务技术人员等办公的业务用房。由于城市土地稀缺，特别是市中心地价猛涨，许多中小企事业单位难以独立修建办公楼，房地产开发企业则开始从事办公楼的开发建设，并将办公楼分层出售。作为收益性物业，写字楼也常常被用来全部出租，以收回投资和取得利润。

（一）写字楼项目的特征

1. 与宏观经济正相关

写字楼主流客户群购买写字楼往往是为了满足企业办公所需，而一个企业主或企业购置物业的面积需求与资金实力直接受企业经营状况的影响。作为经济个体的企业，其经营状况又是与国家宏观经济形势密切相关的，且通常反映出一定的正相关性。一般来说，经济形势好的时候，购买或租赁写字楼的需求量较高；反之，需求量较低。因此，写字楼销售市场的发展走势与国家宏观经济形势基本保持同向变化。

2. 客户非个体属性

写字楼项目的客户与住宅项目客户不同，住宅项目的客户往往是个人，而写字楼项目的客户大多是法人。大部分客户在购买写字楼时，要综合考虑企业的发展需求、资金周转情况等，并经由公司管理层商讨后，才能最终做出购买决策。

3. 产品技术性

写字楼属于城市公共建筑，对建筑设计和建筑功能方面的要求相对较高，所用的建筑技术、标准层高、标准承重、弱电系统、新风系统，以及电梯、智能等都要更先进。可以说，写字楼硬件设施的最大追求就是创新。因此，写字楼项目的技术性相对于住宅来说更为明显。

4. 销售商务性

基于主流客户的非个体属性以及购买时的企业行为特征，写字楼项目销售的各个环节均需明确体现商务属性。例如，在项目案名、广告画面、推广语、售楼处装修风格、活动主题、销售人员形象、销售流程等方面均以突出商务属性为核心原则。

5. 项目运作专业性

写字楼项目的产品技术性与销售商务性，决定了写字楼项目运作的专业性。从产品设计施工、项目营销推广到项目销售执行均能够体现出所涉及公司的专业性或写字楼运作经验。

（二）写字楼项目的运作目标

任何一个房地产项目在投入建设之前都需要根据既定的土地性质与规划用途，进行前期的市场定位与产品类型界定。在项目市场定位前，首先要明确房地产开发企业的开发目标。一般来说，目标体现在以下四个方面。

1. 投资回报目标

在市场环境处于基本稳定或良好的上升态势下，房地产开发企业如无特殊的回款需求，往往最为关注项目开发的投资回报，即该项目在未来市场可实现的价格水平。在这种情况下，写字楼项目前期的市场定位与产品类型选择除了与地块先天资源、主流客户需求密切相关外，往往趋向于领先市场现有水平的档次定位与产品设计，以便为后期在良好市场态势下保持产品竞争优势，从而使利润最大化。

2. 速度目标

在市场环境不稳定或可能出现下滑的不明朗态势下，房地产开发企业除了关注项目开发的投资回报外，必然考虑资金回笼速度，同时更为关注项目运作风险。在这种情况下，写字楼项目前期的市场定位与产品类型选择更需要考虑整体宏观经济的走势及其带给微观企业层面的变化，以及产品入市后可能面临的竞争。

3. 品牌目标

在市场环境基本稳定的态势下，某些房地产开发企业根据自身企业发展需求，可能会赋予项目更多的品牌使命。在这种情况下，除正常考虑项目投资回报与回款速度外，在写字楼项目前期的市场定位与产品类型选择时，往往趋向于领先或差异化于市场现有水平的档次定位与产品设计，以便后期利用标杆性产品或差异化产品与企业品牌正向关联，产生品牌识别性，进而形成社会知名度。

4. 均衡目标

在大多数情况下，房地产开发企业对项目开发的目标兼顾投资回报与回款速度。在这种情况下，写字楼项目前期的市场定位与产品类型选择应基于先天资源属性，深入分析市场需求趋势与未来供求关系。理性的市场认知与差异化的产品成为项目前期定位与规划的着力点。

（三）写字楼项目的市场分析

1. 宏观经济分析

写字楼项目运作的宏观经济正相关性决定了对写字楼市场的判断应当从城市宏观

经济的发展情况入手。写字楼市场的发展与城市生产总值、产业结构调整与升级、第三产业比重、城市核心产业或行业的发展态势等有着极为密切的关系。

2. 市场发展态势分析

写字楼市场的发展与城市经济发展水平与特性相关，不同城市的写字楼市场发展阶段不同，客户构成也不同。对一个城市的写字楼市场的把握主要从产品、客户、价格与租金走势三大方面来分析。

3. 区域市场现状分析

（1）市场供求分析

写字楼市场的区域属性非常明显。由于一个城市不同区域的发展历程与功能定位存在差异，所以，与之相关的区域经济构成和企业特征也有所不同，从而使得不同区域的写字楼供求情况出现明显的差异性。对区域写字楼市场的供求分析，将直接影响写字楼项目的整体定位。一般来说，在进行区域写字楼供求分析时，主要应分析的内容如表5-3和表5-4所示。

表5-3　区域写字楼市场供给情况分析

项目	内容
产品档次	建筑设计合理性、软硬件配置水平等
产品类型	纯写字楼、商务公寓、LOFT（阁楼）
供应量	细分不同产品类型供应量
竞争项目分析	市场定位、入市时间、销售量等

表5-4　区域写字楼市场需求情况分析

项目	内容
客户主要特征	区域属性、行业属性、置业目的等
外部因素关注重点	区位、市场稀缺性等
项目本体因素关注重点	景观、平面布局、硬件配置等

（2）区域写字楼市场价格水平分析

进行区域写字楼市场价格水平分析时，应对同区域内不同入市时期的写字楼项目进行价格调查，分析每个项目的产品差异性，判断区域内写字楼二级市场价格的变化趋势，以及不同产品类型的价格水平。此外，应及时跟踪分析写字楼三级市场的租金与售价变化趋势，考察市场投资回报率。分析时应根据项目档次不同进行分类统计，以便于项目同比参考。

4. 竞争项目分析

通过对竞争项目的分析，找到本项目赢得主要竞品的突破点。要分析竞争项目的空间分布状况、项目供应量、竞品的亮点和不足之处等。

（四）项目资源属性判断

写字楼项目资源属性判断与住宅项目不同，其分析指标主要有以下几个。

① 基本建筑指标：占地面积、建筑规模、办公与商业面积配比、建筑限高、停车位等。

② 区域属性判断：判断地块位置是否归属于城市核心商务区、次级商务区、非主流商务区，或区域有无商务氛围等。

③ 项目位置昭示性判断：判断地块位置是否紧邻城市主要道路两侧，未来楼体位置是否便于吸引城市人流与车流的视觉关注。

④ 交通便利性判断：判断地块位置是否紧邻城市主要干道或高速公路入口，地块附近地铁站点或其他公共交通站点设置状况，同时需要考察步行或车行进入项目地块的人流动线与车行动线的便捷程度。

⑤ 景观资源判断：判断地块周边视觉范围可达的景观价值，如公园、海景、高尔夫球场、公共绿化、都市景观等。

⑥ 周边商业配套成熟度判断：判断地块周边区域与企业办公相关的商业服务设施的配套程度，重点考察餐饮服务配套、金融服务配套以及便利服务设施，如餐厅、银行、电信服务厅、便利店等。

⑦ 其他先天资源优劣势判断：判断是否存在品牌增值、综合体规划增值、区域产业链增值、区域政府规划利好、烂尾形象贬损等先天资源优劣势。

（五）写字楼项目市场定位与产品类型界定

1. 市场定位

在综合考虑房地产开发企业开发目标、城市宏观经济与写字楼市场发展态势、区域写字楼市场现状以及项目资源属性后，应基于"核心目标导向、优质资源利用、客户需求支撑、市场风险最小化"原则，对项目进行科学的市场定位。

2. 产品类型界定

目前，我国对写字楼分类尚无统一的标准，主要依照其所处的位置、规模、功能等进行分类。

（1）按建筑面积分类

写字楼按建筑面积可分为小型写字楼、中型写字楼、大型写字楼和超大型写字楼。

小型写字楼建筑面积在1万平方米以下，中型写字楼建筑面积为1万～3万平方米，大型写字楼建筑面积在3万平方米以上，超大型写字楼建筑面积为十几万甚至几十万平方米。

（2）按使用功能分类

写字楼按使用功能可分为单纯型写字楼、商住两用型写字楼和综合型写字楼。

单纯型写字楼是指只有办公一种功能的写字楼。商住两用型写字楼是指具有办公和居住两种功能的写字楼。综合型写字楼是指以办公为主，同时又具备其他多种功能的写字楼，如有公寓、商场、展厅、餐厅、保龄球场、健身房等多种用房的综合性楼宇。

此外，现在还有一些创新概念写字楼，如 LOFT 等。LOFT 起源于西方艺术家利用空旷的废旧厂房改造成工作室在里面进行艺术创作，其特点是空间高，宽敞明亮，室内布置质朴自然，没有压抑感和约束感。在现代写字楼产品链中，LOFT 是指层高满足室内可灵活搭建为两层甚至三层的办公空间，客户以从事高智力开发、研究、创作为主，需要充分自由的氛围和感性的刺激，而 LOFT 中高空间、明亮的采光和真实自然的生态环境有助于其能量的释放，提高工作效率。

（3）按现代化程度分类

写字楼按现代化程度可分为非智能型写字楼和智能型写字楼。

非智能型写字楼是指传统的、一般性的写字楼。智能型写字楼是指具备高度自动化功能的大楼，通常包括通信自动化、办公自动化、建筑设备自动化、楼宇管理自动化等功能。

（4）按楼宇的综合条件分类

写字楼按楼宇的综合条件可分为超甲级写字楼、甲级写字楼、乙级写字楼和丙级写字楼。

超甲级写字楼位于重要地段，位于主要商务区的核心区，交通便利；建筑规模超过 5 万平方米，建筑物的物理状况和品质一流，建筑质量达到或超过有关建筑条例或规范的要求，配套完善，智能化水平达到 3A～5A 标准；租户为国内外知名公司；物业由经验丰富且一流的知名品牌公司管理，实现办公物业管理计算机化，建立办公管理信息系统，实现统一管理，配有 24 小时的维护维修及保安服务。

甲级写字楼具有优越的地理位置和交通环境，位于主要商务区或副城中心区；建筑规模在 1 万～5 万平方米，建筑物的物理状况优良，建筑质量达到或超过有关建筑条例或规范的要求，智能化达到 3A 及 3A 以上；有知名的国内外大公司进驻；收益能力与新建成的写字楼相当；由经验丰富的知名公司管理，有完善的物业管理服务，包括 24 小时的设备维修与保安服务。

乙级写字楼具有良好的地理位置，位于较好的城区或副城区位置，交通较方便；建筑物的物理状况良好，建筑质量达到有关建筑条例或规范的要求；建筑物的功能不是最先进的，有自然磨损存在，收益能力低于新落成的同类建筑物；客户多为国内的中小公司；有物业公司服务。

丙级写字楼位于城区一般位置，有交通线路到达；物业已使用的年限较长，建筑物在某些方面不能满足新的建筑条例或规范的要求，无楼宇自控，无中央空调，无配套设施；建筑物存在较明显的物理磨损，功能陈旧，但仍能满足低收入承租人的需求，因租金较低，尚可保持合理的出租率；客户基本是小型私企；有一般性的物业服务，如卫生、收发、值班。

（六）写字楼项目发展建议

1. 项目定位模式

（1）基于项目既定市场定位

根据写字楼项目的市场定位进行项目产品设计与软硬件配置。市场定位不同，产品设计与软硬件配置也会不同。

（2）基于客户核心价值关注点

进行项目定位时，应充分了解客户的需求取向和产品关注点，开发能打动客户、被客户认可的产品，进而实现良好的收益。

（3）基于项目运作模式

在产品设计与软硬件配置方面，应充分考虑项目今后的运作模式。如果是房地产开发企业持有的经营型写字楼，则设计时应适当超越市场上现有的产品，使项目能够在经营期内保有一定的竞争力。

（4）基于市场实操案例反馈

根据现有市场产品的客户反馈制定适当的产品建议，可有效避免新产品新技术应用的风险，同时可在客户关注方面改良提升，增强客户认可度与市场竞争力。

2. 影响项目定位的要素

写字楼项目定位受到建筑设计、硬件配置、管理服务与商业配套专业化等要素的影响，具体见表5-5。

表5-5　影响写字楼项目定位的要素

要素		内容
建筑设计	建筑结构	板式结构、框筒结构、预应力结构
	标准层设计	标准层面积、层高、净高等
	公共空间尺度	大堂面积与高度、电梯厅净宽与净高、公共走道净宽与净高、洗手间蹲位数量等
	人车流动线设计	建筑体外部人车流动线与管理、建筑体内部人流动线与管理
硬件配置	外立面材质	石材、玻璃幕墙等
	公共空间设计风格与相应材质运用	现代简洁与传统奢华、亲和商务与冷峻商务等
	电梯配置	品牌、轿厢尺寸与载重、运行速度、群控系统、内装配置
	空调配置	空调系统种类、计量方式、人性化与节能效益
	网络配置	无线上网、网络地板、光纤接入程度
	智能化配置	办公智能化、楼宇自动化、通信传输智能化、消防智能化、安保智能化
	卫生间配置	人性化分区、洁具品牌、贵宾专属配置
	停车位数量	高于建筑规范基本要求的合理停车位数量
	公共导视系统	国际标准化符号、特色设计与商务质感
	生态节能高新技术	太阳能遮光窗帘、呼吸式玻璃幕墙、环保材料应用等
管理服务与商业配套专业化	物管品牌与管理形式	国际一线品牌托管、国际一线品牌顾问、其他品牌托管
	商务会所功能	会议厅、票务中心等
	裙楼商业必要业态	与商务相关的银行、餐饮、便利店等

（七）写字楼项目定位和销售策略制定

1. 写字楼项目定位

（1）项目属性定位

基于项目既定产品特点、内外部资源优势，界定项目在写字楼市场的档次定位与特色属性。

（2）目标客户定位

房地产经纪机构在代理写字楼项目的销售时，需要对项目所在片区现有写字楼进驻客户进行调查。调查的方式一般有两种：一种是通过房地产经纪人员跑盘并记录各栋物业现有进驻企业及使用面积，整理分析片区企业客户的行业特征、办公面积需求、企业性质等；另一种方式是查看房地产经纪机构在长期写字楼代理业务开展过程中积累的片区内同类物业的成交客户调查问卷，了解该片区写字楼客户的特征及需求等。

通过翔实的调查，可以对片区企业客户的行业特征、规模实力、办公面积需求、来源区域、购买关注点、置业目的等有清晰的界定，为项目客户定位提供支撑。目标客户定位包括如下内容。

① 核心客户群锁定。根据片区现有写字楼客户的调查分析，将主流行业、主流发展规模、主流来源区域的企业作为项目核心客户群。

② 重要客户群锁定。根据片区现有写字楼客户的调查分析，将次主流行业、次主流来源区域的企业，以及基于片区新增规划利好、项目产品特色吸引性等因素判断可能新增的企业客户作为项目重点客户群。

③ 游离客户群界定。根据片区现有写字楼客户的调查分析，将非主流行业、非主流来源区域的企业，以及在非投资过热时期的纯投资型客户作为游离客户群。

（3）项目形象定位

项目形象定位是指结合项目的属性定位、目标客户的偏好与敏感点，对项目进入市场的标志性形象进行描述，或提炼关键词。该工作将指导后期广告公司进行项目形象包装及制定推广语的方向。写字楼项目形象定位的注意要点有三个，即清晰的商务感、核心卖点体现及语句简练具有张力。

2. 写字楼项目销售策略制定

（1）销售策略制定的出发点

制定写字楼项目的销售策略时，根据出发点或主导不同，分为以下三种。

① 以市场竞争优势为主导。该方式适用于同期市场可能存在有力竞争对手的情况。在制定项目的销售策略时，需要针对自身与竞争对手进行更为细致的点对点比较分析，总结项目的优势，以作为日后销售推广的重点。

② 以目标客户需求为主导。该方式适用于写字楼初始进入非成熟商务区域，或同期市场不存在明显竞争对手的情况。在制定销售策略时，需要在明确目标客户群的基础之上，进一步分析潜在客户的关注重点，结合项目自身的匹配因素，以作为日后销售推广的关键。

③ 以项目差异化特点为主导。该方式适用于项目本身具有独特性且面对较为成熟的商务客户群体的情况。该方式往往与竞争分析紧密结合，提炼出项目独一无二的特质，并针对细分客户群体的敏感点进行深化，以作为日后销售推广的关键。

（2）销售推广策略

由于写字楼项目主流客户具有非个体属性及商务属性，因此在选择推广渠道、制定广告宣传及活动方案时，应当确保以下几点。

① 渠道受众重点为企业高层人员或社会高端阶层。

② 在广告宣传的画面与文案设计方面，必须明确体现商务气质。

③ 在设定活动主题时，应把握商务客户的敏感点，并在活动形式方面体现高端商务特色。

④ 行业资源的应用是写字楼推广与住宅推广的重要不同点。

（3）销售展示策略

写字楼项目在现场包装设计、服务内容与流程制定时，应当确保以下几点。

① 提升品质感与尊贵感。

② 体现商务气质。

③ 提高展示内容及服务交流内容的专业程度，建立专业威信，建立与高端商务客户的对话平台。

④ 适度展示写字楼不同于产权单位的内部实际使用方式与多元化布局（在销售期内通常进行样板层展示，或概念样板间引导，而非精细化的样板间展示）。

（4）客户策略

写字楼项目销售中的客户策略通常是基于目标客户群的锁定，结合相应的推广渠道，形成针对细分客户类型的有效诉求点及销售解决方案，具体见表5-6。

表5-6　写字楼项目的客户策略

客户细分	有效诉求点或销售解决方案
一期老业主	注重维护、提前告知项目信息；增强物业管理服务意识；吸引其成为会员；及时传播产品信息；寄送产品手册及小礼品；产品推介会参与；老带新优惠政策
本区域主流客户	突出资源优势，强化高端产品；注重外围包装展示；强化商业资源及整体规模优势；展示高端产品档次及区域标杆形象
紧邻区域企业客户	突出区域发展潜质与高性价比；突出区域写字楼的稀缺性；突出写字楼高端配置、低运营成本
海外客户	突出经济一体化背景下的便捷商务区口岸价值；突出区域成为地区经济一体化的核心枢纽
投资型客户	突出更高的投资回报率；突出区域规划前景和写字楼稀缺

（八）写字楼项目销售执行

1. 制订销售推广计划

写字楼项目从开始宣传入市至销售完成一般需要经历蓄客准备期、发售强销期以及稳定消化期三大阶段，其中前两个阶段由于涉及形象导入与推广，以及集中开盘销售等重要环节，成为一个写字楼项目销售执行的重中之重。

在项目销售前，房地产经纪机构应结合房地产开发企业资金回笼要求以及项目自身特点、市场环境等，制定详细的销售推广计划表。计划表中应针对工程进度、项目发售、现场包装设计及施工、销售资料准备、推广渠道等内容进行任务分解，并设定时间节点。

2. 确定价格

写字楼项目可依据成本导向定价法、市场比较定价法进行定价。在确定项目核心均价时，需注意以下几点。

① 要基于项目目标，根据目标理性定价，兼顾利润及回款速度。

② 要基于蓄客期现场客户反馈。在写字楼正式销售前的一至三个月内，销售人员提前接待客户，同时适度了解客户对项目的价格预期。

③ 基于合理租金比较下的收益还原测算。选取具有借鉴价值的写字楼项目，通过市场调查获取当期平均租金水平，同时可针对多个参考项目建立比较体系，修正获得本项目的核心参考租金，进而利用租金推算出核心均价。

3. 开盘准备

（1）积极与意向客户沟通

写字楼与住宅销售最大的不同在于其客户量相对较少，且集中上门可能性较低，同时写字楼项目单位形态相对统一，内部替代性较强，因此写字楼项目一般不采取集中开盘的方式进行项目推售，而是在取得预售许可证后，先行分批消化大客户及诚意客户，确保前期积累客户及时消化，然后在适当节点举行公开开盘活动。因此，在开盘前，应积极与意向客户沟通，尽量促成成交，若不成交，则要尽可能了解导致客户不成交的抗性所在。

（2）开盘活动造势

项目开盘活动的目标是让足够多的客户参与到现场销售中，并营造出项目热销的氛围。要想达到这个效果，开盘活动的时机、场地选择以及活动方式的设计尤为重要。

① 开盘活动的时机。开盘活动现场的人气与氛围直接影响到项目的市场形象与客户感知，因此开盘活动必须在充分的蓄客准备以及前期一定量客户成交或准成交的基础之上举办。

② 开盘活动的场地选择。若项目现场满足活动场地布置的需要，开盘活动往往在项目现场举办，这样有利于销售引导与客户决策；如果项目现场不具备条件，写字楼开盘活动可租用临近项目现场的高端酒店会议厅举行。

③ 开盘活动的活动方式。写字楼项目的开盘活动往往可以与产品发布会、封顶活动等相结合，增加开盘当日正向信息传递，提升客户信心。同时需要注意将项目本身作为整体活动的重点与主题，避免被其他暖场性节目和活动喧宾夺主。商务感与高端属性是把握写字楼开盘活动顺利进行的两大原则。

4. 销售管理

（1）销售人员的筛选与培训

与住宅项目销售人员的筛选与培训不同，写字楼项目的销售人员除了要满足基本的形象要求、掌握产品信息及销售技巧外，还需要具有商务形象与气质，综合知识面广，并能够进行基本的外语交流。

写字楼销售人员通常面对企业高层管理者、企业老板或高端投资客户，因此首先应从个人形象与言谈举止方面更多体现商务感，特别需要注意能够以不卑不亢的平等交流姿态面对高端客户，并且要着重提升个人综合素质，增加与企业客户对话的知识点与信息面。另外，由于存在与外资企业领导者直接沟通的需要，写字楼销售人员最好能够掌握简单的外语，便于与涉外人员沟通。

（2）销售流程的重点与难点

① 现场第一印象树立。写字楼客户相对于住宅客户，具有视野高远、决策理性的特点，因此在上门客户到达销售现场时，项目整体的第一印象能否给客户造成冲击，成为后期销售成功与否的关键之一。可以在写字楼销售现场利用具有一定规模气势、品质感强的 3D 宣传片等展示材料，对客户视听感受与第一认知产生冲击，从而让客户对项目建立良好的印象。此外，在接待与销售服务方面，也要体现出专业性与商务感。

② 房号销控。写字楼销控与住宅的最大不同在于企业需求面积跨度较大，产品通常存在灵活的可拼合性，这对楼层销控与平面层不同房号单位的销控均提出较高要求。成功的写字楼销控往往应该保持整栋或整层销售的连续性，避免出现个别房号拆散滞销。

③ 银行抵押贷款协助。写字楼销售一般分为个人购买与企业购买两大类型，银行对不同购买主体的按揭审批要求与流程也有所不同，尤其是企业购买行为的银行抵押贷款申请与放款流程相对更为复杂。因此，写字楼销售人员需要投入更多的精力协助客户提供资信证明并顺利取得贷款。

④ 制作写字楼销售手册。为了便于培训销售人员以及统一销售时的说辞，房地产经纪机构要制作写字楼销售手册。内容涵盖：区域配套及规划、交通环境、酒店配套、餐饮配套、高尚住宅社区、商业配套、金融配套等；项目本身情况，包括项目位置与交通、楼宇基础数据、建筑设施设备、消防及智能化、供水及供电系统、物业管理等。

三、商业地产租售代理

（一）商业地产的定义及特征

1. 商业地产的定义

商业地产是指用于各种零售、餐饮、娱乐、健身服务、休闲等经营用途的房地产形式。商业地产是一个具有地产、商业经营与投资三重特性的综合性行业，它兼有地产、商业、投资三方面的特性，既区别于单纯的投资和商业经营，又有别于传统意义上的房地产业。

商业地产按照商业形态可以分为商业广场、shopping mall（购物娱乐中心）、商业街、专业市场、社区商业中心，按照开发形式可分为商业街商铺、市场类商铺、社区商铺、住宅底层商铺、百货商场、购物中心商铺、商务楼、写字楼商铺、交通设施商铺，按照商业辐射范围可分为城市型商业、区域型商业、社区型商业等。

2. 商业地产的特征

（1）收益多样性

商业地产属于经营性房地产，其主要特点是能够获得收益。商业地产收益和获利方式分为两类：一类是房地产开发企业开发后直接销售，产品多为小型商铺或街铺，这种获利方式从严格意义上讲仍属于房地产开发范畴，房地产开发企业主要获取开发利润；另一类则是通过长期投资经营、业主自营、出租给他人经营等方式，获取经营利润。

（2）赢利模式多元化

只售不租：通过让渡商业地产产权，短期内回收投资。

只租不售：房地产开发企业拥有产权，租赁经营，通过收取租金赢得利润。

租售并举：部分出租，部分出售，或以租代售，售后回租。

自行经营：同时赚取投资开发利润和商业经营利润。

（3）权益复杂与利益平衡

商业权益有房地产开发企业权益、投资者权益、经营者权益、后期管理者权益。权益的统一或分离对商业的可持续经营有较大影响，因此在商业项目的开发及营销过程中要兼顾短期利益和长期利益的平衡。

（二）商业地产项目的市场调研

在进行商业地产项目市场调研时，主要需要进行宏观经济环境分析、城市或区域的土地利用结构及规划调查、城市商圈调查、竞争性在建商业地产项目调查、商业消费者行为调查、商业地产项目地块的研究分析、品牌商户的进入性调查。

1. 宏观经济环境分析

宏观经济环境分析的主要指标包括总人口、人均收入水平、消费水平等，城市及人均国内生产总值发展状况及城市产业结构状况，全社会消费零售总额，全市商业增加值，人均可支配收入，人均储蓄存款余额。

一般来说，在进行经济指标数据分析时，要进行 3～5 年数据的纵向比较分析，这样才能反映出一个城市的经济发展情况。

2. 城市或区域的土地利用结构及规划调查

城市或区域的土地利用结构及规划对商业地产的开发具有重要意义。商业布局和规划是体现城市功能完善的标志，房地产开发企业开发商业地产时及时了解城市商业网点的布局规划，能有效避免政策风险和重复建设。

城市或区域土地利用结构及规划调查的项目主要有交通道路、公共配套设施、城市性质及区域功能、城市商业规划、商业政策等。

3. 城市商圈调查

商圈是指一个商业地产项目所提供的商业、贸易或者商铺、贸易服务的范围，也可以说是一个商业地产项目的消费者所来自的区域，或者是一个商业地产项目吸引消费者的有效空间范围。通常来说，商圈可分为三个层次：核心商圈（主要商圈）、次级商圈（次要商圈）、边际商圈（边缘商圈）。

城市商圈调查的目的在于了解商业区或商店的商圈范围，以及商圈的人口分布、生活结构、购买力、竞争状况、业态组合、市场饱和度等，并在此基础上进行经济预测。

4. 竞争性在建商业地产项目调查

竞争性在建商业地产项目调查主要是了解未来商业项目市场的供应量、未来商业的业态规划以及竞争状况。在调查时应注重了解在建商业地产项目的物业位置、开发规模、业态规划、建筑设计、服务配套、营销策略、开发及开业时间等信息。

5. 商业消费者行为调查

消费者行为是指人们购买和使用产品或服务时相关的决策行为。消费者行为研究是针对消费者的生活方式及特征，从家庭结构、收入水平、消费水平、购买行为与习惯以及选择的交通出行方式等方面对消费者的消费行为进行研究。

6. 商业地产项目地块的研究分析

一个商业项目的收益能力，跟它周边的环境有密切关系。因此，在项目开发前，要对项目地块做深入的研究。具体研究指标有地段位置及临路状况、交通及地块的易达性状况、周边的商业设施状况、项目的昭示性情况等。

7. 品牌商户的进入性调查

商业地产项目的运营落地，与品牌商户的进入性紧密相连。在项目开发前，要了解核心商户在项目所在城市或区域的开店计划和开店要求，以及商户对地段的判断和周边人口判断，在开发定位阶段需要与主力商户沟通进驻意向，在规划设计阶段要按照主力商户的要求进行规划设计。

（三）商业地产项目的定位分析

1. 定位依据

（1）要适合本土化

商业地产项目定位要根据项目所在城市或区域的经济环境、商圈结构、消费水平、生活习性和城市发展规划等来进行，不能脱离本土的市场。

（2）与城市发展方向一致

城市发展是商业项目发展的依托，只有符合城市发展规划的商业项目才能更好地生存。这要求商业项目的定位应以城市发展的整体规划为基础，同时，要依据商业网点的规划对项目所处位置的商业定义，深度挖掘项目的发展潜力。

（3）适合商业模式发展态势

随着现代经济的迅速发展，现代商业模式出现变快的趋势，只有结合商业模式发展态势定位，才能避免商业项目在后期运作中出问题。

（4）符合商业发展规律

商业发展有一定的规律，它与经济发展相适应，商业项目开发只有遵循这个规律，才能做到准确定位，规避商业地产投资和运营的风险。

（5）坚持差异化原则

差异化定位可以避免商业之间的同质化竞争。要做到差异化，一方面要尊重市场，另一方面要进行细节化操作。差异化的重要原则就是同业差异、异业互补。

（6）要有适度的前瞻性

做到前瞻性就要充分考虑和预测城市经济、规划、交通等变化，并要考虑项目产品设计的先进性、业态规划的合理性、功能扩充、管理升级等。既要符合城市发展趋势，又要符合客户需求水平的提高。

（7）适合市场需求原则

在商业项目运营全程中，应坚持以市场为导向，既要考虑业态定位和业态组合符合市场要求，又要考虑满足商家入驻的要求。

2. 客户定位

商业项目的客户有三类：消费者、经营者、投资者。消费者是指将来到商业地产项目购物、消费的群体；经营者是指在商业地产项目内经营的商家；投资者是指将来会购买商业地产项目的群体。

（1）消费者定位

消费者定位就是找准周边环境中最具潜力的消费需求。周边环境中的人群包括居住者、工作族、经商人员、行人等。其中，对商业经营产生较大影响的人群为有效人群。消费者定位要准确把握项目地产商圈内的所有消费者或潜在消费者特征，需要对消费者特征进行研究。

（2）经营者定位

进行经营者定位，就是决定项目"卖什么""卖给谁""怎么卖"等，它涉及商业的各方面、全过程。要准确定位，应结合以下几个方面考虑：项目的目标消费群，商圈的范围，项目的经营特色，项目的建筑特点及各类指标限制，项目所在地的消费文化、消费倾向以及市场消费的未来趋势。

（3）投资者定位

作为商业地产项目的购买者，投资者关注的是项目的投资回报和可持续发展前景。要准确把握投资者需求，就要研究投资者的特征。

3. 业态定位

商业地产项目筹建之初，要根据当地的市场条件和该项目的规模、面积、物业现状，科学地确定该项目要做成哪种经营业态，是做综合性商业项目、主题性商场、超市，还是做百货与超市相结合的综合业态，或者是 shopping mall 等，以此来明确企业今后的经营品类、经营方向、管理方式、商户的投资形式，进而明确企业的品牌商品和招商方向。

4. 业种、业态组合定位

业种通常是零售业中的专业术语，指按照经营商品分类确定商业的类型，关注的是"卖什么"，重点是商品。业种之间要注意不同属性的搭配，能起到引导消费的作用。

业种组合的模式包括互补式、衍生式和综合式。互补式即以相互补充为原则进行业种规划；衍生式即商品属于同种业种，但是该业种的衍生产物；综合式即商品品种多，品牌齐，形成交叉业种组合。

业态组合是目前商业项目的基本要求，合理的业态组合定位不仅能使商业项目功能多样化，而且能凝聚商业人气，提高商业消费需求，增加商业项目经营获利。

5. 功能定位

商业项目的功能一般有购物功能、休闲功能、娱乐功能、服务功能等，商业功能可以是单一功能，也可以是多种功能。商业功能定位指导商业业态定位，商业业态定位又决定了商业功能定位。

6. 规模定位

商业项目规模的大小适宜不仅能保障物业投资的高效性，而且能保障后期商业项目的招商、销售，减轻运营压力。

7. 形象、档次定位

商业地产项目的形象定位不仅能提升商业竞争力，而且能成就商业物业无形的品牌资产。商业地产项目的形象定位，可以借助企业识别系统来加以塑造并传达，可以通过商业地产项目的建筑外观来表现，也可以通过顾客对卖场气氛的感受来表现。

商业项目档次一般分为高级、中高级、中档、大众化等几种，影响项目商业档次定位的因素包括项目规模、项目位置及周边购买力、消费结构及消费习惯。

8. 价格定位

商业项目价格包括商业项目销售价格和商业项目租赁价格两种。

商业项目销售价格制定方法一般有三种：成本法、市场比较法、收益法。实际定价时，一般将市场比较法和收益法综合使用。运用成本法进行销售价格计算时，通常是在投入成本的基础上，加上一定的利润（通常为销售总额的 10%~25%）得到价格；应用收益法计算销售价格时，一般以出租投资期 11～12 年的租金还原后得到市场价格。

商业项目租赁价格制定一般采用市场比较法。

（四）商业地产项目的租售模式

为了实现利润最大化，以及保障商业后期正常运营，商业地产项目一般采用以下模式进行销售或租赁。

1. 纯销售模式

（1）先租后售

先租后售是目前市场上采用较多的销售模式，销售前先引进适合的商家，引导其商业走上合理化发展轨道后再出售，将不适合的经营者排除在外。此种模式适合于老城区或市中心开发的高档物业。

（2）售后返租

售后返租即售后回租，又称售后包租、售后承租，这是一种新兴的销售模式，以产权式商铺为主，用较低的投资门槛吸引普通投资者。房地产开发企业在销售商业地产物业给购房者的同时，与购房者签订该物业的租赁合同。在租赁合同中，开发商承诺在购房若干年后给予购房者固定租金，购房者所购房屋由房地产开发企业在一定期限内承租或者代为出租给另外的公司或个人用于商业经营。在售后返租模式下，在房地产开发企业与购房者之间，房地产开发企业（卖主）同时是承租人，购房者（买主）同时是出租人；在房地产开发企业与入驻商户之间，房地产开发企业是出租人，商户则是承租人。

（3）分割式销售

分割式销售是指在销售过程中采用"画线为界"的方式，对一些好地段、好格局的商铺，房地产开发企业先按不同面积划分为几块，再按不同需求销售给中小购买者。商业中心的大面积商铺多采用此种模式。

（4）拍卖销售

拍卖销售是指将商铺公开竞拍，价高者得。此种模式由于房地产开发企业缺乏参考价格，因此要拿出部分商铺试探市场。

2. 纯租赁模式

房地产开发企业在无资金压力的情况下，对价值潜力看好的商业只租不售、以租待涨，可以获得商铺市场成熟后数倍的投资回报。采用只租不售模式的优点是，产权掌握在房地产开发企业手里，可以抵押贷款，还可以待增值后出售。

（1）整体出租

整体出租是指房地产开发企业不将物业出售，而将其整体出租给一家商业企业，由其进行商业规划及经营，房地产开发企业向其收取押金（一般相当于 2～3 个月的租金）及每年约定的租金。租金一般在第三年或第四年商业成熟后开始递增。

（2）分层或分片出租

分层或分片出租是指按照市场需求，将商业项目分为几层或几片分别出租给不同租户。

（3）分散出租

分散出租是指房地产开发企业在确定某一主题功能下对各个铺位进行招租（租期相对较短，一般为2～5年），并帮助租户统一办理相关的营业执照、税务登记，甚至代开销售发票、财务结算等。

（4）分层（或片）与分散出租结合

将上述（2）和（3）两种模式结合，是大型购物中心常采用的一种模式。

3. 租售结合模式

租售结合模式是指将不同的租赁模式和销售模式按照市场需求进行不同的组合。

此外，在不租不售的情况下，商业地产项目可以由房地产开发企业自己经营，或者和别的商家联营。

（五）商业地产项目的招商代理

1. 招商原则

商业地产项目招商一般遵循以下三个原则。

（1）招商目标商铺要能够在功能和形式上形成同业差异、异业互补

招商时不能招进同一品类的商铺，如同样经营食品和日用品的大型超市；超市与服饰店互补，零售店与餐饮店互补，让客户有消费的选择权，以提高消费兴趣。针对购物中心特别是超大型shopping mall，其产业经营黄金比例为52（零售）：18（餐饮）：30（娱乐），在招商时要尽量维护好这个经营比例。

（2）招商要维护好项目主题和品牌形象

如果项目是一个多业态组合的商业地产项目（如shopping mall），则招商前需明确项目的经营主题和品牌定位，结合项目定位情况合理布局经营业态以及选择品牌店铺。

（3）招商要核心主力店先行、辅助店随后

在商业地产项目中，核心主力店的招商尤为重要，其直接决定了整个项目的运营成败。核心主力店的入驻，会带来人流，会对其他店铺的运营产生很大的影响。核心主力店一般适合放在经营轴线的端点，不宜集中放在中间。

2. 商业地产项目不同物业形态下的目标商户

（1）购物中心

零售类商户：百货、超市、电器、家居等。

娱乐类商户：KTV、电影院、健身中心、手工坊等。

餐饮类商户：中餐、西餐、快餐、咖啡、甜点等。

服务类商户：银行、洗衣店、药房等。

（2）商业街

零售类商户：服装服饰、个性商品、食品零售等。

娱乐类商户：儿童娱乐、手工坊等。

餐饮类商户：中餐、西餐、快餐、咖啡、甜点等。

服务类商户：银行、洗衣店、药房等。

（3）百货

服装类商户：男、女、儿童服装。

服饰类商户：鞋、包、钟表、首饰、化妆品等。

生活类商户：厨房、家电、居家用品等。

其他类商户：玩具、休闲餐饮。

（4）超市

食品类商户：酒饮、粮油、生鲜、休闲食品等。

百货类商户：家居、家电、服装、玩具、办公用品等。

3. 招商工作组织

招商工作一般包括前期准备、团队组建、市场调研、商业规划、招商方案、招商准备、招商执行、商铺装修、开业活动协助等。在整个招商过程中要进行招商监控，最后完成招商总结报告。

其中，市场调研主要涉及商圈调查、居住人口及消费水平调查、租金调查、商户资源调查、物业管理费用调查等；商业规划涉及项目定位、商业业态规划、目标品牌确定等；招商方案涉及招商政策、租金方案的制定和审批；招商执行需分阶段进行，其中预热期尽量完成主力店的签约，强势期除完成80%的招商任务外，还需要办理广告位的设置、经营等相关手续，收尾期尽可能完成所有招商任务，并完成店铺入场装修前的准备工作。

（六）商业地产项目的销售执行

商业地产项目的销售与住宅项目的销售节奏不同，住宅项目关注开盘期、强销期和持销期，销售期可持续 1~2 年，但商业地产项目一般要求分阶段集中销售，尽量弱化持销期。

在商铺销售过程中，销售人员需要通过项目介绍和销售工具向客户展示项目投资优势和未来的投资回报表现，以增强客户的投资信心，主要的工作重点有以下几个方面。

1. 进行客户特征分析

客户购买商业地产项目的目的一般有三个：自营、租赁和转售。

客户的投资理财观念强，有一定的投资经验，对拟投资的项目有一定的研判，属于中高收入群体。客户在投资时，一般会考虑投资回报和项目的可持续发展、周边环境及区域发展前景、项目的建筑结构和形态等。

2. 进行投资回报分析

简化的投资回报计算方法如表 5-7 所示。

表 5-7　投资回报计算方法

项目	计算公式
投资回报率	投资回报率=总收益÷投资总额×100%
年投资回报率	年投资回报率=月租金×12÷售价（简化公式）
	（合理的年投资回报率一般为 8%～12%）
投资回收期	投资回收期=投资总额÷年收益
	投资回收期=售价÷（月租金×12）（简化公式）
	（合理的投资回收期一般为 8～12 年）

3. 准备销售工具

商业地产项目销售需要借助项目招商手册和项目导购手册来传递项目基本信息。其中，招商手册的内容包括项目建筑指标、房地产开发企业及商业运营商背景、项目定位方向、主力商户、业态分楼层表现等；项目导购手册包括分层平面铺位图、各业态商铺入驻商户情况、项目基本信息。

除上述两个销售手册外，销售人员还需要了解项目未来的经营环境、商铺的价格情况（总价、单价、租金水平等）、主力商户的信息（品牌、经营内容、门店分布情况、拟落位位置、经营效果等）、项目交付时间及标准、交付后经营信息（物业管理公司、商业运营管理公司、经营模式、水电收费方式等）。

任务三　新建商品房租售代理业务实务操作

一、新建商品房销售代理业务操作案例

本任务所选案例为杭州汇众房地产经纪有限公司（即伟业顾问）所代理的新建商品房项目——中旅时光里，该项目的销售代理业务操作共分四个阶段：

第一阶段：接受委托阶段——前期准备。

第二阶段：销售筹备阶段——项目开售准备。

第三阶段：销售执行阶段——项目开售。

第四阶段：校验佣金阶段——项目结案。

中旅时光里位于杭州临平杭乔路与三卫路交叉口西北方向，项目占地面积 61 491.01 平方米、建筑面积 203 284.71 平方米、容积率 2.20、绿化率 35%、规划有 16 幢高层和 1 幢公租房（两幢 13 层，其余 15 层）、总户数 1337 套（高层 1232 套、公租房 105 套）、停车位 1527 个（地面 28 个，地下 1499 个），车位配比约 1：1.24，项目精装交付，16 幢高层的主力户型为 89～129 平方米（89 平方米的有 293 套，99 平方米的有 684 套，129 平方米的有 255 套），均价 30 000 元/米^2，装修标准 3000 元/米^2，项目计划于 2023 年 9 月 30 日交付。

（一）接受委托阶段

接受委托阶段是房地产经纪机构取得代理项目的前期准备阶段，房地产经纪机构需与房地产开发企业取得联系，了解代理项目的信息，沟通房地产开发企业的需求，整合方案与报价达成共识，取得合作，获得项目代理资格。本阶段的时间节点为项目开售前3～6月，工作内容包括：获取销售代理项目源；初步调研开发商及项目；明确和获取开发商招标信息和文件（阶段工作重点）；通过提案报告，商务点位通过开发商初步筛选；提案结果跟进；正式开始合作，提交合作建议书；签订销售代理合同。

（二）销售筹备阶段

销售筹备阶段是房地产经纪机构成功与房地产开发企业签订代理合同，在项目正式销售前，进行项目各种营销方案制定以及物料、销售团队的建设与培训的准备工作阶段，最终目标是确保项目能够平稳销售，完成年度任务指标。本阶段的时间节点为项目开售前2～3月，工作内容如下。

1. 组建团队，排定时间计划大表

团队组建是指根据项目规模，结合房地产开发企业要求组建项目营销执行团队，完成内部人事审批手续的全过程。团队组建是项目正式启动的前提，人才的选用是保证项目营销顺利进行的关键。中旅时光里项目房地产经纪机构人员架构如图 5-1 所示。

排定时间计划大表是指与房地产开发企业签署销售代理合同后，应房地产开发企业的要求，共同排定项目分步工作的总体进度的计划性安排，以指导并约束相关各方面工作。由于项目进行过程中变动因素较多，房地产开发企业的要求可能会随项目工作重点变化而变化，在执行过程中需要细化和调整。中旅时光里项目推售时间安排如图 5-2 所示。

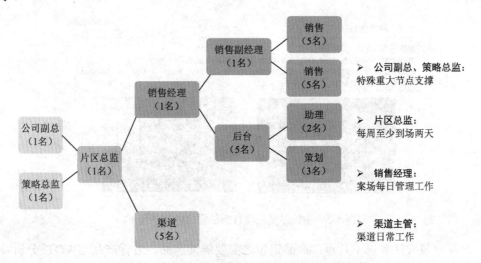

图 5-1　中旅时光里项目房地产经纪机构人员架构

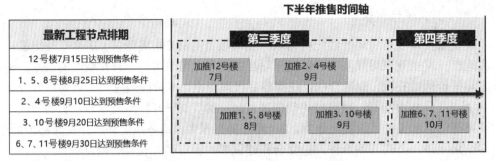

图 5-2　中旅时光里项目推售时间安排

2. 营销策划准备

（1）制定营销策划总体方案

制定营销策划总体方案是指在不违背提案报告的框架、思路、观点的前提下，通过市场调研、供需分析、竞争项目和本案分析，确定产品定位、客户定位、价格定位、营销推广策略，并整合成一套整体方案，从而指导后续的销售、推广工作。

（2）市场分析

市场分析是指通过实地调查、网络收集等方式收集与代理项目相关的政策、经济、区域市场、竞争个案等宏观、中观、微观详细资料，整理分析并形成对代理项目有参考价值的判断依据。在市场分析过程中，要确保调研数据的准确性和真实性，并提出结论性观点。

（3）产品定位

产品定位是指针对项目的物业类型，结合项目地段、周边配套、资源优势、物业设施等，提炼出产品卖点，总结差异化优势，并概括成特色鲜明、易于记忆的主题推广语，从而形成区别于市场中其他产品的特性定位。图 5-3 和图 5-4 显示了中旅时光里项目的产品定位。

图 5-3　中旅时光里项目产品定位内容节选 1

产品定位应注意以下几点：产品定位之前要解读产品；进行产品 SWOT[①]分析及制

---

① S 代表 strength（优势），W 代表 weakness（劣势），O 代表 opportunity（机遇），T 代表 threat（威胁）。

定产品劣势、威胁的解决措施；产品卖点的选取要依据差异化原则；产品卖点的组合要形成鲜明的个性特点；产品的定位诉求点和客户定位、形象定位相吻合；产品定位要有结论性观点（即产品定位描述）。

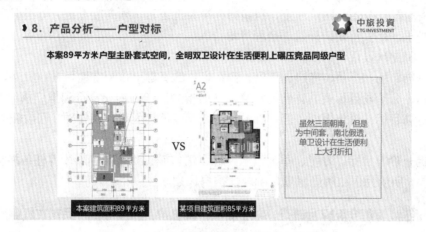

图 5-4　中旅时光里项目产品定位内容节选 2

（4）客户定位

客户定位是指通过项目土地环境价值分析和产品竞争优势分析来锁定目标客户并判断其属性和特征。客户定位是后续广告诉求、媒体选择、公关活动形式的重要依据。

（5）形象定位

形象定位是指针对产品和客户，通过案名、主题、推广语等感性文字和视觉识别系统反映项目整体风格、调性、特征、档次，塑造能被目标客户有效感知和接受的差异化市场形象。形象定位会主导后续宣传推广的方式及主题。图 5-5 显示了中旅时光里项目的形象定位。

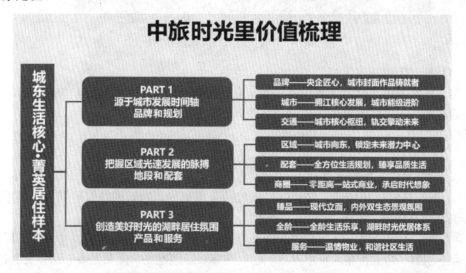

图 5-5　中旅时光里项目形象定位内容节选

（6）价格定位

价格定位是指依据目前市场行情和未来市场的价格趋势、项目自身的优势、房地产开发企业的需求，选取定价方法、测算楼盘均价。价格定位关系到后续销售速度、销售周期、房地产开发企业回款速度、利润指标等关键因素，须高度重视。可根据房地产开发企业需求，提供首期、开盘、全程等均价。

（7）制定阶段性营销策略

在总结市场、产品、客户、形象、价格定位的基础上，制定销售推广策略，设定营销总目标、分阶段目标及具体营销策略，从而指导后续的销售执行和推广执行工作。

设定总目标：销售周期、营销阶段划分、年度销售面积、销售额、回款额等总体销售指标。

设定分阶段目标：月度、季度销售目标、销售额、回款额等阶段性任务指标。

图 5-6 所示为中旅时光里项目阶段性推售计划。

销售铺排：2020年12月首开，以小面积、低总价、流量爆款产品树立红盘形象。

推售计划	推售批次	推售时间	推售楼幢	推售户型面积/米²	推售套数	总建面/米²	货值/亿元	去化目标
2021年	第一次加推	2021.01	13、14#	89、99	240	22560	6.77	售罄
	2021年清盘	2021.03	9、10#	99、129	120	13680	4.1	
		2021.04	1、5#	99、129	120	13680	4.1	
		2021.05	2、6#	89、99、129	112	11728	3.52	
		2021.07	7、3#	89、99、129	112	11728	3.52	
		2021.09	4、8#	89、99、129	112	11728	3.52	
		2021.10	11、12#	89、99、129	180	18720	5.62	
合计					1236	126384	37.92	

图 5-6　中旅时光里项目阶段性推售计划

（8）制定渠道拓客策略

渠道拓客是每个项目销售的重头戏，应根据客户定位报告确定客户来源，针对不同来源的客户采用不同程度的策略吸引客户，以促进成交。

3. 销售案场准备

① 确定销售案场管理制度。

② 组织销售现场培训。培训内容应包括公司制度、销售现场管理细则、房地产相关知识、项目情况、答客说辞和销售说辞、各种政策等。

③ 制订开盘计划。以开盘时间为节点，制订项目开盘前必需的媒体投放、活动组织、客户积累、房源准备、价单准备、物料准备、场地准备、人员准备、法律文件准备、配合单位准备等工作计划。

④ 起草、确定答客说辞。

⑤ 制作管理销售物料。销售物料包括印刷品（海报、楼书、户型图、纸袋等）、礼品、电子楼书等。

⑥ 制定价格表。制定价格表时，应结合物业类型、首期的货量、位置、户型配比，制定各楼座（组团）均价、每栋楼各户单价（建筑单价、套内单价）、总价，并形成价格单。

⑦ 售楼部包装和销售物料落地。预售阶段的楼盘包装工作主要集中在售楼处、样板房、形象墙、示范环境、围挡遮挡施工环境、看楼通道、充气拱门、路旗和指示牌等方面。

a. 在项目现场设置的售楼处是开发商直接面对客户的脸面，对消费者的购买决策具有一定的影响。售楼处的布置大致包括地点的选择、室外场地设计、入口设计、功能空间构造、装修风格。

b. 在房地产项目预售时，由于置业者在产生购买行为时看不到完整的房屋状况，因此，样板房的制作主要是让客户在此之前对所购买的物业有一个直观的感觉和印象。

c. 形象墙一般主要用于分隔施工场地，保证客户看楼的安全和视线的整洁。一般可用普通的砖墙，也可用围板；墙上要进行美化和装饰，可以上裱喷绘，也可用色彩直接上绘；墙上的内容可以是楼盘的标志和售楼电话，也可以根据所在的位置结合灯箱广告牌来展示楼盘的形象和卖点。形象墙是影响人的第一感觉的重要视觉因素，可以改变客户对项目的看法，因此，设计必须大胆、新颖，以期能使整个售楼处焕然一新。

d. 有条件的楼盘，可以在售楼处前面的空间布置一些庭园式小景观，如假山、雕塑、喷泉、小瀑布、微型小花园等作为示范环境。这样的景观庭园的示范环境可以为死板生硬的售楼环境注入活力与生机，表现房地产开发企业的细心体贴，增加亲和力和亲密感，特别适合住宅楼盘的包装。

e. 围挡遮挡施工现场应保持干净整洁、有条理。施工现场的组织与管理水平直接代表建筑施工公司的水平及实力，而建筑施工公司的水平及实力又直接影响房地产产品的质量。对施工现场环境的维护和有序的管理，将直接影响到项目的形象和市场口碑，从而影响到消费者的购买信心。

f. 看楼通道是连接售楼处和样板房或现场实景单位之间的交通通道。看楼通道的选择要保证路线尽可能短和安全畅通，保证通道有充足的采光或照明，在通道较长的条件下，要做到一步一景，要丰富、不单调。

g. 充气橡胶做成的弧形拱门在商铺物业、写字楼物业的包装中应用较多，一些大型庆典活动及表演也常用，有时也用数个充气拱门及幕布做成充气篷房，起到防雨、防晒作用。

h. 项目周边的旗帜属于路旗。路旗对于一些地处偏僻的项目来讲，设置在围墙上及售楼处顶部，可以装点现场，营造气氛，或者设置在有一定纵深的楼盘，可以起到重要的引导作用。路旗可以是三角小彩旗或者旋转风轮小彩旗等。指示牌可以是三角指示牌、平面指示牌、多面指示牌、箭头形指示牌等，形状可灵活多样，能起到提醒和引导作用，方便消费者参观看楼。

⑧ 确定项目佣金管理制度。项目佣金制度的制定、审批是指确定各岗位人员（销售代表、销售主管、销售助理/客服、策划经理、策划助理、销售经理、销售副经理、销

售总监/项目总监、部长助理、部长等）在本项目的佣金比例，经批准后向相关人员部署、执行的全过程。各项佣金比例、总体佣金比例、发放办法及控存比例均须符合公司佣金制度管理规定，应能合理控制成本并保证项目团队的工作积极性。

⑨ 合规性准备和落实。合规性准备和落实是指房地产经纪企业和房地产开发企业为保证销售工作的顺利开展，按照国家法律法规和行业规定，申领、公示法律文件、合法证照的过程。合规性文件包括以下几种。

一是重要的审批文件——"五证""两书"。五证指国有土地使用证、建设用地规划许可证、建设工程规划许可证、建设工程施工许可证、商品房销售（预售）许可证。两书指住宅质量保证书、住宅使用说明书。

二是须知文件。购房须知是指为让购房者明晰购买程序而事先制定的书面文件。购房相关税费须知是向购房人说明购房相关税费及收费标准的有关文件。抵押贷款须知由项目的贷款银行提供，一般包括办理抵押贷款的手续和程序介绍、办理抵押贷款的条件和需要提供的资料说明、抵押贷款的方式介绍、抵押贷款的注意事项等。

三是商品房认购协议书或意向书。商品房认购协议书或意向书是商品房买卖双方在签署预售合同或买卖合同前所签订的文书，是对双方交易房屋有关事宜的初步确认。

四是商品房买卖合同。决定购买后，买方与房地产开发企业签订正式的买卖合同。

⑩ 客户管理制度。建立详细的客户档案库及重要对接、决策人员档案信息库；定期向重要对接人、决策人递送公司内部刊物；提供市场信息月报；对客户进行生日、特殊日、重要节日关怀，不断提高客户满意度。

4. 与其他公司工作对接

（1）与广告公司合作

与广告公司合作是指结合项目形象定位、工程进度、销售推广节奏，与房地产开发企业指定的广告公司进行关于广告宣传、活动推广、产品包装、形象展示等工作的合作和对接。

主要合作内容：就案名选取、标志设计、视觉识别系统建立、主题推广语提炼、硬广设计及文案、软文撰写、媒体选择、媒体排期、费用预算等进行沟通、协调、派发、跟进。

（2）与物料公司合作

与物料制作公司的合作是指在项目销售、推广过程中，与沙盘模型、效果图、楼书、户型图、宣传单页、网站等制作公司的合作和对接。

主要合作内容：对沙盘模型质量、产品表现、规格提出建议；对效果图、楼书、户型图等宣传品的卖点展示、图例、数据信息（户型号、面积、尺寸）、数量等提出要求和建议；对网站的使用功能、产品展示等提出建议。

（3）与设计公司合作

与设计公司合作是指与建筑、园林景观、社区规划、售楼处、样板间、会所等设计公司的合作和对接。

在建筑设计、园林规划方面，由于专业性强，房地产经纪机构工作的重点是辅助设计公司实现产品与销售的有机结合，把先进的设计理念、科技手段、环保材料的运用、人居环境的营造等产品卖点转化为销售说辞，展示产品特色，以促进销售。

在售楼处、样板间等销售道具设计方面，结合销售需求、形象定位，提出功能、主题、风格方面的建议。

（4）与物业公司合作

与物业公司合作是指在销售和售后两个环节中，就客户服务、环境维护、设备设施维护、保洁保安服务、交房入住服务等事宜的合作和对接。

根据产品、客户、形象定位，对重要的销售场所如售楼处、样板间、看房通道、现房等，通过房地产开发企业向物业公司提出明确的物业管理服务内容，包含人员、内容、频次、标准等。

（三）销售执行阶段

销售执行阶段为项目的销售阶段，房地产经纪机构发挥作用对房屋进行销售。本阶段的重点是按照销售筹备阶段制定的各种方案有调整地落实计划，确保完成销售任务，对突发情况进行处理。销售执行主要分为销售动作执行和营销动作执行。本阶段的时间节点为项目开售至售罄，工作内容如下。

1. 阶段性营销策划工作总结和调整

阶段性营销策划工作总结和调整是指在对阶段性的销售执行工作、策划推广工作进行总结的基础上，依据实际情况，对全案营销策划方案进行调整，为下一阶段的执行计划提出新的指导性计划。

2. 制订落实媒体执行计划

媒体执行计划是指遵循营销策略，并从房地产开发企业角度出发，综合考虑投入产出效果，根据每年楼市淡旺季情况、节假日情况和竞争对手销售相关活动情况，配合项目销售任务及节奏，为促进项目销售而制定的分阶段、分步骤、分媒体类型的执行计划，其内容涉及媒体分析、媒体投放选择、投放排期及投放费用等。执行计划经房地产开发企业批准后予以实施和管理。

3. 落实公关活动计划

落实公关活动计划是指在营销策略原则下，依据销售需求制定的一系列配合各销售节点的公关活动计划来实施、管理、总结、调整。公关活动计划在经房地产开发企业批准后执行，其内容主要为活动目的、活动主题、活动形式、时间安排、适用对象、预计参加人数、费用预算、媒体配合方案等。

公关活动通常为产品说明会、研讨会、论坛、沙龙、开盘活动、客户答谢会、客户联谊会、名车展示会、体验活动、各种主体活动、各种运动比赛活动、各类艺术展等。公关活动计划要周到、细致地考虑活动场地的面积、空间、天气、内部交通、外部交通、安全等情况，并且符合公安机关关于活动的相关要求，要有足够的评估，并且准备应急预案。为达到良好的活动效果，在制订执行计划的同时，要做好媒体配合计划。每一次公关活动实施后，都要及时总结经验和效果，为下一阶段的活动计划调整提供事实依据。

4. 落实现场促销活动

落实现场促销活动是指项目为在某一营销时点或阶段达到、完成某一销售目标、扩大宣传影响、打压竞争对手、销售特定商品等，而制定的现场促销活动的执行计划，并组织、实施、管理、总结的过程。促销活动计划在经房地产开发企业批准后执行，其内容主要是促销目标、促销活动时间、促销活动方式、促销活动内容、适用对象、费用预算、宣传方式等。

5. 销售动作标准化

（1）电话来访

接电是项目销售代表按照接电顺序接听业务咨询电话，解答购房者问题、了解其需求、收集购房者信息的过程，应按照项目确定的《销售现场管理细则》，有效组织、管理接电及后续追踪过程，形成有效的、高质量的潜在购房客户积累。接电流程：问候→了解购房者信息→询问媒介渠道→询问需求→针对性介绍→约访→接电登记→系统录入→来电数据上报房地产开发企业。

（2）案场接访

案场接访是指销售代表按照接访顺序接待到访者，接受购房者咨询、介绍项目情况、带看样板间，并了解购房者需求，推荐产品的过程。

销售代表应严格按照经房地产开发企业确认的答客说辞和销售说辞回答购房者的问题，不得随意承诺；应根据购房意向强烈程度等判断因素对购房者进行分级，根据分级制定追踪和逼定策略。销售助理根据《来访客户登记表》中的信息，每天下班前统计、汇总来访数量及有效性，并将客户来访信息录入系统；来访数据应按代理合同中的相关要求及时向房地产开发企业上报反馈，并做好文件交接记录。

（3）认购确定

认购是购房者在同房地产开发企业签署商品房买卖合同前，表达购房意向，由销售代表引导购房者缴纳认购金（定金）并签署过渡性买卖协议（商品房认购协议书）的过程。

（4）签约流程

签约是指购房者在签署商品房认购协议书后，由销售代表引导购房者签订网上版或非网上版商品房买卖合同及补充协议并交纳首付款或全款的过程。

（5）退房流程

退房是指在双方同意的情况下，对房地产开发企业与购房者已经签署商品房买卖合同的已出售房屋，按相关约定办理解约、退房手续的过程。

（6）换房流程

换房是指购房者在签订商品房认购协议书后、签署商品房买卖合同前，要求从原单位换至另一单位，在征得房地产开发企业同意后为其办理相应手续的过程。

（7）按揭办理

按揭是指需贷款购房者在销售代表的协助下与银行办理按揭手续的过程。

（8）交房办理

交房是指项目体配合房地产开发企业及物业公司，为购房者办理入住手续的过程。

（四）校验佣金阶段

检验佣金阶段是房地产经纪机构成功完成房地产开发企业规定的所有销售任务与工作，完成协议内容，进行项目费用结算校验的阶段。本阶段的时间节点为项目签约完成后，工作内容包括应收代理费报审、佣金核算与发放、项目结案、项目撤场、财务结算与代理费发放。

二、新建商品房租售代理业务实务操作

融创·未来云帆城为钱塘新区青六路7号线塘新线站（在建中）上盖物业，是浙江省重点建设项目、钱塘新区首秀，浙江省仅有的3个首批新建未来社区之一。项目由杭州融帆建设发展有限公司打造，项目携手扎哈·哈迪德建筑事务所，融会未来社区城市设计理念，以项目五大地块为整体规划，精心呈献集居住、商业、办公、双创、休闲娱乐及服务配套为一体的杭州未来社区样板作品。

社区内规划有约 60 000 平方米绿地，约 20 000 平方米社区双创空间、约 30 000 平方米人才公寓，约 1000 平方米托育中心，约 6800 平方米社区国际幼儿园，2150 平方米居家养老中心等。精心布局一心（云帆 TOD 枢纽中心）、三轴（创新产业活力轴、滨水休闲商业轴、社区邻里服务轴）、八片区（健康养老、生态农场、双创孵化、人才公寓、幼小教育、创客培训、邻里服务、未来小学），从而构筑未来更高品质的生活方式。

项目总占地面积约 199 673 平方米，总建筑面积约 770 013 平方米，容积率 2.7，绿化率 30%，建筑形式为高层，车位 5330 个，物业涵盖住宅、办公、公寓、商业，其中 1~36 幢为住宅，建筑面积约 95~130 平方米，共计 3244 套；38~39 幢为建筑面积约 45~90 平方米的未来社区公寓，层高 3.9 米，共 20 层，每层 5 梯 27 户，总计 1080 套房源。

未来云帆城项目已于前期完成住宅部分的销售工作，下阶段将推出第 38、39 幢公寓。

房地产经纪机构在与杭州融帆建设发展有限公司签订代理销售合同（代理销售服务式公寓）后，需要完成以下工作。

① 收集融创·未来云帆城项目的相关信息。一是委托方（杭州融帆建设发展有限公司）的信息，包括资质及信誉情况等，以及代理项目的土地使用权证书、建设规划许可证、施工许可证、预售许可证等。二是代理项目的基本信息，如代理物业自然状况（房屋数量、面积、格局、装修情况、建筑风格等）、权属状况、基础设施配套情况等。三是与代理项目相关的市场信息，如钱塘新区房地产市场的供求信息、价格信息、竞争楼盘状况等。

② 制定代理项目中服务式公寓的营销策划方案。该营销策划方案主要包括项目概况、市场分析、竞争对手分析、项目定位、促销策略的制定、销售执行计划等。

③ 销售方案执行。

④ 客户接待、洽谈、签约。首先，分组形成客户组、销售人员组，其中销售人员组由前台接待员、洽谈人员、签约人员构成。然后，按照接待、洽谈、签约流程进行销售场景模拟。接待时需填写来访客户信息表，签约时采用标准合同样本。

⑤ 房地产交易价款收取与管理。

⑥ 房地产权属登记。

⑦ 房地产交验入住及客户回访。

⑧ 佣金结算。佣金按成交价格总额的 2%按月计收。

⑨ 售后服务。

第③和第⑤～第⑨项工作可根据实训场地及实训条件适当省略。

项目六 存量房房源、客源管理及信息系统

知识目标

1. 掌握存量房房源信息的获取、管理。
2. 掌握存量房客源信息的获取、管理。
3. 熟悉房地产经纪信息系统的应用。

技能目标

1. 能收集存量房房源信息并对其进行管理。
2. 能收集存量房客源信息并对其进行管理。
3. 能够运用房地产经纪信息系统进行存量房房源、客源管理。

素养目标

1. 能够熟练运用计算机软硬件获取、处理和运用信息,高效完成房地产经纪业务。
2. 掌握并遵守网络文明礼仪。

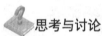　**案例导入**

杭州我爱我家置业顾问小张接待了一位买房客户林先生，林先生需要在杭州西湖区购买一套两居室的住房。

小张在接待了林先生后，在公司的 AIHOME 业务系统进行如下操作。

① 通过"客源业务→客户管理"模块单击"新建"按钮，在弹出的客源信息录入界面，录入林先生的基本信息和需求信息，保存入库。

② 在"客户管理"模块找到林先生的这条客源记录，单击进入客源详情界面，选择"系统配房"页签，单击"添加"按钮，就会检索出符合林先生要求的房源。

③ 小张带林先生实地查看房源，每次看房结束后，均在系统中录入客户带看相关记录。

④ 若看房成功，成交已确认，小张还需在系统中对成交进行操作。在"客源业务→带看管理"模块中，选中林先生成交房源带看数据记录，单击"意向成交"按钮，录入成交信息，保存入库。

通过 AIHOME 业务系统，房地产经纪人员可以准确、方便、快捷地查询房源、客源，提高工作效率，并且能够对房源、客源进行动态跟踪管理。

思考与讨论

1. 房地产经纪机构是如何获取客源并进行管理的？
2. 房地产经纪机构是如何获取房源并进行管理的？

任务一　掌握房源管理与客源管理

一、房源管理

房源是房地产经纪机构的重要资源。房地产居间业务的特征决定了房地产经纪机构是以撮合房地产交易双方实现交易为目标，如果没有房源或房源不符合买方的需求，就不能实现交易，经纪业务就无从谈起。房源决定房地产经纪机构的竞争地位，一个房地产经纪机构所拥有的房源数量越多、类型越丰富，就越能够为客户提供更多的选择，也就越有可能满足他们的各种需求，从而也越容易获得成交，其市场竞争地位一般也就越高。因此，房地产经纪机构应重视房源的获取和管理。

（一）房源的定义

房源的定义包括广义和狭义两种。从广义上来讲，房源是指业主（委托方）及其委托出售或出租的物业，即不仅包括委托出售或出租的物业，还包括该物业的业主（委托方）。从狭义上来讲，房源仅指委托房地产经纪人员出售或出租的房屋。在房地产经纪业务中，房源通常使用狭义的定义。

（二）房源的特征

房源的特征是指某一房源自身所具备的特殊性质，是区别于其他物质的基本征象和标志。

1. 动态性

房源的变动性主要包括两个方面：一是物业委托交易价格的变动；二是物业使用状态的变动。价格的变动是经常发生的，因为它可以随着市场的变化、业主（委托方）心态的变化而不断波动。相比较而言，在委托期间，房源的使用状态（如闲置、居住或办公等）较少发生变化。正因为房源存在动态性这一特征，所以房地产经纪人员要不间断地与业主（委托方）联系，以便在房源的某些指标发生变动时，及时进行更新。

2. 可替代性

虽然每一套房屋都是唯一的，具有明显的个别性，但在现实生活中，人们对房屋的需求却并不是非买某一套不可。具有相似地段、相似建筑类型、相似户型的房屋，在效用上就具有相似性，对于有些需求者而言，它们是可以相互替代的。这就令房源具有可替代性的特征。

（三）描述房源信息的指标

在房地产经纪实务中，房地产经纪机构会获得有关房源的数字、图像、文字等信息，这些信息不仅具有物理指标、法律指标，还具有"心理特征"。

房源的物理指标是指描述物业自身及其周边环境的物理状态的指标，如物业的地段（区位）、建筑外观、面积、朝向、间隔、新旧程度、建成年份等，它们决定了房源的使用价值。一般情况下，房源的物理属性在交易过程中是不变的。

房源的法律指标主要包括表征房源的用途及其权属状况等的指标。不动产的用途并不是固定不变的，经城市规划管理部门的批准，房源的用途可以进行变更，否则就是违章建筑。

房源的"心理特征"是指业主（委托方）在委托过程中的心理状态。随着时间的推移、市场情况的变化，这种心理状态往往也会发生变化，从而对房地产交易过程和交易结果产生影响，其中交易价格最容易受到影响。在交易过程中，价格经常不断波动，正是因为业主的心理在不断变化。

（四）房源信息的获取渠道

充足的房源信息是经纪业务的关键资源。房源信息的获取渠道根据在获取过程的沟通方式分为直接开发方式和间接开发方式，前者指面对面沟通的方式，后者指非面对面沟通的方式。

1. 直接开发方式

通过直接开发方式获取房源的渠道见表 6-1。

表 6-1　直接开发房源获取渠道

房源信息获取渠道	渠道介绍	优点	缺点
门店接待	房地产经纪人员利用房地产经纪机构在社区附近或社区内设立的门店，接待和服务上门咨询的业主，从而提供房源信息	容易取得客户信任，客户信息准确度高，较易和客户建立关系	对房地产经纪人员专业度要求较高，受店面的地理位置影响较大
老客户推荐	房地产经纪人员通过自身优质的服务获得老客户的信任，老客户再推荐有房出售或出租的同事、亲属等朋友给房地产经纪人员	节约成本，在质量和出售意向方面优于新开发的房源	受房地产经纪人员服务质量限制
社区活动	房地产经纪人员通过在社区的出入口驻守、举行公益性社区活动等来引起客户关注，进而贴近业主，获取房源信息	目标性强，会给周边居民留下深刻印象	信息传播面较窄
派发宣传单	房地产经纪机构通常会选择一些目标客户，通过当面派发宣传单、邮寄等方式，引起客户关注，获取房源信息	目标性强，成本低	使用过多容易引起接收者反感
人际关系开发	不仅指房地产经纪人员利用自己的人际关系网络去收集信息，而且包括新的人际关系的开发	有利于扩大获取房源的渠道	需要长期开发，受房地产经纪人员交际圈的限制

2. 间接开发方式

通过间接开发方式获取房源的渠道见表 6-2。

表 6-2　间接开发房源获取渠道

房源信息获取渠道	渠道介绍	优点	缺点
网络开发	互联网是房地产经纪机构获取房源信息的重要渠道之一。发展成熟、业务量大的房地产经纪机构通常会购买或开发可基于 PC（personal computer，个人计算机）端和移动终端的门户网站、管理软件、营销工具，使得房源信息上传、分类、共享、匹配、更新效率大大提高，从而显著提升房地产经纪机构和经纪人员的效率和效益	可打破时间、空间的限制，传播范围广	适用对象群体有一定局限性
电话访问	房地产经纪人员在获知目标客户的电话号码后，对其进行电话访问，咨询其物业信息，是一种可以立即见效的获取房源的渠道	比较集中，针对性较强且可联系的人较多，不受地点的限制，不受天气影响，而且花费时间较少	在一定程度上受时间的限制，如上班时间不宜打扰，只能通过声音传达信息，可能缺乏人情味，容易遭受拒绝，客户印象不深刻等
报纸广告	房地产经纪机构通过在当地发行量大、属于大众阅读层次、消费者喜爱阅读的报纸上刊登房源求购广告等信息，利用广告资源，吸引各类目标客户，获取房源信息	传递迅速、传播面广，容易扩大影响力	报纸发行寿命短，利用率低，受互联网冲击，阅读群体日益缩小

（五）房源信息的管理

1. 房源信息管理的内容

房源信息由六个部分组成：房源区位状况、房源实物状况、房源权属状况、房源权利人信息、房源交易条件、物业管理信息。

① 房源区位状况包括周边生活配套，如商场、超市、医院等；周边交通配套，如地铁与公交车站、出行路线等；教育设施，如幼儿园、中小学、大学以及本房源是否属于学区房等；区位未来市政规划。

② 房源实物状况包括户型、建筑面积、建设年代、装修状况、建筑结构、楼层与层高、面积、朝向等。

③ 房源权属状况包括产权性质、是否存在共有权、是否设定抵押权、是否属于征收拆迁范围等。

④ 房源权利人信息包括权利人身份、联系方式、看房时间等。

⑤ 房源交易条件包括交易价格（含出售价格、出租价格等）、如何付款、随房源同时交易的配套设施、价格协商合同、交房日期、税费支付方式等。

⑥ 物业管理信息包括物业服务机构名称及评价，物业服务费水平，供暖方式以及费用，是否存在欠交物业服务费、供暖费、水电费等。

2. 房源信息的维护与更新

房源信息的时效性非常强，因此必须不断对房源信息进行维护和更新，以保证其有效性。一般来说，对房源信息的更新要注意以下三点。

（1）周期性访问

对房源的业主（委托方）进行周期性访问是保证房源信息时效性的重要手段。房地产经纪人员通常将房源分为不同的类别，并针对不同等级的房源制定不同的访问计划与访问期限。对于一些较为"冷门"的房源，也应该组织定期访问，不应被遗忘。

（2）访问信息的累积

对房源的每一次访问，都应将有关信息记录下来，它可以反映业主（委托方）的心态变化，为以后的再次访问提供参考，以获得更准确有效的信息，提高工作效率。

（3）房源信息状态的及时更新

处在可售或可租状态的房源被称为有效房源，其在经纪业务中的作用不言而喻。已完成交易的房源或者由于其他原因停止出租与出售的房源属于无效房源，它们有时会被房地产经纪人员忽略，房地产经纪人员不再注意对它们进行更新。这种做法是不科学的。因为随着时间的推移，这种无效房源也有可能再次变为有效房源，从而再次实现交易。例如，房源A在去年1月份完成了买卖交易，但其新业主在住了一段时间后，想将其卖出，换一套更大的房子住。某房地产经纪人员在对该无效房源进行访问时，发现了这一情况，从而获得了一个有效房源的信息。至于一些租赁的成交个案，其房源更是经常在有效与无效之间变换，因为每一次的租期往往有限，而当上一次租期到期时，该房源就会从原来的无效状态转换成有效状态。

二、客源管理

（一）客源的定义

客源是对房地产物业有现时或潜在需求的客户，包括需求者及其需求意向。这种需求既包括以获得物业所有权为目的的购买需求，也包括以暂时获得物业使用权为目的的租赁需求。

（二）客源的分类

按照不同的标准客源有不同的分类：按客户的需求类型可分为买房客户和租房客户；按购买目的可分为自用客和投资客；按客户需求的房产类型可分为住宅客户、写字楼客户、商铺客户和工业厂房客户及其他；按客户的性质可分为机构客户和个人客户；按与经纪机构打交道情况可分为新客户、老客户、未来客户和关系客户，或曾经发生过交易的客户及正在进行交易的客户、即将进行交易的客户。

（三）客源的特征

1. 指向性

指向性即客户的需求意向相对清晰，是购买还是租赁、意向哪个或哪些区域、要求何种房地产、能承受的价格范围或希望的价格范围、有无特殊需要等，需求意向即使不是唯一的，也有大致的选择范围。一个需求不清的客户是需要被引导和分析的，使之需求明确，方能成为客源。

2. 时效性

客户的需求是有时间要求的。客户在表达购买或租赁的需要时，均会有时间选择，可能是半个月或几个月。如果客户对需求没有时间限定，房地产经纪人员需要与客户进行沟通，以确认客户对房产需求的时间限制条件，即便一个持币待购的投资者，在向其提供信息时也需沟通和确认现在是否仍然需要。

3. 潜在性

客源严格意义上是指潜在客户，是具有成交意向的买房或租房的群体。他们的需求只是一种意向，而不像订单客户那样肯定。能否成为真正的买方或承租方，不仅取决于房地产经纪人员提供的房源信息，还取决于客户本身。

（四）客源信息的获取

房地产经纪人员只有不断挖掘潜在的客源，才能不断创造经纪成果。一个成功的房地产经纪人员必须确保充足的潜在客户数量。客源和房源的获取渠道有时候是相同的，一个渠道既可以获得房源信息，也可以获得客源信息，但客源也有自己独特的渠道。客源的获取渠道见表 6-3。

表 6-3　客源的获取渠道

客源信息获取渠道	渠道介绍	优点	缺点
门店接待法	房地产经纪人员利用房地产经纪机构沿街开设的店面，客户主动上门咨询而获得客源信息	容易取得客户信任，客户信息准确度高，较易展示企业形象	成本比较高，受店面的地理位置影响较大
广告法	房地产经纪机构在当地主流媒体、房地产专业媒体、门店橱窗或单页广告宣传单上发布房源信息，以吸引潜在客户，从而获取客源信息	受众面广，信息量大，间接宣传和推广公司品牌	成本高，时效性差
互联网开发法	主要有三种类型：一是付费的房源信息发布网站；二是免费的公共网络信息发布平台；三是房地产经纪机构门户网站	更新速度快，时效性强	信息难以突出，客户筛选难度较大
老客户推荐法	房地产经纪人员通过自身优质的服务获得老客户的信任，老客户介绍新客户	节约成本，客户都是真实有效的	受房地产经纪人员服务质量限制，需要长时间积累
人际关系法	房地产经纪人员利用自己的人际关系网络去收集客源信息	成本低，不受时间、场地限制，客户效率高，成交可能性大	需要长期开发，需要交际沟通能力
讲座揽客法	通过向社区、团体或特定人群举办讲座来发展客户。讲座内容可以是房地产知识介绍、房地产市场分析、房地产投资信息、房地产交易流程以及不动产权证办理流程等。此方法适用于在社区拓展业务	发掘潜在客户，激发购房愿望，培养客户对公司服务的信赖，减少客户未来的交易难度	对讲座的组织准备工作要求较高
会员揽客法	通过成立客户俱乐部（又名客户会）的方式吸收会员并挖掘潜在客户。这种方法通常是大型房地产经纪机构或房地产开发企业通过为会员提供特别服务和特别权益，如服务费折扣、房价优惠等方式吸引准客户入会。例如，深圳的"万科会"，潜在客户为获得产品较大的优惠力度而成为会员，并在需要买房或租房时成为房地产经纪机构或房地产经纪人员的客户	充分利用会员价值	成立客户俱乐部的难度大
团体揽客法	以团体如公司或机构为对象的客户开发法。房地产经纪机构利用其与团体的公共关系发布信息，宣传公司实力，从而争取客户的委托。例如，房地产经纪机构与银行合作，共同宣传房地产抵押贷款代办服务项目，从而争取到该银行办理房地产抵押贷款业务的客户	强强合作	需做大量公关工作

　　总的来说，对于不同的区域、不同房地产市场和不同的客户类型，适用的客源获取渠道可能有很大差异。房地产经纪机构和房地产经纪人员要通过实践，不断总结不同方法的适用条件和效果，针对目标客户采用最有效的一种或几种方法的组合，以提高客源开发效率。

　　（五）客源信息的管理

　　客源信息管理是从收集客户信息、整理客户信息并存档开始，对客源进行记录、存储、分析和利用的一系列动作。

1. 客源信息管理的内容

（1）客户基础资料

客户基础资料包括客户姓名、性别、年龄、籍贯、家庭地址、电话、邮箱、家庭人口、子女数量、子女年龄、入学状况、行业、工作单位、职务、教育程度、客户来源渠道等。

（2）物业需求状况

物业需求状况包括：所需房屋的区域、类型、户型、面积、朝向；目标房屋的特征，如对卧室、浴室、层高、景观、朝向的需求意向；特别需求，如车位、通信设施、是否有装修；物业价格，包括单价和总价、付款方式、贷款方式、按揭成数等；配套条件的要求，如商场、会所、学校、交通条件等。

（3）交易记录

交易记录包括：委托交易的编号、时间；客户来源；推荐记录、看房记录、洽谈记录、成交记录；有无委托其他经纪机构或经纪人员等。

客源管理实际上就是建立一个以客户为中心的记录或数据库，是对客源信息进行分类和系统管理。它不仅包括房地产经纪机构服务过并完成交易的客户，也包括那些提出需求或来电咨询的潜在客户以及与交易活动有关的关系人或供应商，还包括那些房地产经纪人员旨在为之服务的潜在客户或委托人。

2. 客源信息的更新

客户从发出需求信息到完成交易往往需要数十日甚至数月时间。不断寻找提供符合客户需要和选择范围的房源，逐步逼近客户目标，是客源利用必不可少的工作。在这个过程中，应保持和客户的联络和沟通，把握其需求的动态，同时也关注其和其他竞争者的联系，采取必要措施留住客户，这样才能充分利用客源，提高客源利用效率。若长时间不和客户联系，客源信息往往会失效，要么需求已变化，要么已选择其他房地产经纪人员的服务。只有保持与客户的联系，不断有信息交流，才能激活客源信息，促成交易。

任务二　熟悉房地产经纪信息管理

一、房地产经纪信息概述

（一）房地产经纪信息的含义

房地产经纪信息是反映房地产经纪活动并为房地产经纪活动服务的信息。它通常包括四个方面的信息：房源信息、客源信息、市场信息和房地产经纪行业信息。这四方面缺一不可。没有房源信息犹如无米之炊；没有客源信息，就找不到服务对象；没有市场信息，就无法把握市场的动向；没有房地产经纪行业信息，就无法掌握行业发展和竞争对手的实际情况，就无法在竞争中立于不败之地。

房地产经纪信息由若干要素组成，主要是语言要素、内容要素和载体要素三个方面。语言是传递信息的媒体，也是信息的表现形式和工具，房地产经纪信息通常可以用文字性语言表现，也可以用形象性语言来表现。内容则是关于其所涉及对象（如房源）的表象、属性、特征、本质和运动规律等的确定性描述。信息本身不具有实体物质形态，必须依附于某一介质或载体（如纸张、硬盘、互联网等）才能被传递、加工和整理，如楼盘所在的地理位置、小区的周边环境、小区内部的环境、智能化情况、楼盘的价格及售楼地址等许多内容，使消费者了解楼盘的情况，进而激发潜在消费者的购买欲望。以上所述的语言、内容并不孤立存在，要依附于纸张等物质载体传递到千家万户并得以保存。

（二）房地产经纪信息的特征

信息的性质、作用和时效是由信息和信号所含的具体内容和意义来决定的。人们是通过信息来认识事物的，因此要求信息从不同侧面来反映事物的某些特征。房地产经纪信息既具有一般信息所具有的共同特征，又具有一些自身的个别特征。具体而言，包括以下几个方面。

1. 共享性

房地产经纪信息具有正外部性，不会因为使用者的增加而减少每个使用者所获得的信息。通过房地产经纪信息的共享，可以使更多的人获得信息，从而提高房地产行业的工作效率和成交速度。但并不是所有信息都需要共享，对于一些机密或具有排他性的信息，应注意保护。

2. 多维性

多维性即一条房地产经纪信息在具有不同的价值观或不同认识层次的人那里会有不同的价值含义。人们在不同时段、不同环境下对同一房地产经纪信息有不同的认识，当房地产经纪信息的属性和内容与人们的需求相联系时，其使用价值就能发挥出来。

3. 积累性

房地产经纪信息可以重复使用，随着信息的累积，会有新的价值产生。在房地产经纪活动中，信息使用后要加以保存。通过对积累的信息进行分析还能加深对市场的了解。

4. 传递性

通过房地产经纪信息的传递，信息的传达效率大大提升；通过对大量相关的信息进行综合分析能够得到新的信息；通过对经纪信息进行收集、加工和整理，将其物化于房地产实物上，还能增加房地产实物的附加值。

（三）房地产经纪信息的作用

从特定意义上讲，房地产经纪活动和房地产经纪人员本身是由于房地产市场主体对房地产信息的需求而产生的。房地产交易双方通常并不知道交易对方的存在，也不可能完全掌握房地产市场上所有的供求信息，或是虽然能够获得有用信息，但需要支付大于有用信息所带来的收益的费用。一个优秀的房地产经纪人员就是要通过自己所掌握的大量房地产经纪信息将闲置资源加以利用，以减少市场效率低下等不利情况的发生。

房地产经纪信息是房地产经纪人员的重要资源，是开展房地产经纪活动的前提。具体而言，它包括以下三方面的内容。

1. 实现房地产经纪活动的基本功能

房地产交易的成功与否就在于是不是能够找到匹配的交易双方。客户由于受到自身情况的限制，缺乏充分的信息，通常不能找到合适的交易对象。房地产经纪人员由于掌握了一定的房地产信息并具备针对问题快速有效收集信息的技能，因而能尽快找到匹配的交易双方，使交易尽早完成，从而实现房地产经纪的基本功能。

2. 有利于提升房地产经纪服务的附加值

房地产经纪人员拥有众多的房地产经纪信息，能够使其更好地为客户服务，提高房地产经纪服务的附加值。在房地产经纪活动中，向房地产开发企业传递有价值的信息，能让房地产开发企业及时了解市场状况，减少盲目开发，提高房地产的有效供给，提高企业的经营效益；向消费者提供有用信息，能使消费者在交易过程中减少人力、物力、财力的付出；向交易双方提供信息，可以在一定程度上避免因信息不对称而使交易中一方处于优势而另一方处于劣势，减少交易纠纷，规范房地产市场。

3. 有利于活跃和规范房地产经纪行业

房地产经纪信息还有利于房地产经纪人员和房地产经纪机构充分了解和把握同行业的发展现状和趋势，及时有效地修正自身的业务运作方式，提高业务运作水平，从而活跃和规范整个房地产经纪行业。

二、房地产经纪信息管理概述

（一）房地产经纪信息管理的含义

房地产经纪信息管理是指对房地产经纪信息的收集、加工整理、存储、传递与应用等一系列工作的总称。

（二）房地产经纪信息管理的内容

1. 房地产经纪信息的收集

房地产经纪信息是房地产经纪活动中非常重要的资源，但房地产经纪信息不是自然而然地被房地产经纪人员所掌握，而是要采用一定的方法和途径才能收集起来。总的来看，收集渠道可以分为两大类。

（1）直接渠道

直接渠道一般包括门店接待、上门服务、沟通有房源的单位、利用公众场所宣传和收集相关信息、直接去管理部门进行调查和咨询等。

（2）间接渠道

间接渠道一般包括媒体广告、网络信息、相关文件、上级部门、同行信息共享以及熟人推介等。

2. 房地产经纪信息的加工整理

通过各种渠道获取的房地产经纪信息，其本身的内容、形式各种各样，这给接下来的查询、存储、利用带来了很大的难度，所以需要进一步对收集的房地产经纪信息进行加工整理。通常房地产经纪信息加工整理包括鉴别、筛选、整序、编辑和研究五个环节。

3. 房地产经纪信息的存储

在房地产经纪信息的管理中，除了房地产经纪信息的收集和加工整理外，还应该注意房地产经纪信息的存储。因为房地产信息并不是完全依靠文字就可以描述的，户型设计、建筑外观、地理位置等这些信息必须依靠图形进行描述，必要的时候还需要影像资料的辅助才能很好地展示。这就需要一种可靠的、能够存储多种媒体信息的方式，将同一个房源的不同资料放在一起，方便查询和维护。

（三）房地产经纪信息管理的原则

1. 重视房地产经纪信息的系统性

房地产经纪活动需要的信息是大量的、系统的、连续的，不仅数量大，而且涉及房地产经纪活动的方方面面，只有通过有效的结合才能对其有全面的认识。房地产经纪人员要不断地收集、加工、传递和利用房地产经纪信息，通过房地产经纪信息的连续性及时了解房地产市场的变化和趋势，以便房地产经纪活动顺利进行。

2. 加强房地产经纪信息的目的性

房地产经纪信息直接作用于房地产经纪活动的过程之中，它具有比其他信息更明显的目的性特征。房地产经纪信息的管理，包括收集、加工、整理和利用都应针对房地产经纪活动的目的，如某一个楼盘的销售、某一套房源的出售，以及房地产经纪机构自己所专注的某类市场、某类客户。只有这样，才能将信息资源转化为经济效益。

3. 提高房地产经纪信息的时效性

由于房地产市场环境和市场主体都在不断地发生变化，房地产经纪信息的有效性也随时间而发生变化，因此房地产经纪信息的利用应提高时效性。一方面要及时更新信息库中的信息内容，另一方面要提高信息利用的效率，尽量使信息在最短的时间内发挥作用。例如，根据市场信息和同行业信息及时调整经营方式、经营类型，及时向客户提供最新市场信息、政策信息，用以提升服务的附加值。

4. 促进房地产经纪信息的网络化

房地产经纪机构在房地产经纪信息利用中引入计算机网络可改变原有的信息管理和查询方式，提高经济效益，传递多媒体信息的方式包括文字、图片、视频以及虚拟现实（virtual reality，VR）技术。另外，计算机网络可以突破时间、空间的限制，能够在不同地方、任何时间为客户提供服务。因此，房地产经纪机构应积极促进房地产经纪信息的网络化。

三、房地产经纪信息管理系统

（一）房地产经纪机构信息管理系统的主要类型

房地产经纪机构的信息管理系统是指房地产经纪机构出于统一管理、扩大交易量等目的而建立的信息管理系统。为了提升管理效率，当前我国一些大型房地产经纪机构也聘请国际知名软件公司专门为其开发适用于本公司的内部管理软件，如链家公司花5000万元引进咨询团队，构建了高效的内部管理和客户服务平台。

除了信息管理系统外，一些房地产经纪机构在企业内部实施房源信息共享或部分共享。在房地产经纪企业中，可以根据房源信息共享的方式不同，将其划分为私盘制和公盘制。

1. 私盘制

私盘制是指房源信息由接受委托的房地产经纪人员录入和维护房源的信息共享模式。在这种模式下，房源信息在公司内部公开，但是其中的关键信息——业主的联系方式，只有接受委托的房地产经纪人员掌握，其他房地产经纪人员可以看到房源的基本情况，并向客户推荐房源，如果需要与业主取得联系，则必须通过接受房源委托的经纪人员。交易达成后，佣金在促成交易的房地产经纪人员和接受房源委托的房地产经纪人员之间进行分配。私盘制的优点是对卖方或出租方的隐私保护程度高，客户只与房源委托经纪人员联系，受到的打扰较少，服务体验质量较高；缺点是交易中需要接受房源委托的经纪人员和推销房屋的经纪人员相互配合，有可能降低工作效率。

2. 公盘制

公盘制是指在一个房地产经纪机构内部，或者在房地产经纪机构的一定区域范围内的各个分支机构、各个门店之间，共享全部房源的信息共享模式。在这种模式下，有关房源的全部信息，包括房主的联系方式，都可以被共享区域内的所有房地产经纪人员查看，所有经纪人员均可参与房源推销，谁最先成功促成交易双方签订交易合同，谁就可以获得全部或者大部分佣金。公盘制的优点是同时参与推销的房地产经纪人员多，工作效率高，成交速度快；缺点是多个房地产经纪人员可能频繁打扰卖方客户，降低客户服务体验。同时，搜集到房源的房地产经纪人员可能因为得到的收益少而降低工作积极性。公盘制要求房地产经纪机构有较好的人员管控能力、成熟的分佣体系和完善的信息系统。这种方式更适用于房源信息丰富而销售难度较大的买方市场。

目前，国内大多数房地产经纪机构采用的是改良式公盘制，在一定程度上融合了公盘制和私盘制的优点。房地产经纪机构将整个经纪服务过程划分为多个环节，每个环节给予一定的工作价值量赋值，其中获得房源信息和促成交易两个重头环节赋值较高，其余各环节依据工作量和工作难度的大小分别赋予相应的工作价值量。每当一个交易完成，从事各个环节的房地产经纪人员依据工作价值的相应比重，或者每一分值代表的金额进行佣金分配。这样可使全部房源信息在公司内部得到充分传播，大家在销售中既有竞争又有合作，搜集房源的积极性也能得到保证，但是对房主打扰较多的问题尚未得到解决。

（二）使用房地产经纪信息管理系统的必要性

房地产经纪行业必须随时代的发展不断进步。房地产经纪机构每天都接到大量的房源和客源信息，并且每天都需要对这些信息进行查询、跟进。网络的发展为以信息服务为核心的房地产经纪行业带来了无限的发展空间，寻求创新和突破成为我国房地产经纪行业发展中企业建立竞争优势的努力方向。

社会在发展，时代在进步，房地产经纪行业必须顺应时代的变化。一是互联网的蔓延。目前我国正在经历有史以来最大的一次消费行为大迁移，即线下向线上的转移。在一、二、三线城市，人们买卖租赁房屋的第一步都是从互联网开始的，传统的纸媒、售楼处、中介门店在信息获取和信息处理方面的作用已经逐步弱化。二是市场态势的改变。首先，我国的房地产市场已经基本从卖方市场过渡到买方市场，在交易中房源曝光度成为吸引潜在客户的最重要的因素，而相比于其他媒介，互联网显然能最大限度地实现房源曝光。其次，我国的房地产市场正逐步从新房主导向存量房主导过渡，一线大城市在 2010年就已经成为存量房主导的市场，一些二线城市也正在步入存量房时代。大中城市中可供开发的土地越来越少、越来越昂贵，新增房地产开发量下降，而存量房规模不断扩张，存量房所有权、使用权的交易必将成为房地产交易的主体。然而，相比于新建商品房，存量房交易过程中信息更加不透明、交易流程更加复杂，这些都是互联网可以发挥作用的地方。

目前，许多房地产经纪机构已经拥有公司网站，对外发布自己的房源信息，树立企业形象，通过 O2O（online to offline，线上到线下）开展业务，实现与客户良好的沟通和服务。中介业务管理软件则主要基于公司内部管理，包括房源、客源、跟进、成交、任务、计划、统计等企业日常经营管理。目前，深圳、广州、上海的大中型房地产经纪机构都同时拥有两套系统：在线上通过网站向外发布房源信息，在线下通过业务管理软件来进行公司的日常经营管理。两者相辅相成，共同构建企业的信息化系统。

（三）房地产经纪信息管理系统的使用流程

1. 信息采集

信息采集包括对房源信息的采集和对客源信息的采集。大量信息的采集为房地产经纪人员后期的工作提供了必要的物质基础。信息采集的途径多种多样。本项目任务一详细介绍了房源和客源信息的获取渠道，房地产经纪人员可利用上述渠道采集房源和客源的信息。

2. 信息录入

通过各种形式获取的房地产经纪信息，其本身的内容、形式各种各样，而且信息本身的真假也具有不确定性，这给后期的整理、录入带来了很大的难度。所以要对采集到的房地产信息进行整理、电话核实后再录入房地产经纪信息系统。

3. 信息审核

信息审核包括对房源信息的审核和对客源信息的审核。根据目前实际的需要以及信息制度的规定，在房地产经纪信息管理系统中录入的房源具有唯一性，因此对房源信息要进行两次审核。第一次是对房屋详细地址的审核，相同地址的房源不能重复录入。第二次是对有相同联系方式的审核，同一个电话已经录入过一套房源，再录入房源时，系统会自动提示有相同联系方式存在。此时该套房源就进入了人工审核，信息部门将根据实际情况对此房源做出审核。

4. 信息维护

房地产经纪人员不仅要做到采集信息、录入信息，更重要的是要做到对信息的维护。为了保持信息的时效性和准确性，现行信息制度规定：一套房源录入后，一般要求在两天之内完成实地勘察，七天内完成第一次电话回访，售房房源有效期为两个月，租房房源有效期为一个月，超期未回访会自动失效。在客源信息方面一般要求求购客户信息隔天回访，求租客户信息每天跟踪回访。

5. 信息配对

信息配对准确与否，直接关系到房地产经纪人员的个人业绩。一名优秀的房地产经纪人员，在此环节上应该运用技巧，勤于思考，善于总结，勇于实践，这是房地产经纪人员挑战高薪的关键之所在。房地产经纪人员要每天第一时间浏览新上的房源，从中选出适合自己客户的房源，及时致电至房源门店对该套房源的核心信息进行问询，并以最快的速度联系客户。房源方将此问询信息认真登记，等待成交后备查。

6. 信息稽查

为了更大限度地促使信息共享，提高信息资源的利用率，在信息制度中，对门店的信息未及时上报、恶意保留、恶意抢单、信息泄露、拒报房源等信息违规行为，都规定了相应的处罚措施。

7. 信息分成

为充分保证房源方的利益，信息制度规定在签订一份售房合同后，由信息部对成交分成进行审核。信息部将本着公平、公正的原则，依照信息制度的规定做出审核。同时，信息部将成交的房源改为内部成交，此时该房源处于失效状态。成交方按照信息部审核的结果，将业绩在系统财务报表中划成给房源方。目前直营店之间租房不用分成。直营与加盟、加盟与加盟之间的租房利益分成同售房。

8. 信息失效

房地产经纪人员在回访的过程中，要将已经成交的房源信息与客源信息进行失效处理。

四、房地产经纪业务的网络化运作

（一）房地产经纪业务网络化

房地产经纪业务网络化是指以房地产经纪机构为单元，通过基于计算机、数字媒介及其他智能终端的互联网络及信息系统相互联系，并逐渐实现其沟通运作方式的虚拟化和交互化，最终带动整个行业的沟通运作方式向互联网转移的趋势及过程。我国房地产经纪业务网络化主要有两种表现形式：一是房地产经纪机构进行网络平台建设，房地产经纪人员可以利用"基于位置的服务、虚拟现实技术"等先进的技术提供大量及时更新的、丰富的房源信息，呈现房地产经纪人员的电子名片和评价信息，并通过网络平台与客户实现沟通；二是各大房地产专业网站和知名门户网站开设的房地产频道纷纷向房地产经纪电商转变，房地产开发企业按照售房比例向房地产经纪电商支付佣金，这些房地产经纪电商不仅提供形式多样的房地产相关指数，如房地产景气指数、中原城市指数等，还为房地产经纪人员提供机会在网上与客户沟通，客户只需点击鼠标便可轻松了解市场行情，更方便、更全面地获取楼盘信息，进行充分的比较，节省收集资料的时间。

同时，房地产经纪业务网络化也带来了便利的网上成交，还能大大减少消费者的交易成本。房地产交易涉及的环节很多、税费繁杂，传统的交易方式往往让消费者大费周折。网络技术能简化整个购房过程，通过网上选房下订、线上支付房款、访问行政机构的网上窗口等方法，可以简化手续、节约时间、降低交易费用。

此外，在房地产经纪网络化模式的辅助下，还将大大降低房地产开发企业的劳动力成本、咨询成本、推广成本、项目失败的风险成本。全方位网络房地产策略将成为传统房地产经纪机构施行标新立异的竞争手段和确保持久竞争地位的信心来源。

（二）房地产电子商务

房地产电子商务是指以网络为基础进行的房地产商务活动，包括商品和服务的提供者、广告商、消费者、中介商等有关各方行为的总和。现阶段房地产电子商务涉及线上和线下两部分，只要在线上完成商品展示和交易意向达成，并通过房地产电子商务平台支付交易意向保证金的，均可看作是房地产电子商务的行为，属于房地产电子商务范畴。

目前，我国房地产经纪业内已出现专业性、开放性的房地产电子商务平台。房地产经纪机构与房地产电子商务平台签订合作协议后，即可登录房地产电子商务平台的后台，将自己已接受经纪服务委托的新建商品房楼盘和存量房房源在房地产电子商务平台上发布。买房者也可以通过独家委托该平台，将其欲出售的房源在平台上发布。买房者登录房地产电子商务平台后可选择不同议价方式的房源区（如出卖方报底价买房者竞价区、买房者自行报价出卖方选择买房者的议价区、出卖方报固定价买房者应价即成交的"一口价"区）选择房源。所有卖方和有意竞买的买方都需要向房地产电子商务平台的支付宝支付保证金，线下签署认购合同后，房地产电子商务平台退还卖方的保证金，并将买方的保证金转入卖方的银行账户，从而大大提高了房源、客源的真实性，减少了交易双方悔约的可能性。

所有与房地产电子商务平台合作的房地产经纪机构都可以销售平台上所有的新建商品房和二手房，形成了一个楼盘或一套房源由众多房地产经纪机构及其人员同时销售的局面。买房者可以随时上网了解房源信息，也可以就近到与房地产电子商务平台合作的门店了解电子商务平台上的任何房源、联系实地看房事宜，大大克服了房地产市场传统的信息不充分缺点。房地产电子商务平台上的房源一旦成交，卖方房地产经纪机构获得卖方的佣金，买方房地产经纪机构获得买方的佣金，因而形成了房地产经纪机构间的广泛合作，提高了房地产交易的效率。

任务三　房地产经纪信息管理系统案例

一、易居 ETC 门店管理系统

（一）系统登录

1. 系统登录界面

系统登录界面如图 6-1 所示。

图 6-1　系统登录界面

2. 系统主界面

登录后系统主界面如图 6-2 所示。

图 6-2　系统主界面

（二）系统账号密码修改

进入系统主界面，单击左上角的"用户名"，选择下拉菜单中的"个人中心"，弹出如图 6-3 所示的对话框，验证身份后，修改密码，单击"确认"按钮。

图 6-3　系统密码修改

（三）实勘登记

房地产经纪人员外出进行实勘后，必须在系统中录入相关记录。选择菜单栏中的"工作台"→"我的实勘"命令，填写实勘时间、房源类型、房源地址等信息，上传实勘图和视频，如图 6-4 所示。

图 6-4　实勘登记

（四）招贴单制作

从菜单栏中选择"工具"→"招贴单"命令，进入"招贴单"界面。选择招贴单模板及尺寸，单击"选择房源"按钮，导入房源信息并加以编辑，如图 6-5 所示。

图 6-5　招贴单制作

（五）员工资料查询

从菜单栏中选择"人事"→"员工管理"命令，进入"员工管理"界面，通过姓名、电话、角色等信息对员工进行查询，如图 6-6 所示。

（六）房源操作规范

1. 房源初始录入

从菜单栏中选择"房源"命令，进入"房源"界面。单击"新增"按钮，填写房源地址、物业类型、楼层、装修情况、售价、业主信息等，上传户型图、实景图、视频，单击"提交"按钮即可保存房源信息，如图 6-7 所示。

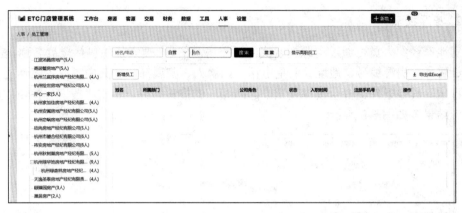

图 6-6　员工资料查询

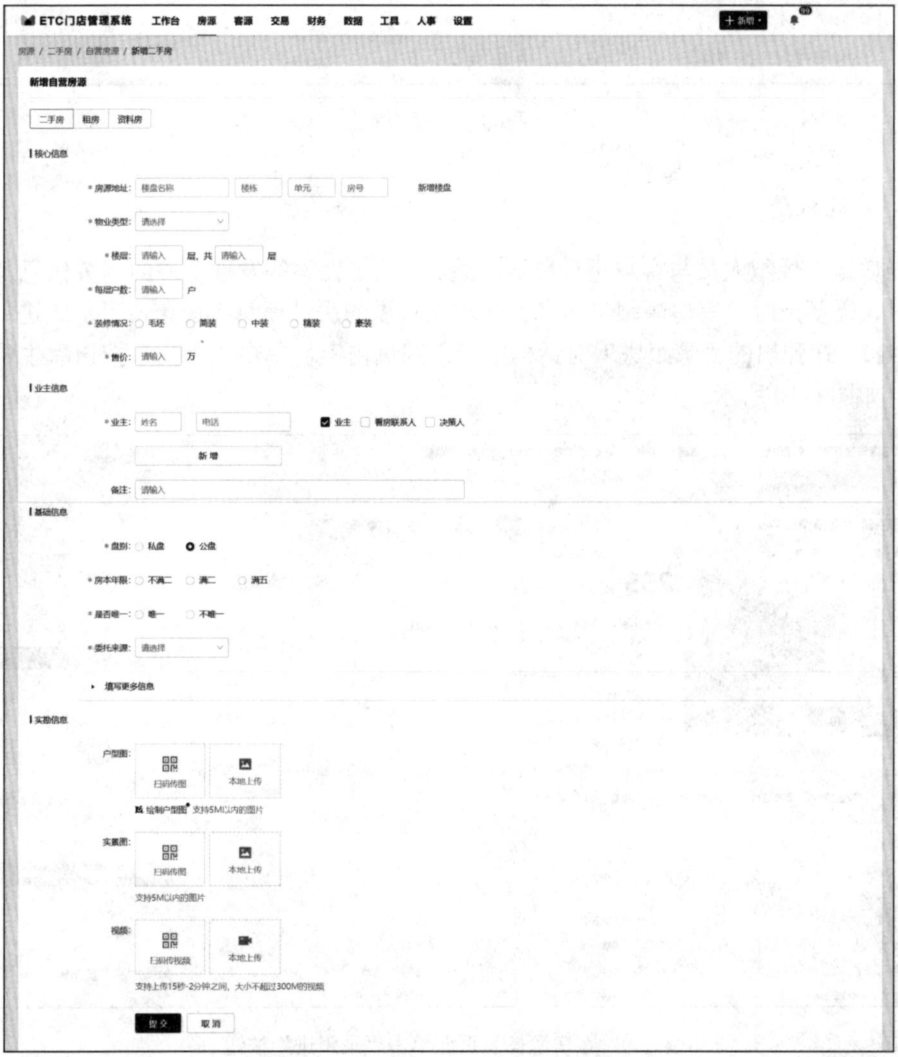

图 6-7　新增房源

2. 房源搜索

房地产经纪人员可通过房源搜索找出所需房源信息，搜索条件包括楼盘名称、栋座、单元、房号、房源编号、地址、业主电话、归属人、归属部门。其中，业主电话支持全匹配搜索，其他条件支持全模糊搜索。选择相应的搜索条件，单击"搜索"按钮即可显示相应结果，如图 6-8 所示。

图 6-8　房源搜索

3. 房源跟进

当房地产经纪人员与客户进行电话沟通、看房、勘察等发现房源的相关信息及相关结果时，需要及时填写房源跟进信息。在本次跟进的房源信息页面单击"录跟进"按钮（图 6-9），在弹出的"录跟进"对话框中录入跟进内容，单击"提交"按钮后生成跟进记录，如图 6-10 所示。

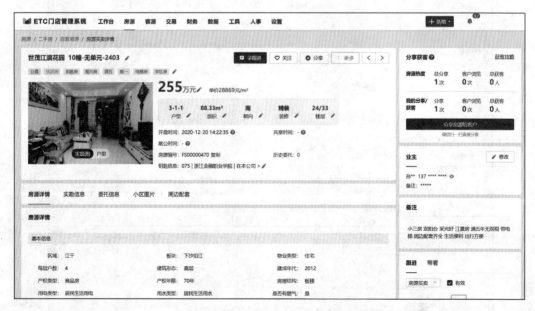

图 6-9　在房源信息页面单击"录跟进"按钮

图 6-10 录入跟进信息

（七）客源操作规范

1. 客源初始录入

从菜单栏中选择"客源"→"公客/私客"→"客源列表"→"新增"命令，在客源管理系统中录入客户基本信息、需求信息，如图 6-11 所示。

图 6-11 新增客源

2. 客源搜索

房地产经纪人员可通过搜索找出所需客源。选择相应的搜索条件，单击"搜索"按钮即可显示相应结果，如图 6-12 所示。

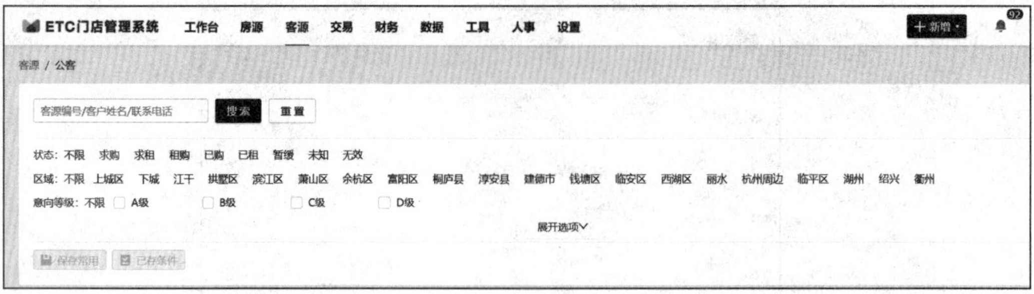

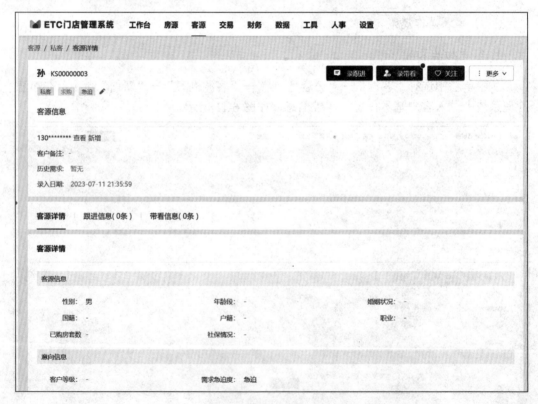

图 6-12　客源搜索

3. 客户带看记录填写

房地产经纪人员每次带看后必须做客源带看记录。在本次带看的客源页面单击"录带看"按钮（图 6-13），在弹出的"录入带看"对话框中录入带看房源、带看时间、带看情况，上传附件，单击"提交"按钮，如图 6-14 所示。

图 6-13　在客源信息页面单击"录带看"按钮

4. 客户匹配房源

房地产经纪人员可通过系统匹配来快速、准确地为输入完整的购房客户匹配合适的房源。从菜单栏中选择"客源"命令，进入"客源"界面，单击"更多"按钮，在下拉列表中选择"客配房",查询符合客户需求的房源。如图6-15所示。

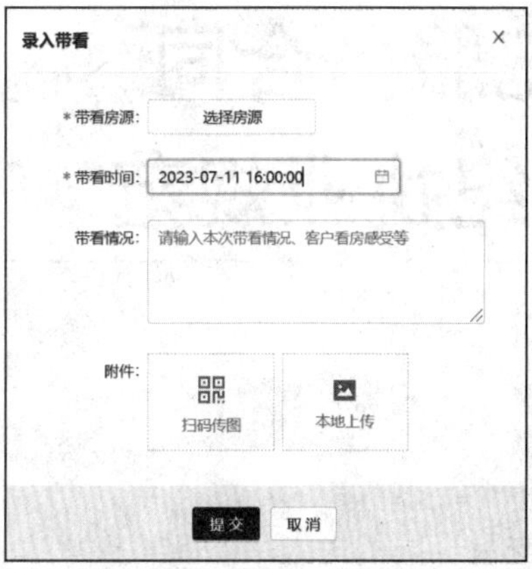

图6-14 录入带看信息

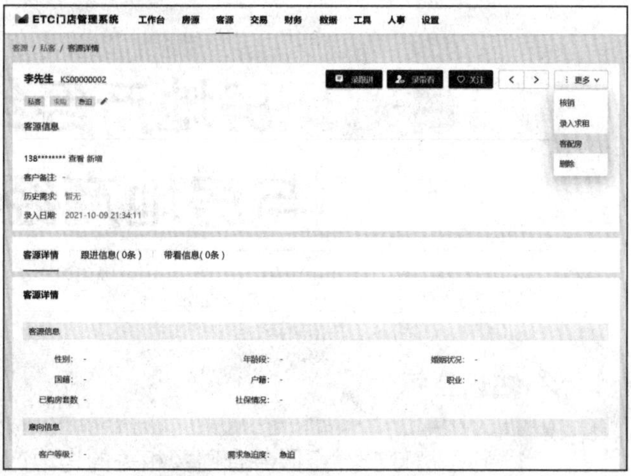

图6-15 客户匹配房源界面

二、易居 ETC 门店管理系统实务操作（计算机操作）

房地产经纪人小吴在网上发布了一条房源信息,李先生看到信息后致电小吴。小吴在接到李先生的电话后应如何操作呢?（操作包括录入客源、寻找合适的房源、带看和成交）

小吴在接到李先生的电话后,首先要获取客户的基本信息及需求,获取的信息越多越好。客源初始登记必备要素:需求急迫度、物业类型、意向房型、意向面积。

例如,小吴了解到的李先生购房的要求是:急需买入住宅,地点在钱塘区下沙,建筑面积为80～90m²,价格为200万～220万元。小吴将客户的信息录入系统软件中。

客户信息录入完毕后,对客户需求进行房源配对。当配对房源满足客户需求时,通知客户有合适的房源并进行预约带看。

客户看房并有购买意向后,小吴帮助客户进行价格协商,最终确定价格并签订房地产买卖协议书。

三、实训项目

实训目的:通过实训,了解易居 ETC 门店管理系统各功能模块的使用。

实训内容:易居 ETC 门店管理系统软件实训,包括 PC 端和 APP 端操作。

① 上网收集求购、出售意向的客户。

② 在系统中录入收集的求购客户一个、出售房源一套。

③ 对录入的房源和客户进行匹配。

④ 对匹配好的房源和客源录入成交。

⑤ 了解系统上的其他模块操作。

项目七 房地产经纪服务合同与房地产经纪执业规范

知识目标

1. 熟悉房地产经纪服务合同及相关的房地产交易合同的内容。
2. 掌握订立房地产经纪服务合同及相关的房地产交易合同的注意事项。
3. 掌握房地产经纪执业基本原则及行为规范。

技能目标

1. 能够组织签订常规的房地产经纪服务合同及相关的房地产交易合同。
2. 能够规范操作房地产经纪业务。

素养目标

1. 提高学生的服务意识、风险防范意识。
2. 培养学生爱岗敬业、诚实守信、遵纪守法的职业素养。

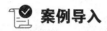 **案例导入**

商用还是民用

2019 年 11 月 14 日，A 买家通过 C 中介机构了解 B 卖家名下的一套房屋，在商谈过程中，A 买家表示买房是为了自住，并反复询问房屋是否为民用普通住宅以及水电是否为民用，B 卖家答复是民用。A 买家又询问管道燃气情况，B 卖家答复还未开通，已经在申请阶段，但始终未提及该房屋是非住宅改住宅。当日，买卖双方签订《房屋买卖定金协议》，约定转让总价为 4 000 000 元，定金为 150 000 元。11 月 15 日，A 买家与 C 中介机构前往物业核实后得知，该房屋为商用水电且无法安装天然气。A 买家认为 B 卖家有意隐瞒房屋重要信息，因此提起诉讼，请求法院依法撤销《房屋买卖定金协议》及其补充协议，判令卖家向买家返还购房定金 150 000 元，并支付违约金 30 000 元。

法院认为，房屋水电为商用或民用，天然气管道是否能安装开通，厨房能否明火操作，均为房屋是否能满足普通住宅生活用的重大因素，影响买房决策。本案 A 买家年事已高，因生活自住需要而购买普通住宅，其在签约前反复询问房屋水电、天然气的具体情况，可见其购房目的。经查明，涉案房屋系 B 卖家于 2018 年 5 月 18 日参加该区人民法院司法拍卖所得，当时拍卖告示中涉案房屋性质为非住宅，后 B 卖家得知涉案房屋性质可以变更为住宅，又于 2019 年 1 月 22 日取得不动产权证书，房屋性质变更为住宅，但水电仍为商用水电。

B 卖家作为房屋出让方，理应如实陈述房屋信息。水电商用、案涉房屋历史产权信息是 B 卖家作为案涉房屋出卖人必须披露的信息，负有披露义务，但 B 卖家告知 A 买家虚假的水电性质，模糊地陈述天然气安装现状，并隐瞒涉案房屋非住宅改住宅的情况，而 A 买家基于 B 卖家的陈述及涉案房屋不动产证上登记的"住宅"信息，错误地认为涉案房屋具备普通住宅的一切属性，继而导致其做出购买涉案房屋的决定，该决定的意思表示与其真实意思不一致。综上，判决如下：撤销本案《房屋买卖定金协议》及其补充协议；B 卖家应于判决生效之日起十日内返还 A 买家定金 150 000 元并支付损失；驳回 B 卖家的其他诉讼请求。

律师给出了两点建议：一是对于房屋买卖过程中一些重要事实的确认，应当采用书面的形式，避免发生纠纷后无法举证；二是发生纠纷后，当事人要及时维权。例如，本案中买家以卖家存在欺诈为由请求法院撤销《房屋买卖定金协议》及其补充协议，根据《民法典》的相关规定，该撤销权行使时限是自知道或者应当知道撤销事由之日起一年内。除撤销权外，其他请求保护民事权利的诉讼时效期间一般为三年。

思考与讨论

1. 签订二手房交易合同及经纪合同时，房地产经纪人员需要注意哪些事项？
2. 在房地产经纪业务中，房地产经纪人员应该具备哪些方面的法律知识？

任务一　熟悉房地产经纪服务合同

一、房地产经纪服务合同的含义、特征与作用

（一）房地产经纪服务合同的含义

房地产经纪服务合同是指房地产经纪机构为促成委托人与第三方的房地产交易而提供有偿经纪服务，与委托人之间设立、变更、终止权利义务关系的协议，是房地产经纪服务委托人与房地产经纪机构就某一个经纪服务项目进行协商而达成一致的协议。

房地产经纪服务合同的委托方必须是具有完全民事行为能力的自然人、法人或其他组织。在我国，完全民事行为能力人是指 18 周岁以上可以独立进行民事活动的自然人，或 16 周岁以下不满 18 周岁以自己的劳动收入为主要生活来源的自然人。无民事行为能力人或者限制民事行为能力人，应由其监护人代理签署合同。房地产经纪服务合同的受托方必须是依法设立的房地产经纪机构，而不是房地产经纪专业人员，但房地产经纪服务合同必须由登记在该机构的一名房地产经纪人或者两名房地产经纪人协理在合同上签名。房地产经纪机构是房地产经纪活动的第一责任主体，在房地产经纪服务合同上签章的房地产经纪专业人员是约定的房地产经纪服务项目的第二责任主体。

房地产经纪服务合同是否规范的要件有三个：一是委托人的签名或者盖章；二是受托房地产经纪机构的盖章；三是承办该业务的一名房地产经纪人或两名房地产经纪人协理签名。这三个要件必须同时具备，缺一不可。依法成立的房地产经纪服务合同，若合同中没有特别约定生效时间，自合同成立时生效。

（二）房地产经纪服务合同的特征

1. 房地产经纪服务合同是双务合同

双务合同是指双方当事人互相享有权利、承担义务的合同，是商品交换最为典型的法律表现形式。在双务合同中，双方当事人之间存在互为对价的关系。

2. 房地产经纪服务合同是有偿合同

有偿合同是指当事人取得权利必须支付相应代价的合同。一方当事人取得利益，必须向对方当事人支付相应的代价，而支付相应的代价一方，必须取得相应的利益。这种代价可以是金钱，也可以是给付实物或提供劳务。但一方取得的利益与对方支付的代价，不要求在经济上、价值上完全相等，只要达到公平合理的程度即可。

3. 房地产经纪服务合同为书面形式的合同

房地产经纪服务合同采用书面形式是中外房地产市场的惯例，我国行业管理部门或行业组织制定发布的房地产经纪服务合同也都要求书面形式。

（三）房地产经纪服务合同的作用

1. 有效保障合同当事人的合法权益

《房地产经纪管理办法》规定，房地产经纪机构接受委托提供房地产信息、实地看房、代拟合同等房地产经纪服务的，应当与委托人签订书面的房地产经纪服务合同。合同一旦生效，当事人必须依照约定履行自己的义务，不得擅自变更或者解除合同。合同当事人在履约过程中不承担义务或者违反约定的，必须承担继续履行、采取补救措施及赔偿损失等违约责任。

2. 维护和保证市场交易的安全与秩序

房地产经纪服务合同是房地产经纪人员与委托人共同遵守的行为规则。这些行为规则为合同当事人的交易活动确定了基本规范，促使合同当事人遵守规则。房地产经纪服务合同不仅有利于避免房地产经纪人员与委托人相互损害对方当事人利益行为的发生，也有利于维护房地产交易安全与房地产市场秩序。

3. 将房地产经纪机构的服务"产品化"

房地产经纪机构可以根据委托人多样化的需求，有针对性地提供所需服务，并将服务内容体现在房地产经纪服务合同中。除了提供房地产信息、实地看房、代拟合同等房地产经纪服务外，房地产经纪机构还可以提供代办贷款、代办房地产登记服务以及其他更为个性化的服务。可见，房地产经纪服务合同使房地产经纪机构提供的各项服务得以"显化"或"产品化"，从而有利于提高房地产经纪机构服务的针对性。

二、房地产经纪服务合同的内容和重要事项

（一）房地产经纪服务合同的基本内容

房地产经纪服务合同的基本内容是关于房地产经纪机构接受委托提供房地产信息、实地看房、代拟合同等房地产经纪服务的具体条款，应当包含以下主要条款。

1. 房地产经纪服务双方当事人的信息和从事业务的房地产经纪人员的信息

房地产经纪服务合同缔约双方是委托人和房地产经纪机构。委托人是自然人的，标明姓名、身份证件号码、住址等；委托人是法人的，标明法人的名称、营业执照号和住所。合同中标明房地产经纪机构的法人代表、营业执照号、经纪机构备案证号、地址、联系电话等，并写明具体承担该项业务的房地产经纪人员（至少一名全国房地产经纪人或两名房地产经纪人协理）的信息（姓名、身份证件号码、注册号）。

2. 房地产经纪服务的项目、内容、要求及完成的标准

约定房地产经纪服务的项目、内容、要求及完成的标准，要参考房地产经纪机构在其经营场所公示的服务项目，还要符合国家和行业的相关规定。房地产经纪服务的项目

包含三项，即提供房地产信息、实地看房、代拟合同，三项服务也可以在书面合同中进一步细化。房地产经纪服务一般以房地产交易合同（包括买卖合同和租赁合同）的签订为完成标准。

3. 服务费用及支付方式

服务费用是房地产经纪机构提供房地产经纪服务应得的服务报酬，由佣金和代办服务费用两部分构成。房地产经纪服务完成并达到约定的服务标准，房地产经纪机构才可以收取服务报酬。一般情况下，房地产交易合同订立后就可以收取佣金；代办服务费用的收取标准和时点由当事人自行约定。根据《民法典》的相关规定，房地产经纪机构未完成服务事项的，不得要求支付服务报酬，但可以在合同中约定由委托人支付房地产经纪服务过程中实际支出的必要费用，必要费用不得高于房地产经纪服务收费标准，具体收费额度双方协商确定。在房地产交易过程中，由房地产经纪机构代收代缴的行政税、费不包含在房地产经纪服务费中。

4. 合同当事人的权利、义务

委托人的义务一般包括提供交易相关信息、协助看房、支付费用，权利一般包括知情权、交易收入的取得权；房地产经纪机构的义务一般包括及时如实报告义务、尽职尽责义务、风险提示义务等，权利一般包括违法违规行为拒绝权、报酬请求权等。

5. 委托期限

委托期限是指委托方委托房地产经纪机构提供房地产经纪服务的具体时间期限，实质上是规定了房地产经纪机构完成约定经纪服务工作的时间界限。

合同履行期间，任何一方要求变更合同条款，应书面通知对方。经双方协商一致，可达成补充条款。

合同履行期间，任何一方如有确凿证据证明对方的行为严重影响自己的利益，必须终止合同的，可于委托期限届满前，书面通知对方解除协议，并结清相关费用或追偿违约金。

6. 违约责任和纠纷解决方式

房地产经纪服务合同的违约责任的承担可采取违约金的方式约定，纠纷解决可以采取相关部门调解、仲裁、司法诉讼等方式。

（二）房地产经纪服务合同的补充内容

房地产经纪服务合同还可以针对房地产经纪机构提供的其他延伸服务增加相关补充内容，但延伸服务需要另外签订合同的除外。

增设补充内容时要特别注意的是，应将房地产经纪服务（即房地产经纪机构的基本业务）与房地产经纪延伸服务区分清楚。房地产经纪机构完成房地产经纪服务后委托人就有义务支付佣金，延伸服务的效果不应作为影响委托人佣金支付义务的因素。延伸服务是否收费应由房地产经纪机构与委托人协商确定。

在现实业务运作中，由房地产经纪机构代办的买方贷款不成功，只是延伸服务的失败，不应作为买方拒付佣金的依据，除非当事人另有约定。但是，在房地产承购代理业务中，由于标的物业的产权纠纷因素，导致买卖合同签订后无法办理标的物业的产权过户，则并不只是代办不动产登记这一延伸服务的失败，而是与房地产经纪机构在产权调查环节不尽职有关，这时委托人有权拒付佣金。可见，区分房地产经纪服务与房地产经纪延伸服务，对保护房地产经纪服务合同的双方当事人都是有益的。

（三）签订房地产经纪服务合同的重要事项

1. 房地产经纪机构的书面告知义务

《房地产经纪管理办法》规定，房地产经纪机构签订房地产经纪服务合同前，有义务向委托人书面告知下列事项。

（1）是否与委托房屋有利害关系

为保持经纪活动的公正性，严禁房地产经纪机构或房地产经纪人员作为交易方出现在房地产经纪活动中。房地产经纪机构或房地产经纪人员存在以下情形的，需要回避或如实披露并征得另一方当事人同意：一是与房屋的出卖方或出租方有利害关系；二是与房屋的承购方或承租方有利害关系。

（2）应当由委托人协助的事宜、提供的资料

房地产经纪机构应当告知委托人要提供本人及相关人员的身份证明、房屋权属证明、房屋共有权人同意出售或出租等相关证明和文件资料。

（3）委托房屋的市场参考价格

房地产经纪机构应当告知委托人同类房屋当时一般（或平均）成交价格水平，并提供若干类似房屋成交实例的真实价格，供委托人作为设定心理价格和报价的参考。

（4）房屋交易的一般程序及可能存在的风险

房地产经纪机构应当将有关交易程序告知委托人，同时，如实向委托人告知可能存在的由交易主体、标的物、政策变化及不可抗力等导致的风险。

（5）房屋交易涉及的税费

房地产经纪机构应当根据房地产交易的现行税费规定，将房屋所涉及的税费种类、交费主体、收取标准告知委托人。

（6）经纪服务的内容及完成标准

房地产经纪机构应当根据特定房地产经纪业务项目的具体情况，向委托人详细说明在该项目中所提供的具体服务内容和完成标准。

（7）经纪服务收费标准和支付时间

房地产经纪机构应当事先告知委托人并在房地产经纪服务合同中明确具体的收费标准和支付时间。收费标准应符合相关规定，并与经营场所公示的有关内容一致。

（8）其他需要告知的事项

房地产经纪机构可根据特殊情况就其他问题向委托人进行告知。房地产经纪机构根

据交易当事人需要提供房地产经纪服务以外的其他服务的，应当事先经当事人书面同意并告知服务内容及收费标准。书面告知材料应当经委托人签名（盖章）确认。

2. 房地产经纪机构的验证义务

房地产经纪机构与委托人签订房屋出售、出租经纪服务合同，应当查验委托出售、出租房屋的实体及房屋权属证书、委托人的身份证明等有关资料。

房地产经纪机构与委托人签订房屋承购、承租经纪服务合同，应当查看委托人的身份证明等有关资料。

3. 房地产经纪机构对合同执行的监督

房地产经纪服务合同签订后，房地产经纪机构要加强对合同执行的监督，及时了解房地产经纪人或房地产经纪人协理在合同执行中的困难和问题，并接受委托人的意见和投诉，及时处理相关问题，保证合同的正常履行。

房地产交易当事人约定由房地产经纪机构代收代付交易资金的，应当通过房地产经纪机构在银行开设的客户交易结算资金专用存款账户划转交易资金。交易资金的划转应当经过房地产交易资金支付方和房地产经纪机构的签字和盖章。代收代付资金独立于房地产经纪机构或交易保证机构的自有资产及其管理的其他财产之外，也不属于房地产经纪机构或交易保证机构的负债，其所有权属于交易当事人。房地产经纪机构应加强客户交易结算资金专用存款账户开立和使用的管理，保证资金支付条件和具体方式与房地产经纪服务合同中的约定一致。

4. 房地产经纪机构对合同文本的保存

房地产经纪机构应当建立业务记录制度。业务记录资料是研究本机构经营业务和科学发展的重要一手资料。房地产经纪服务合同是业务记录资料中的关键内容，同时也是其他相关机构（如法院、房地产行政管理部门、房地产经纪行业组织等）开展调查研究的重要资料，应至少保存 5 年。

5. 委托人的相关义务

委托人与房地产经纪机构签订房地产经纪服务合同，应当向房地产经纪机构提供真实有效的身份证明。委托出售、出租房屋的，还应当向房地产经纪机构提供真实有效的房屋权属证书。委托人未提供规定资料或者提供的资料与实际不符的，房地产经纪机构应当拒绝接受委托。

三、房地产经纪服务合同的主要类型

房地产经纪服务合同按标的物业的类别不同可分为存量房经纪服务合同和新建商品房经纪服务合同两类。其中，存量房经纪服务合同根据房屋交易类型不同及服务对象不同可分为房屋出售经纪服务合同、房屋购买经纪服务合同、房屋出租经纪服务合同和房屋承租经纪服务合同。新建商品房因为仅有代理销售一项业务，所以其经纪服务合同

只有新建商品房销售代理合同一种。房地产经纪服务合同的分类如图 7-1 所示。

图 7-1　房地产经纪服务合同的分类

（一）房屋出售经纪服务合同

房屋出售经纪服务合同是指房地产经纪机构为促成委托人向第三方出售房屋而向委托人提供有偿经纪服务，与委托人之间设立、变更、终止权利义务关系的协议。

房屋出售经纪服务合同除了包含合同双方当事人的基本资料、违约责任、解决争议的方式等一般合同常有的基本内容外，还包括以下主要合同条款：委托事项、标的房屋信息、服务内容、委托期限与方式、委托出售价格、服务费用支付、交易过错责任承担。

签订房屋出售经纪服务合同要注意以下事项。

1. 认真查验交易房屋的权属状况

房屋交易的实质是房屋产权交易，因此确认房屋产权的真实性以及是否存在瑕疵是首要问题。房屋是否即将拆迁、是否已经抵押或涉案被查封、产权共有人的意见等是影响房屋是否上市的重要因素。房屋所有权证并不一定能清晰、完整地显示现实产权状态，因此，房地产经纪机构及其业务人员在为委托人提供房地产经纪服务前应当查验委托出售房屋的实体及房屋权属证书，并通过不动产登记部门核实该房屋的权属情况。

2. 经委托人同意再对外公布房源信息

为了确保房源信息发布的真实、有效、准确，房地产经纪机构与委托人签订房屋出售经纪服务合同后，还要根据委托人提供的证明、材料及查验房屋的结果，进一步编制房屋状况说明书。经委托人确认房屋状况说明书内容并书面同意发布房源信息后，房地产经纪机构方可通过合法渠道进行发布。

3. 详尽告知委托人相关税费政策

在房屋交易中，权属性质、物业用途、购买年限不同，交易当事人所缴税费亦有所不同，交易税费计算也比较复杂。房地产经纪机构应根据委托物业的情况详尽告知委托人房屋所涉及的税费种类、交费主体、收取标准等。

4. 委托方式选择

房屋出售经纪服务合同中的委托方式可以是独家委托或多家委托。两种方式各有利弊，委托人可以根据实际情况进行选择。

5. 房屋出售经纪业务中的创新服务

在房屋出售经纪业务中，房地产经纪机构可以根据委托人的意愿提供待售期间的房屋保管服务，即委托人将房屋钥匙交给房地产经纪机构保管并使用，房地产经纪机构可以直接带客户看房，而不需要房东陪同。根据《民法典》的有关规定，除非当事人另有约定，保管合同自保管物交付时成立。保管期间，保管人应当妥善保管保管物，因保管人保管不善造成保管物毁损、灭失的，保管人应当承担损害赔偿责任。只有保管是无偿的，并且保管人证明自己没有重大过失的，才不承担赔偿责任。因此，房地产经纪机构在签订房屋出售经纪服务合同时，在接受房屋钥匙之前，应就是否履行对房屋的保管义务、发生房屋损坏如何处理、该服务是否收费及收费标准等问题与委托人进行特别约定。在接受房屋钥匙的同时，应当对房屋室内物品进行登记造册，做好交接工作。

6. 签订房屋出售经纪服务合同应出具的资料

签订房屋出售经纪服务合同应出具的资料如下。

① 房屋所有权人及其代理人（有代理人的）的有效身份证明复印件。

② 房屋的不动产权证书或房屋所有权证或其他房屋来源证明复印件。

③ 房屋所有权人出具的合法的授权委托书（代理人办理房屋出售事宜的）。

④ 公司章程、公司的权力机构审议同意出售房屋的合法书面文件（房屋属于有限责任公司、股份有限公司所有的）。

⑤ 房屋共有权人同意出售房屋的书面证明（房屋属于共有的）。

⑥ 房屋承租人放弃房屋优先购买权的书面声明、房屋租赁合同（房屋已出租的）。

房屋出售经纪服务合同
（中国房地产估价师与房地产经纪人学会推荐文本）

合同编号：_____

房屋出售委托人（甲方）: _____

【身份证号】【护照号】【营业执照注册号】【统一社会信用代码】【_____】: _____

【住址】【住所】: _____

联系电话：_____

代理人：_____

【身份证号】【护照号】【_____】: _____

住址：_____

联系电话：_____

房地产经纪机构（乙方）: _____

【法定代表人】【执行合伙人】: _____

【营业执照注册号】【统一社会信用代码】: _____

房地产经纪机构备案证明编号：_____

住所：_____

联系电话：_____

　　根据《中华人民共和国民法典》《中华人民共和国城市房地产管理法》《房地产经纪管理办法》等法律法规，甲乙双方遵循自愿、公平、诚信原则，经协商，就甲方委托乙方提供房屋出售经纪服务达成如下合同条款。

第一条　房屋基本状况

委托出售的房屋（以下称房屋）【不动产权证书号】【房屋所有权证号】
【_____】：_____。

　　房屋坐落：_____。

　　规划用途：【住宅】【商业】【办公】【_____】。

　　房屋权利凭证记载【建筑面积】【套内建筑面积】【_____】：_____平方米。

　　户型：___室___厅___厨___卫。朝向：_____。

　　所在楼层：_____层。地上总层数：_____层。电梯：【有】【无】。

第二条　委托挂牌价格

甲方要求房屋出售的挂牌【总价为_____万元（大写_____万元）】【单价为_____元/米²（大写_____元/米²）】。

甲方如果调整挂牌价格，应及时通知乙方。

第三条　经纪服务内容

乙方为甲方提供的房屋出售经纪服务内容包括：

（一）提供相关房地产信息咨询；

（二）办理房屋的房源核验，编制房屋状况说明书；

（三）发布房屋的房源信息，寻找意向购买人；

（四）接待意向购买人咨询和实地查看房屋；

（五）协助甲方与房屋购买人签订房屋买卖合同；

（六）其他：_____。

第四条　服务期限和完成标准

经纪服务期限【自____年____月____日起至____年____月____日止】【自本合同签订之日起至甲方与房屋购买人签订房屋买卖合同之日止】【_____】。

乙方为甲方提供经纪服务的完成标准为：【在经纪服务期限内，甲方与乙方引见的房屋购买人签订房屋买卖合同】【_____】。

第五条　委托权限

（一）在经纪服务期限内，甲方【放弃】【保留】自己出售及委托其他机构出售房屋的权利。（注：如果勾选【放弃】，则房屋在经纪服务期限内即使不是由乙方出售，甲方仍可能须向乙方支付经纪服务费用。因此，当勾选【放弃】时，甲方应谨慎考虑，并关注本合同第八条的违约责任。）

（二）甲方【同意】【不同意】在经纪服务期限内将房屋的钥匙交乙方保管，供乙方接待意向购买人实地查看房屋时使用。

第六条　经纪服务费用

（一）乙方达到本合同第四条约定的经纪服务完成标准的，经纪服务费用【全由甲方】【全由房屋购买方】【由甲方与房屋购买方分别】支付。

（二）由甲方支付的经纪服务费用，按【房屋成交总价的＿＿％计收】【房屋成交总价分档计收，分别为：＿＿＿＿＿＿＿＿】【＿＿＿＿＿＿＿】。支付方式为下列第＿＿种（注：只可选其中一种）：

1. 一次性支付，自乙方达到本合同第四条约定的经纪服务完成标准之日起＿＿日内，支付经纪服务费用。

2. 分期支付，具体为：＿＿＿＿＿＿＿＿＿＿＿＿＿＿＿＿＿＿＿＿。

3. 其他方式：＿＿＿＿＿＿＿＿＿＿＿＿＿＿＿＿＿＿＿＿＿＿。

（三）如果因乙方过错导致房屋买卖合同无法履行，则甲方无须向乙方支付经纪服务费用。如果甲方已支付，则乙方应在收到甲方书面退还要求之日起 10 个工作日内将经纪服务费用退还甲方。

（四）其他：＿＿＿＿＿＿＿＿＿＿＿＿＿＿＿＿＿＿＿＿＿＿。

乙方收到经纪服务费用后，应向甲方开具正式发票。

第七条　资料提供和退还

甲方应向乙方提供完成本合同第三条约定的经纪服务内容所需要的相关有效身份证明、不动产权属证书等资料，乙方应向甲方开具规范的收件清单，对甲方提供的资料应妥善保管并负保密义务，除法律法规另有规定外，不得提供给其他任何第三方。乙方完成经纪服务内容后，除归档留存的复印件外，其余的资料应及时退还甲方。

第八条　违约责任

（一）乙方违约责任

1. 乙方在为甲方提供经纪服务过程中应勤勉尽责，维护甲方的合法权益，如果有隐瞒、虚构信息或与他人恶意串通等损害甲方利益的，甲方有权单方解除本合同，乙方应退还甲方已支付的相关款项。由此给甲方造成损失的，乙方应承担赔偿责任。

2. 乙方应对经纪活动中知悉的甲方个人隐私和商业秘密予以保密，有不当泄露甲方个人隐私或商业秘密的，甲方有权单方解除本合同。由此给甲方造成损失的，乙方应承担赔偿责任。

3. 乙方遗失甲方提供的资料原件，给甲方造成损失的，乙方应依法给予甲方经济补偿。

4. 其他：＿＿＿＿＿＿＿＿＿＿＿＿＿＿＿＿＿＿＿＿＿＿＿。

（二）甲方违约责任

1. 甲方故意隐瞒影响房屋交易的重大事项，或提供虚假的房屋状况和相关资料，乙方有权单方解除本合同。由此给乙方造成损失的，甲方应承担赔偿责任。

2. 甲方自行与乙方引见的意向购买人签订房屋买卖合同的，应按照【本合同第六条约定的经纪服务费用标准】【＿＿＿＿＿＿＿】向乙方支付经纪服务费用。

3. 甲方放弃自己出售及委托其他机构出售房屋的权利，在本合同约定的经纪服务期限内自行或通过其他机构与第三人签订房屋买卖合同的，应按照【本合同第六条约定的经纪服务费用标准】【＿＿＿＿＿＿＿】向乙方支付经纪服务费用。

4. 其他: _____。

（三）逾期支付责任

甲方与乙方之间有付款义务而延迟履行的，应按照逾期天数乘以应付款项的万分之五计算违约金支付给对方，但违约金数额最高不超过应付款总额。

第九条　合同变更和解除

变更本合同条款的，经甲乙双方协商一致，可达成补充协议。补充协议为本合同的组成部分，与本合同具有同等效力，如果有冲突，以补充协议为准。

甲乙双方应严格履行本合同，经甲乙双方协商一致，可签署书面协议解除本合同。如果任何一方单方解除本合同，应书面通知对方。因解除本合同给对方造成损失的，除不可归责于己方的事由和本合同另有约定外，应赔偿对方损失。

第十条　争议处理

因履行本合同发生争议，甲乙双方协商解决。协商不成的，可由当地房地产经纪行业组织调解。不接受调解或调解不成的，【提交_____仲裁委员会仲裁】【依法向房屋所在地人民法院起诉】【_____】。

第十一条　合同生效

本合同一式____份，其中甲方____份、乙方____份，具有同等效力。

本合同自甲乙双方签订之日起生效。

甲方（签章）: _____ 甲方代理人（签章）: _____

乙方（签章）: _____

房地产经纪人/协理（签名）: _____ 证书编号: _____

房地产经纪人/协理（签名）: _____ 证书编号: _____

联系电话: _____

签订日期: _____年___月___日

（二）房屋购买经纪服务合同

房屋购买经纪服务合同是指房地产经纪机构为促成委托人向第三方购买房屋提供有偿经纪服务，与委托人之间设立、变更、终止权利义务关系的协议。

房屋购买经纪服务合同除了包含合同双方当事人的基本资料、违约责任、解决争议的方式等一般合同常有的基本内容外，还包括以下主要合同条款：委托事项、房屋需求信息、服务内容、委托期限与方式、委托承购价格、服务费用支付、交易过错责任承担。

签订房屋购买经纪服务合同要注意以下事项。

1. 明确委托人的购房需求

房地产经纪机构要尽可能详细地询问委托人的购房需求，如购房目的、意向区域、房屋面积、总价、单价及小区环境、商业配套等，将这些内容具体写入房屋购买经纪服务合同中。

2. 详尽告知买方的相关税费政策

房地产经纪机构应向委托人详细介绍当地实行的房地产税收及限购政策，并根据委托人的情况，分析其是否受限购政策影响及需要缴交的房地产税费等。

3. 房屋购买经纪业务中的创新服务

房地产购买经纪服务可以包含房屋质量保证、房屋交易履行保证等交易保障服务。若需提供这些服务，则应在房屋承购买纪服务合同中进行相关约定。

（三）房屋出租经纪服务合同

房屋出租经纪服务合同是指房地产经纪机构为促成委托人向第三方出租房屋提供有偿经纪服务，与委托人之间设立、变更、终止权利义务关系的协议。

房屋出租经纪服务合同除了包含合同双方当事人的基本资料、违约责任、解决争议的方式等一般合同常有的基本内容外，还包括以下主要合同条款：委托事项、标的房屋信息、服务内容、委托期限与方式、委托出租价格、服务费用支付、交易过错责任承担。

签订房屋出租经纪服务合同要注意以下事项。

1. 认真查验出租房屋的实物状况，经委托人同意后对外公布房源信息

为了避免房屋出租后因房屋及其设备、家具等给承租人造成健康、安全损害而产生交易纠纷，房地产经纪机构与委托人在签订房屋出租经纪服务合同之前，应对房屋的结构、装修、设备、家具进行认真查验，有重大健康、安全隐患的应提醒出租人整改后再受理委托出租业务。对可受理的房屋，要根据房屋查验的实际情况以及提供的证明材料，编制房屋状况说明书，经委托人确认并同意发布房源信息后，房地产经纪机构方可通过合法渠道进行房源信息发布。

2. 详细了解委托人的出租要求

房地产经纪机构要充分了解委托人对承租人和租赁期限的要求，如承租人的年龄、职业、数量、国籍地域等。

3. 房屋出租经纪业务中的创新服务

房屋出租经纪服务可以包含对出租房屋及设备的使用监督、维修服务及代收租金等服务。如果是房屋托管业务，出租人和房地产经纪机构签订托管协议，出租人将房屋委托给经纪机构进行管理，包括房屋租前保洁、寻找租客、收取租金、维修等，出租人向房地产经纪机构支付管理费用（或以某个特定时间段内的租金充抵）。如果在租约期间房屋出现维修等问题，可以由房地产经纪机构负责找人修理。租约期间出租人只和房地产经纪机构联系，不和具体的承租人接触。租约期间承租人临时退租出现空置期，或者没有按时支付租金、拖延水电费等情况都由房地产经纪机构承担，不会影响签约出租人的收益。如果提供这些创新服务，则应在房屋出租经纪服务合同中对服务的具体内容、

要求及完成标准等进行具体约定。

4. 签订房屋出租经纪服务合同应提供的资料

签订房屋出租经纪服务合同应提供以下资料：
① 房屋所有权人及其代理人（有代理人的）的有效身份证明复印件。
② 房屋的不动产权证书或房屋所有权证或其他房屋来源证明复印件。
③ 房屋所有权人出具的合法的授权委托书（代理人办理房屋出租事宜的）。
④ 房屋共有权人同意出租房屋的书面证明（房屋属于共有的）。
⑤ 房屋所有权人同意转租房屋的证明（房屋转租的）。

（四）房屋承租经纪服务合同

房屋承租经纪服务合同是指房地产经纪机构为促成委托人向第三方承租房屋提供有偿经纪服务，与委托人之间设立、变更、终止权利义务关系的协议。

房屋承租经纪服务合同除了包含合同双方当事人的基本资料、违约责任、解决争议的方式等一般合同常有的基本内容外，还包括以下主要合同条款：委托事项、房屋需求信息、服务内容、委托期限与方式、委托承租价格、服务费用支付、交易过错责任承担。

签订房屋承租经纪服务合同要注意以下事项。

1. 明确委托人的租赁要求

委托人的租赁要求包括对租赁房屋面积、租金、租赁期限、内部设施、小区环境、交通等方面的要求，应将这些内容具体写入房屋承租经纪服务合同中。另外，要提醒承租人，不得在未取得出租人同意其转租的情况下进行转租（特别是群租）或在承租房屋内从事各种不法活动。

2. 房屋承租经纪业务中的创新服务

承租经纪服务也可以像房屋购买经纪服务一样，提供类似房屋质量保证服务，还可以进一步拓展到维修服务。这些拓展的创新服务内容都需要在房屋承租经纪服务合同中进行约定。

（五）新建商品房销售代理合同

新建商品房销售代理合同是指房地产经纪机构为房地产开发企业提供新建商品房预售、现售代理服务，双方就相互间委托代理关系及相关权利义务的设立、变更、终止所签订的书面协议。

新建商品房销售代理合同的主要内容有以下几点：
① 新建商品房销售代理合同双方当事人的名称、住所等情况。
② 新建商品房的基本情况。
③ 房地产经纪服务的项目、内容、要求以及完成的标准。
④ 委托期限与方式。

⑤ 经纪服务费用及其支付方式。

⑥ 委托方的权利义务。

⑦ 房地产经纪机构的权利义务。

⑧ 违约责任。

⑨ 合同变更与解除。

⑩ 合同纠纷解决方式。

新建商品房销售代理是批量房地产的销售代理，由于委托方（房地产开发企业）的相对强势，房地产经纪机构更需特别审慎地与之签订代理合同，以切实保护自身利益。特别需要注意的是，商品房销售代理合同中应载明有关交易价格范围、销售时间和进度以及不同价格和销售进度下佣金计算标准的条款。在批量商品房销售代理中，待销的房地产不一定能做到百分之百销完，因此必须事先约定衡量房地产经纪机构完成任务的考核指标——销售面积比例。由于批量化商品房的销售时间较长，佣金也就有必要分期支付，这样就必须约定各期支付的时点或前提条件。商品房预（销）售过程中发生的费用（如广告、售楼处搭建费用等）较多，其投放的时间、数量与销售量有密切关系，因此也应对其支付方式、时间安排等事项在合同中予以约定。

×××项目代理销售合同书

委托方（甲方）：_____

地址：_____

电话：_____ 法人：_____

委托代理人：_____

代理方（乙方）：_____

地址：_____

电话：_____ 法人：_____

委托代理人：_____

甲乙双方经过友好协商，根据《中华人民共和国民法典》的有关规定，就甲方委托乙方（独家）代理销售甲方开发经营×××项目（以下简称该项目）事宜，在互惠互利的基础上达成以下协议，并承诺共同遵守。

第一条　销售定义

为了正确理解本合同内容，双方有必要在合同的开端确定销售的真正定义，销售行为定义不仅包括在没有法律纠纷的情况下，完成销售前的专业咨询、手续办理和合同签订，还包括销售后期的售款催缴、房屋交接和入住等综合问题。

第二条　合作内容和范围

甲方指定乙方独家销售代理的由甲方所属的项目位于×××地块，占地××亩，主体××层，建筑面积共×××平方米，其中包括住宅及商业项目。具体可售单位按附件执行。

第三条　合作期限

本合同代理期限共 10 个月，自××××年××月××日起至××××年××

月××日完成双方达成的工作任务止。本合同期限届满，自动终止，如果甲方有进一步合作意向，将以书面形式通知乙方。

第四条　销售价格

1. 销售基价（本代理项目各层楼面的平均价）由甲方商定后给出销售均价，乙方所提供并经甲方确认的销售价目表为本合同的附件，并按此作为计算代理佣金及其他费用的依据。

2. 乙方应按照甲方确定的基价制定销售价格方案，经甲方书面批准后再实施。一般来说，甲方不鼓励项目开盘后的市场销售价格调整。

3. 根据销售的实际情况，需采取提价或促销行为时，由双方商定销售方案，签订补充协议后再执行。

4. 未经甲方书面许可，乙方不得擅自改变销售价格。

第五条　佣金和支付

1. 乙方的销售代理佣金为项目价目表成交额的8%。在经甲方书面同意提价，乙方实际销售价格超出销售基价部分，甲乙双方按7∶3比例分成。代理佣金由甲方以人民币形式支付。

2. 本合同的销售代理佣金划分和所占份额：

销售交易佣金　　　　　　80%

销售考核佣金　　　　　　10%

销售保证佣金　　　　　　10%

3. 凡以下情况均认定乙方完成销售，甲方按照合同代理佣金的80%在下个月前5个工作日内支付给乙方，作为乙方依法获得的销售交易佣金。

（1）客户与甲方签订购房合同，并交付购房款的50%。

（2）客户与甲方签订购房合同，一次性付清合同金额的100%。

（3）分期付款，首付款不低于合同金额的50%。

（4）按揭贷款付款，首付款不低于合同金额的50%。

4. 根据第八条第二款确定的销售指标体系考核乙方月度销售绩效，以此作为甲方在下个销售月度前15个工作日内支付乙方销售考核佣金的标准。

5. 销售保证佣金待项目销售完结后，扣除乙方相应的赔偿外一次性支付乙方。

6. 甲方需依照合同说明按时支付乙方佣金，乙方应遵照国家规定提供有效发票。

7. 甲方的预留房源也计入乙方的销售计划总量，甲方应事先确定比例并在销售前期以书面形式通知乙方。

8. 因甲方原因造成客户的退房行为，甲方需支付乙方佣金的70%。同样，因乙方原因造成客户的退房行为，乙方要承担相应损失的经济责任。

第六条　费用分担

1. 本项目的推广费用（包括报纸、电视、车体、路牌等广告，印制宣传材料，售楼书，制作沙盘，办公耗材等）由乙方负责向第三方支付。

2. 异地销售所发生的广告媒体推广和宣传费用由甲方负担。乙方人员的差旅费、人工费等由乙方自行承担。

3. 甲方负担售楼处的新建或租赁、装修、空调、办公桌椅固定资产的添置所产生的费用。售楼处内部的水、电、暖、电话等产生的其他费用则由乙方承担。

4. 具体销售工作人员的开支及日常支出由乙方负责支付。

5. 费用一律以转账或支票形式支付。

第七条 销售合同审批和房款收缴

甲乙双方严格执行销售合同审批和房款收缴程序：

1. 乙方对外与客户签订的合同示范文本及相关的补充协议、说明等必须经甲方书面批准同意后，乙方方可据此与客户签订合同。

2. 乙方与客户达成意向，客户在销售合同上签字盖章。

3. 客户凭借乙方签发的交款通知单到甲方财务单位缴纳购房款项；乙方上交合同，接受甲方审批备档留存。

4. 甲方在1个工作日内完成合同审批，盖章生效后，将客户的合同及复印件转交乙方销售部门1份作为销售依据。

5. 客户在合同签字盖章的第3个工作日后，凭缴款收据到售楼处领取合同原件。

第八条 甲方权利和义务

1. 甲方应向乙方提供以下文件和资料：

（1）甲方营业执照副本复印件和银行账户。

（2）有关证照和销售项目的商品房销售证书。

（3）关于代售的项目所需的有关资料（包括但不限于外形图、平面图、地理位置图、室内设备、建设标准、电器配备、楼层高度、面积、规格、其他费用的估算等）。

2. 确立销售指标体系，作为考核乙方销售绩效标准。

（1）乙方在整个销售期内必须按月完成下达指标业绩的80%销售额。

（2）甲方保证乙方将委托期内以进入售楼中心的前2个月作为市场适应期，在此期间，乙方的销售额不纳入甲方的考核指标体系，佣金结算方式在扣除销售保证金的基础上，依据乙方实际销售额全额支付。

（3）若乙方未完成前3个月计划的80%，则乙方必须承担相应的经济处罚，并无条件退出代理销售。乙方自行承担在此期间合同约定乙方需负担的费用，甲方扣除乙方已产生销售的绩效保证金。本合同在合同生效日后的第3个月的前5个工作日内自行解除。

（4）其后的销售月度考核指标根据前期的销售情况和市场情况另行约定，并将其作为合同的补充条款。

3. 甲方做好涉及行政管理部门协调工作，保证房屋的质量和交房日期。

4. 甲方做好项目开发商、销售单位和承建单位等三方的工作协调，为销售做好铺垫。

5. 甲方有义务做好销售的保密工作，以防止对项目销售造成不利影响。

6. 甲方根据合同条款，按时支付乙方应得的代理佣金，若预期未能履行支付责任，则按预期时限每日向乙方支付欠款金额1‰的滞纳金。

7. 甲方有权对乙方的代理工作进行定期检查、指导和考核，并有权对乙方未完成的工作任务进行相应的经济处罚。

8. 按照甲乙双方议定的条件，在委托期内，甲方有权监督乙方广告推广单位进行广告宣传、策划，并提出书面形式的相关建议。

第九条　乙方权利和义务

1. 在合同期内，乙方应做以下工作：

（1）完成销售前的有关售房、法律咨询工作。

（2）完成确立的销售指标体系。

（3）做好销售的来人来电和客户相关信息登记，并定期和阶段性地进行汇总、分析。

（4）根据市场推广计划，提出销售工作计划和制定销售价格预案，待甲方批准。

（5）销售前期来电来访量少，销售员不忙时派送宣传资料、售楼书。

（7）在甲方的协助下，安排客户实地考察并介绍项目、环境及情况。

（8）在甲方与客户正式签署购房合同之前，乙方以代理人身份签署房产临时买卖合约，并收取定金。

2. 乙方负责销售人员的人事任用和专业培训，并且有义务满足甲方对项目销售人员的筛选。乙方代理销售相关人员的具体资料以合同附件形式出现。

3. 乙方不得擅自挪用任何代收的房款。

4. 乙方不得以甲方名义进行合同之外的其他业务。

5. 乙方在销售过程中，应根据甲方提供项目的特性和状况向客户作如实介绍，尽力促销，不得夸大、隐瞒或过度承诺，因此引起的法律纠纷由乙方自行承担。

第十条　工作例会制度

在合同履行期间，双方应根据工作进程，举行工作例会。例会地点由双方商议确定，双方项目总监级人员均应按时出席，若因故未能按时出席，则应提前知会对方并得到谅解。例会结束后，会议纪要在经双方签字确认后，要以电子文档或书面形式保留。

第十一条　销售专案人员

为更有效地履行代理职责，乙方将组建专门销售专案小组、广告策划小组向甲方提供代理服务。合同履行期间，甲方认为乙方销售专案人员不能履行或不能胜任时，有权要求乙方更换，直至双方认可为止。乙方更换、替补人员时，需经甲方书面形式同意。乙方应尽力保持该小组服务素质的持续性和稳定性。

第十二条　违约和解约

1. 经双方约定，双方当事人中一方未按本合同第三、五、六、七、八、九、十、十一条款规定之情形履约，致使合同履行迟延、履行不符合约定或其他违约情形而给对方造成损失的，违约方应承担所有损害责任，并应及时采取相关补救措施履行合同义务。

2. 非因法律规定或本合同约定的情形，甲乙双方均不得擅自提前解除本合同。合同履行期未满，但双方协商后一致同意解除合同的，可以解约。若单方解约，解约方应在15个工作日前以书面形式正式通知对方，否则视为擅自解除合同，擅自解约方应向对方支付违约金，违约金为本合同总金额的20%。

3. 本合同终止后，乙方应于 5 日内返还甲方所有相关资料。不能返还的，应予以销毁。

第十三条　保密条款

商业秘密指一切由一方向另一方提供有关对方的传播策略、营业状况、客户名单及其他技术信息和经营信息。

一方应按照中国法律的规定，对本合同及本合同实施中所涉及的另一方的商业秘密予以保密，保证仅在必要情况下，将这些秘密透露给为实施本合同而必须了解相关秘密的本方人员或第三方及依法有权强制得到该秘密的机构。保证其职员或第三方与其一样履行本合同规定的保密义务。

此保密条款在本合同期内及本合同终止后半年内均有效。

第十四条　知识产权

对于本项目乙方委托广告推广方所完成的成果（包括但不限于楼书、报纸广告、单张、DM、折页、海报、电视、路牌、车体广告等），甲方必须授权乙方拥有完全解释权，相关方案未经甲方书面允许，乙方不得擅自推广发布。如果未经甲方审阅批准，因此产生法律纠纷，由乙方承担完全责任。

第十五条　不可抗力和免责条款

1. 不可抗力事件是指在本合同签署后发生的、本合同签署时不能预见的、其发生与后果是无法避免或克服的、妨碍任何一方全部或部分履约的所有事件，包括自然灾害(如地震)、恶劣天气（如台风）、战争、恐怖行为、暴力事件或其他不可抗拒的事件。

2. 因不可抗力产生的合同履行暂停、延迟，双方均不承担违约责任。

3. 发生不可抗力事件时，知情方应及时通知另一方。双方应合理地做出努力，克服不可抗力事件，减轻其影响。同时双方应立即协商，决定将合同延期执行或者解除合同。

第十六条　其他事项

1. 本合同项下的附件为本合同不可分离的组成部分，与本合同具有同等法律效力。

2. 争议解决方式：双方当事人因实际工作与合同内容冲突引起争议，应本着互谅互让的精神协商解决。协商无果的，可依法向签约地有管辖权的人民法院提起诉讼。

3. 本合同正本一式 4 份，甲乙双方各执 2 份，均具同等法律效力，经双方授权签署、加盖公章后即行生效。本合同中未尽事宜，以补充合同形式确定。

甲方（公章）：×××公司　　　　　　　　乙方（公章）：×××公司

法人（签章）：　　　　　　　　　　　　法人（签章）：

委托代理人（签章）：　　　　　　　　　委托代理人（签章）：

签约地点：

签约日期：　　　　年　　　月　　　日

四、房地产经纪活动相关的其他合同

在房地产经纪活动中，除了房地产经纪机构与委托人之间订立的房地产经纪服务合同外，委托人与委托人之间还会订立房地产交易合同，主要有商品房买卖合同、二手房买卖合同和房屋租赁合同三种。

（一）商品房买卖合同

商品房买卖合同是指房地产开发企业销售自己所开发的商品房时，与购房者签订的买卖合同。为了规范房地产市场，住房和城乡建设部、国家工商行政管理总局 2014 年联合发布了商品房买卖合同示范文本。合同示范文本分为预售合同和现售合同两个文本，即《商品房买卖合同（预售）示范文本》（GF-2014-0171）和《商品房买卖合同（现售）示范文本》（GF-2014-0172）。

2014 年版商品房买卖合同示范文本与以前版本相比，更加注重买受人权益的保障，其完善了商品房交付条件和交付手续，增加了房屋交付前买受人查验房屋的环节，明确了出卖人的保修责任和最低保修期限，细化了业主对建筑物专有和共有部分享有的权利。在预售合同中新增了商品房预售资金监管条款，明确出卖人应将出售商品房的全部房价款存入预售资金监管账户。

商品房买卖合同文本主要包括以下条款：

① 合同双方当事人的姓名或名称、住所、联系方式等。

② 转让房地产的基本情况、建设依据、销售依据、设施状况等基本情况。

③ 计价方式及价款。

④ 付款方式及期限。

⑤ 面积差异处理方式。

⑥ 交付期限。

⑦ 违约责任。

⑧ 规划、设计变更的约定。

⑨ 交接、产权登记的约定。

⑩ 争议解决处理办法。

⑪ 相关附件及补充条款。

⑫ 当事人约定的其他条款。

房地产经纪人员在从事经纪活动时，必须逐条逐句分析领会合同的主要条款，认真协助交易双方订立合同，不能忽视任何一个条款的作用，尤其要提醒交易双方在违约责任和争议处理办法方面的条款上仔细斟酌，妥善填写。

（二）二手房屋买卖合同

1. 二手房屋买卖合同的主要条款

二手房屋买卖合同是指购房者和售房者在平等协商的基础上，就房屋的买卖所签订的协议，是一方转移房屋所有权于另一方，另一方支付价款的合同。二手房屋买卖合同主要包括以下条款：

① 买卖房地产当事人的姓名或名称、住所。

② 买卖房地产的坐落、地点、面积。

③ 房屋的平面图、结构、建筑质量、装饰标准以及附属设施、配套设施等情况。

④ 买卖的价格、支付方式和期限。

⑤ 交付日期。

⑥ 违约责任。

⑦ 争议解决处理办法。

⑧ 买卖双方当事人约定的其他事项。

2. 签订二手房屋买卖合同的注意事项

如果说一手商品房的交易具有"批发"出售的性质，二手房交易则更像"零售"，其交易多是零散进行的，产权状况也可能多种多样。所以说二手房屋的买卖交易是一种复杂的民事行为，涉及的法律关系比较多，当事人在签订二手房屋买卖合同时应更仔细谨慎。在签订二手房屋买卖合同时应注意以下事项。

（1）共有人的权利

房地产权利登记分独有和共有。共有指二人以上权利人共同拥有同一房地产。签订房屋买卖合同时，房屋权证内的共有人应在合同内签字盖章。原职工已购公有住房上市出售的，参加房改购房时的同住成年人应在合同中明确表示同意出售，并签字盖章；因故无法在合同内签字盖章的，应出具同意出售的其他证明。

（2）权益转移

出卖人将原购入的商品房屋出售时，应将房地产开发企业提供的住宅质量保证书和住宅使用说明书一并转移给买受人，买受人享有"两书"规定的权益。

（3）房屋质量

质量条款是买卖合同的必要内容，买卖的房屋应能保持正常的使用功能。房屋超过合理使用年限后继续使用的，产权人应委托具有相应资质等级的勘察、设计单位鉴定。

（4）承租人优先购买权

买卖已出租的，出卖人应当在出售前3个月通知承租人。承租人同等条件下拥有该房屋的优先购买权。若承租人放弃优先购买权，买受人购房后应继续履行租赁合同，并与承租人签订租赁主体变更合同。房屋租赁应收取租金，房屋产权转移前租金归出卖人，转移后租金归买受人所有。

（5）集体所有土地上房屋的买卖对象

集体所有土地的居住房屋未经依法征用，只能出售给房屋所在地乡（镇）范围内具备居住房屋建设申请条件的个人。非居住房屋只能出售给房屋所在地乡（镇）范围内的集体经济组织或者个体经济者。

（6）住房户口迁移

已投入使用的住房买卖，除房屋交接和权利转移外，住房内的原有户口是否及时迁出会影响合同的履行。当事人可在补充条款内约定户口迁移条款。

（7）维修基金交割

房屋买卖合同生效后，当事人应将房屋转让情况书面告知业主管理委员会和物业管理单位，并办理房屋维修基金户名的变更手续。账户内结余维修基金的交割，当事人可在补充条款中约定。

（8）物业管理费、公用事业费具结

由于物业管理费和一些公用事业费（如有线电视、自来水、管道燃气）是以房屋单位为账户的，所以签订二手房屋买卖合同时还应注意对这些费用的具结方式、期限以及房屋买卖的影响等进行约定。

（三）房屋租赁合同

房屋租赁合同是指出租人在一定期限内将房屋转移给承租人的占有、使用、收益的协议。房屋租赁合同应具备以下条款：

① 当事人姓名或名称及住所。

② 房屋的坐落、面积、结构、附属设施及设备状况。该条款说明出租房屋的结构、附属设施及设备状况，反映了出租房屋的质量。同时，也使承租人明确在房屋租赁期间不得擅自破坏房屋结构、更改房屋的装修及设施，如有必要进行装修或更改原有设施，应征得出租方的书面同意，并按有关物业管理规定予以实施。另外，租赁合同还应明确租赁期满后承租人返还房屋时是否要恢复原状。

③ 租赁用途。房屋的租赁用途指房屋的使用用途，一般要求按房地产权证上载明的用途使用，未经有关部门批准，承租人不得擅自更改租赁房屋规定的使用用途。

④ 交付日期。房屋由出租人交付给承租人使用的具体时间。

⑤ 租赁期限。房屋租赁一般应设定租赁期限。同时，在合同中还应注明若续租，应在届满前提出，并重新签订租赁合同。

⑥ 租金及支付方式和期限。租金可以按月、按季、半年等支付，由双方协商订立。在订立该条款时，注意不要遗漏租金交付的期限及违约逾期支付时的处理方法。

⑦ 房屋的使用要求和修缮责任。房屋的修缮责任一般由出租人承担，但双方另有约定的除外。

⑧ 返还时房屋的状态。返还时房屋的状态一般为正常使用后的状态。

⑨ 违约责任。

⑩ 当事人约定的其他条款。

以上是房屋租赁合同的一般内容，若租赁双方采取转租、商品房预租、先租后售、售后包租等方式，除具备以上条款外，还应具备法律规定的其他内容。

在实际操作中，房屋租赁合同还应根据使用的实际情况，特别约定租赁期间有关水、电、气、电话费、有线电视费等其他费用的支付。目前民间流行的预收押金或保证金等做法也应在合同中一一明确约定。

房地产经纪人员在从事房屋租赁经纪服务活动时，应尽量引导交易双方使用由政府制定的示范文本，如确有必要自拟合同文本，也应参照示范文本的主要条款规定，不得擅自更换法律、法规所规定的合同内容，以确保合同双方当事人的权利和义务。

任务二 掌握房地产经纪执业规范

一、房地产经纪执业规范概述

（一）房地产经纪执业规范的概念

房地产经纪执业规范是指由房地产行业组织制定或认可的，调整房地产经纪活动相关当事人之间关系的道德标准和行为规范的总和。房地产经纪活动相关当事人包括经纪机构、人员与客户之间，房地产经纪机构、人员与社会之间以及房地产经纪同行之间。

房地产经纪执业规范是房地产经纪机构和人员从事房地产经纪活动的基本指引，是社会大众评判房地产经纪机构和人员执业行为的参考标准，是房地产经纪行业组织对房地产经纪机构和人员进行自律管理的主要依据。

目前，我国全国性的房地产经纪执业规范是中国房地产估价师与经纪人学会在 2006 年发布的《房地产经纪执业规则》（2012 年修改，自 2013 年 3 月 1 日起施行）。除此之外，一些房地产经纪行业比较活跃和成熟的城市也制定了地方性的房地产经纪执业规范，如《上海市房地产经纪行业规则》《深圳市房地产业协会经纪行业从业规范》《广州市房地产中介服务行为规范》等。房地产经纪执业规范的落实和执行主要依靠房地产经纪机构和人员的自觉遵守和行业自律。

（二）房地产经纪执业规范的作用

制定房地产经纪执业规范的主要目的是加强对房地产经纪机构和人员的自律管理，规范房地产经纪行为，保证房地产经纪服务质量，保障房地产交易者的合法权益，维护房地产市场秩序，促进房地产经纪行业的健康发展。房地产经纪执业规范具有以下作用。

1. 规范房地产经纪行为，提升房地产经纪服务质量

房地产经纪执业规范形成后，新设立的房地产经纪机构可以依据执业规范制定内部的业务管理制度；新入职的房地产经纪人员可以通过学习执业规范了解房地产经纪工作的要求，已入职的房地产经纪人员可以对照执业规范修正自己的执业行为，这些都有利于提升房地产经纪服务的质量。

2. 保障房地产经纪当事人的合法权益，维护市场秩序

房地产经纪执业规范不仅可以规范房地产经纪机构和人员的行为，也有利于房地产经纪业务的委托人、交易相对人监督房地产经纪机构和人员是否违反了执业规范的相关要求和规定，有针对性地去投诉、索赔、起诉等，从而有效保障自身权益，维护市场秩序。

3. 协调房地产经纪同行关系，维护行业整体利益

以房地产经纪执业规范作为行为准则，有利于促使房地产经纪机构之间、房地产经纪人员之间的相互尊重、公平竞争，共同营造良好的执业环境，建立优势互补、信息资源共享、合作共赢的和谐发展关系。

4. 加强自律管理，促进房地产经纪行业的持续健康发展

房地产经纪执业规范一般由房地产经纪行业组织制定和发布，推行和落实，它是房地产经纪行业组织进行自律管理的有效手段。通过行业自律实现行业自治，不仅管理成本低，而且管理效果好，有利于房地产经纪行业实现健康持续发展。

二、房地产经纪执业规范的主要内容

（一）房地产经纪执业的基本原则

房地产经纪机构和人员从事房地产经纪活动，应当遵守法律、法规、规章，恪守职业道德，遵循合法、自愿、平等、公平和诚实信用的原则。

1. 合法原则

合法原则是指房地产经纪机构和人员的任何活动都要遵守法律、法规和规章的相关规定，主要体现在以下几个方面。

① 房地产经纪机构必须依法设立，到市场监督管理部门办理营业执照，并到房地产管理部门领取备案证明。房地产经纪人员必须取得房地产经纪人协理从业资格以上级别的资格证书，并按规定注册，领取注册证书。

② 房地产交易标的必须合法。房地产经纪机构和人员不得承办法律法规规定不得交易的房地产、不符合交易条件的保障性住房的经纪业务。

③ 房地产经纪行为必须合法。房地产经纪机构和人员不得有弄虚作假、赚取差价、违规收费等行为。

2. 自愿原则

自愿原则是指在房地产经济活动中，各行为主体必须遵循自愿协商的原则，都有权按照自己的真实意愿独立自主地进行选择和决策，主要体现在以下几个方面。

① 委托人有权按照自己的真实意愿独立自主地选择房地产经纪机构和人员及服务内容。

② 房地产经纪机构和人员有权按照自己的真实意愿独立选择房地产经纪服务的对象和内容。

③ 房地产经纪活动的开展还应互相尊重对方的意愿和社会公共利益，不能将自己的意志强加给第三方。同时，合法的房地产经纪活动也不受第三方干涉。

3. 平等原则

平等原则是指在房地产经纪活动中，所有行为主体在法律地位上都是平等的，其合法权益应受到法律平等保护，主要体现在以下几个方面。

① 房地产经纪活动中的相关主体，包括房地产经纪机构、房地产经纪人员、委托人、交易相对人等，其地位平等，受法律平等保护。

② 房地产经纪活动当事人依法平等地享受权利和承担义务，平等地承担民事责任。

4. 公平原则

公平原则是指房地产经纪机构和人员在开展房地产经纪活动时，要以公平、正义的观念指导自己的行为和处理相互关系，主要体现在以下几个方面。

① 房地产经纪机构应平等地获取经纪业务。房地产经纪机构应站在同一起跑线上，依靠专业水平、服务质量和品牌公平地竞争，而不是依靠特权获取业务。

② 房地产经纪机构作为受托方，应当和委托方公平地确定彼此的权利和义务，既不能店大欺客，也不能妄自菲薄。

③ 房地产经纪机构和人员在从事居间服务时应公正地平衡当事人各方的利益，不得偏向交易双方中的任何一方。

5. 诚实信用原则

诚实信用原则是指房地产经纪机构和人员在提供经纪服务时，要讲究信用，恪守诺言，诚实不欺，在不损害他人和社会利益的前提下追求自己的利益，主要体现在以下几个方面。

① 房地产经纪机构和人员要诚实，不弄虚作假，不欺诈，进行正当竞争。例如，不发布虚假房源和客源信息，不诽谤诋毁同行，不以引诱欺诈的手段促成交易等。

② 房地产经纪机构和人员应信守诺言，不擅自毁约，严格按法律规定和当事人的约定履行义务，兼顾各方利益。在约定不明确或者订约后客观情形发生重大改变时，应依照诚实信用原则确定当事人的权利义务和责任。

（二）房地产经纪执业行为规范

1. 房地产经纪业务招揽行为规范

（1）经营场所公示规范
房地产经纪机构及其分支机构应当在其经营场所醒目位置公示下列内容：
① 营业执照和备案证明文件。
② 服务项目、服务内容和服务标准。
③ 房地产经纪业务流程。
④ 收费项目、收费依据和收费标准。
⑤ 房地产交易资金监管方式。
⑥ 房地产经纪信用档案查询方式、投诉电话及 12358 价格监督举报电话。

⑦ 建设（房地产）主管部门或者房地产经纪行业组织制定的房地产经纪服务合同、房屋买卖合同、房屋租赁合同示范文本。

⑧ 分支机构应当公示设立该分支机构的房地产经纪机构的经营地址及联系方式。

⑨ 房地产经纪机构代理销售商品房项目的，还应当在销售现场醒目位置公示商品房销售委托书和批准销售商品房的有关证明文件。

⑩ 法律、法规、规章规定应当公示的其他事项。

房地产经纪机构及其分支机构公示的内容应当真实、完整、清晰。

（2）房地产经纪人员着装规范

房地产经纪人员在执行业务时，应当佩戴标有其姓名、注册号、执业单位和照片等内容的胸牌（卡），注重仪表、礼貌待人，维护良好的职业形象。

（3）招揽业务时的禁止行为

房地产经纪机构和人员不得利用虚假的房源、客源、价格等信息引诱客户，不得采取胁迫、恶意串通、阻断他人交易、恶意挖抢同行房源客源、恶性低收费、帮助当事人规避交易税费、贬低同行、虚假宣传等不正当手段招揽、承接房地产经纪业务。

房地产经纪机构和人员未经信息接收者、被访者同意或者请求，或者信息接收者、被访者明确表示拒绝的，不得向其固定电话、移动电话或者个人电子邮箱发送房源、客源信息，不得拨打其电话，上门推销房源、客源或者招揽业务。

房地产经纪机构和人员采取在经营场所外放置房源信息展板、发放房源信息传单等方式招揽房地产经纪业务，应当符合有关规定，并不得影响或者干扰他人正常生活，不得有损房地产经纪行业形象。

2. 房地产经纪业务承接行为规范

（1）合同签订规范

房地产经纪机构承接房地产经纪业务，应当与委托人签订书面房地产经纪服务合同。房地产经纪服务合同应当优先选用建设（房地产）主管部门或者房地产经纪行业组织制定的示范文本；不选用的，应当经委托人书面同意。房地产经纪机构承接代办房地产贷款、代办房地产登记等其他服务，应当与委托人另行签订服务合同。

（2）信息告知规范

房地产经纪机构与委托人签订房地产经纪服务合同，应当向委托人说明房地产经纪服务合同和房地产交易合同的相关内容，并书面告知下列事项：

① 是否与委托房地产有利害关系。

② 应当由委托人协助的事宜、提供的资料。

③ 委托房地产的市场参考价格。

④ 房地产交易的一般程序及可能存在的风险。

⑤ 房地产交易涉及的税费。

⑥ 房地产经纪服务的内容及完成标准。

⑦ 房地产经纪服务收费标准和支付时间。

⑧ 其他需要告知的事项。

房地产经纪机构根据交易当事人需要提供房地产经纪服务以外的其他服务的，应当向委托人说明服务内容、收费标准等情况，并经交易当事人书面同意。书面告知材料应当经委托人签名（盖章）确认。

（3）不得承办的业务

房地产经纪机构和人员不得招揽、承办下列业务：

① 法律法规规定不得交易的房地产和不符合交易条件的保障性住房的经纪业务。

② 违法违规或者违背社会公德、损害公共利益的房地产经纪业务。

③ 明知已由其他房地产经纪机构独家代理的经纪业务。

④ 自己的专业能力难以胜任的房地产经纪业务。

3. 房地产经纪业务办理行为规范

（1）资格审查规范

房地产经纪机构与委托人签订房屋出售、出租经纪服务合同，应当查看委托人的身份证明、委托出售或者出租房屋的权属证明和房屋所有权人的身份证明等有关资料，实地查看房屋并编制房屋状况说明书。

房地产经纪机构与委托人签订房屋承购、承租经纪服务合同，应当查看委托人的身份证明等有关资料，了解委托人的购买资格，询问委托人的购买（租赁）意向，包括房屋的用途、区位、价位（租金水平）、户型、面积、建成年份或新旧程度等。

房地产经纪机构和人员应当妥善保管委托人提供的资料以及房屋钥匙等物品。

（2）人员安排规范

房地产经纪机构对每宗房地产经纪业务，应当选派或者由委托人选定注册在本机构的房地产经纪人员为承办人，并在房地产经纪服务合同中载明。

房地产经纪服务合同应当由承办该宗经纪业务的一名房地产经纪人或者两名房地产经纪人协理签名，并加盖房地产经纪机构印章。

房地产经纪机构和人员不得在自己未提供服务的房地产经纪服务合同等业务文书上盖章、签名，不得允许其他单位或者个人以自己的名义从事房地产经纪业务，不得以其他单位或者个人的名义从事房地产经纪业务。

（3）房源发布规范

房地产经纪机构和人员对外发布房源信息，应当经委托人书面同意；在发布的房源信息中，房屋应当真实存在，房屋状况说明应当真实、客观，挂牌价应当为委托人的真实报价并标明价格内涵。

房地产经纪机构和人员不得捏造、散布虚假房地产市场信息，不得操控或者联合委托人操控房价、房租，不得鼓动房地产权利人提价、提租，不得与房地产开发经营单位串通捂盘惜售、炒卖房号。

（4）订约机会报告规范

房地产经纪人员应当根据委托人的意向，及时、全面、如实地向委托人报告业务进行过程中的订约机会、市场行情变化及其他有关情况，不得对委托人隐瞒与交易有关的重要事项；应当及时向房地产经纪机构报告业务进展情况，不得在脱离、隐瞒、欺骗房地产经纪机构的情况下开展经纪业务。

（5）尽职调查规范

房地产经纪人员应当凭借自己的专业知识和经验，尽职调查标的房地产状况，如实向承购人（承租人）告知所知悉的真实、客观、完整的标的房地产状况，不得隐瞒所知悉的标的房地产的瑕疵，并应当协助其对标的房地产进行查验。

（6）交易撮合规范

房地产经纪机构和人员不得诱骗或者强迫当事人签订房地产交易合同，不得阻断或者搅乱同行提供经纪服务的房地产交易，不得承购或者承租自己提供经纪服务的房地产，不得将自己的房地产出售或者出租给自己提供经纪服务的委托人。

房地产经纪机构和人员应当向交易当事人宣传、说明国家实行房地产成交价格申报制度，如实申报成交价格是法律规定；不得为交易当事人为规避房地产交易税费、多贷款等目的，就同一房地产签订不同交易价款的合同提供便利；不得为交易当事人骗取购房资格提供便利；不得采取假赠与、假借公证委托售房等手段规避国家相关规定。

（7）资金监管规范

房地产经纪机构和人员应当严格遵守房地产交易资金监管规定，保障房地产交易资金安全，不得侵占、挪用或者拖延支付客户的房地产交易资金。

房地产经纪机构按照交易当事人约定代收代付交易资金的，应当通过房地产经纪机构在银行开设的客户交易结算资金专用存款账户划转交易资金。交易资金的划转应当经过房地产交易资金支付方和房地产经纪机构的签字和盖章。

（8）佣金收取规范

房地产经纪机构和人员不得在隐瞒或者欺骗委托人的情况下，向委托人推荐使用与自己有直接利益关系的担保、估价、保险、金融等机构的服务。

佣金等服务费用应当由房地产经纪机构统一收取。房地产经纪人员不得以个人名义收取费用。

房地产经纪机构不得收取任何未予标明或者服务合同约定以外的费用；在未对标的房屋进行装饰装修、增配家具家电等投入的情况下，不得以低价购进（租赁）、高价售出（转租）等方式赚取差价；不得利用虚假信息骗取中介费、服务费、看房费等费用。

房地产经纪机构未完成房地产经纪服务合同约定的事项，或者服务未达到房地产经纪服务合同约定标准的，不得收取佣金；但因委托人原因导致房地产经纪服务未完成或未达到约定标准的，可以按照房地产服务合同约定，要求委托人支付从事经纪服务已支出的必要费用。

（9）业务转让规范

房地产经纪机构转让或者与其他房地产经纪机构合作开展经纪业务的，应当经委托人书面同意。

两家或者两家以上房地产经纪机构合作开展同一宗房地产经纪业务的，只能按照一宗业务收取佣金；合作的房地产经纪机构应当根据合作双方约定分配佣金。

（10）业务记录和资料保管规范

房地产经纪机构应当建立健全业务记录制度。执行业务的房地产经纪人员应当如实全程记录业务执行情况及发生的费用等，形成房地产经纪业务记录。

房地产经纪机构应当妥善保存房地产经纪服务合同和其他服务合同、房地产交易合同、房屋状况说明书、房地产经纪业务记录、业务交接单据、原始凭证等房地产经纪业务相关资料。

房地产经纪服务合同等房地产经纪业务相关资料的保存期限不得少于5年。

（11）保密规范

房地产经纪机构和人员应当保守在执业活动中知悉的当事人的商业秘密，不得泄露个人隐私；应当妥善保管委托人的信息及其提供的资料，未经委托人同意，不得擅自将其公开、泄露或者出售给他人。

（12）售后服务规范

房地产经纪机构和人员对已成交或者超过委托期限的房源信息，应当及时予以标注，或者从经营场所、网站等信息发布渠道撤下。

房地产经纪机构应当建立房地产经纪纠纷投诉处理机制，及时妥善处理房地产交易当事人与房地产经纪人员的纠纷。

房地产经纪机构依法对房地产经纪人员的执业行为承担责任，发现房地产经纪人员的违法违规行为时应当制止并采取必要的补救措施。

（三）争议处理与执业责任

1. 房地产经纪活动中的争议处理

在房地产经纪活动中，由于房地产经纪人员或其所在的房地产经纪机构的故意或过失，给当事人造成经济损失的，由房地产经纪机构承担赔偿责任。房地产经纪机构在向当事人进行赔偿后，可以向有关责任人追偿全部或部分赔偿费用。

当事人之间对房地产经纪合同的履行有争议的，可以本着平等自愿的原则协商解决。双方协商不成的，可以向有关政府管理部门投诉，由其从中进行调解。如果经调解不能达成协议，双方可以按照合同中的有效仲裁条款进行处理。合同中无仲裁条款的，可以向房地产所在地人民法院提起诉讼。

2. 房地产经纪活动中违法违规行为的行政处罚

房地产经纪机构和人员违反有关行政法规和规章的规定，行政主管部门或其授权的部门可以在其职权范围内，对违法房地产经纪机构和人员处以与其违法行为相应的行政处罚。行政处罚的种类包括计入信用档案、罚款、没收违法所得和非法财物、责令限期改正、停业整顿、暂扣或者吊销许可证、暂扣或者吊销营业执照、取消网签资格等。

《房地产经纪管理办法》第三十三条规定，有下列行为之一的，由县级以上地方人民政府建设（房地产）主管部门责令限期改正，记入信用档案；对房地产经纪人员处以1万元罚款；对房地产经纪机构处以1万元以上3万元以下罚款：

① 房地产经纪人员以个人名义承接房地产经纪业务和收取费用的。

② 房地产经纪机构提供代办贷款、代办房地产登记等其他服务，未向委托人说明

服务内容、收费标准等情况，并未经委托人同意的。

③ 房地产经纪服务合同未由从事该业务的一名房地产经纪人或者两名房地产经纪人协理签名的。

④ 房地产经纪机构签订房地产经纪服务合同前，不向交易当事人说明和书面告知规定事项的。

⑤ 房地产经纪机构未按照规定如实记录业务情况或者保存房地产经纪服务合同的。

《房地产经纪管理办法》第三十四条规定，房地产经纪机构和人员违反相关规定构成价格违法行为的，由县级以上人民政府价格主管部门按照价格法律、法规和规章的规定，责令改正、没收违法所得、依法处以罚款；情节严重的，依法给予停业整顿等行政处罚。

《房地产经纪管理办法》第三十五条规定，房地产经纪机构擅自对外发布房源信息的，由县级以上地方人民政府建设（房地产）主管部门责令限期改正，记入信用档案，取消网上签约资格，并处以1万元以上3万元以下罚款。

《房地产经纪管理办法》第三十六条规定，房地产经纪机构擅自划转客户交易结算资金的，由县级以上地方人民政府建设（房地产）主管部门责令限期改正，取消网上签约资格，处以3万元罚款。

《房地产经纪管理办法》第三十七条规定，房地产经纪机构和人员有下列行为的，由县级以上地方人民政府建设（房地产）主管部门责令限期改正，记入信用档案，对房地产经纪人员处以1万元罚款；对房地产经纪机构，取消网上签约资格，处以3万元罚款：

① 以隐瞒、欺诈、胁迫、贿赂等不正当手段招揽业务，诱骗消费者交易或者强制交易。

② 泄露或者不当使用委托人的个人信息或者商业秘密，谋取不正当利益。

③ 为交易当事人规避房屋交易税费等非法目的，就同一房屋签订不同交易价款的合同提供便利。

④ 改变房屋内部结构分割出租。

⑤ 侵占、挪用房地产交易资金。

⑥ 承购、承租自己提供经纪服务的房屋。

⑦ 为不符合交易条件的保障性住房和禁止交易的房屋提供经纪服务。

案　例

一套房差价近百万元

某房地产经纪公司在从事一套存量房买卖业务过程中，对交易双方隐瞒真实的房屋成交价格，向买方收取购房款634.6万余元，交给卖方540万元，且虚拟合同按照160万元的房屋价格，向税务等部门仅缴纳相关税费13.6万元。该房地产经纪公司共吃了94万多元的差价。当地有关部门经调查认定，该房地产经纪公司和相关责任房地产经纪人员陈某、刘某、焦某存在对交易双方隐瞒真实的房屋成交价格等交易信息、违规赚取差价的行为。当地住房和城乡建设委员会将该公司违规行为记入房地产经纪机构信用档案警示信息系统，整改复查合格前限制网上签约资格。对陈某、刘某、焦某的违规行为也通报市场监督管理部门予以查处。

3. 房地产经纪活动中违法犯罪行为的法律责任

（1）违约责任

违约责任是当事人不履行合同义务或者履行合同义务不符合约定条件而依法应承担的民事责任。违约责任以有效合同为前提，合同未成立或者成立后无效、被撤销的，纵使当事人有过失也无违约责任可言。违约责任的构成要件，一是必须有违约行为，二是无免责事由。

承担违约责任的方式主要有以下几种。

① 继续履行。对于违约行为，采取以继续履行为主、赔偿为辅的救济原则。当事人一方未支付价款、报酬、租金、利息或者不履行其他金钱债务的，对方可以请求其支付。当事人一方不履行非金钱债务或者履行非金钱债务不符合约定的，对方可以请求履行，但下列三种情形除外：一是法律上或者事实上不能履行，二是债务的标的不适于强制履行或者履行费用过高，三是债权人在合理期限内未请求履行。

② 违约金。违约金是当事人在合同中约定的或者由法律直接规定的一方违反合同时应向对方支付的一定数额的金钱。违约金根据产生的依据，可分为法定违约金和约定违约金。法定违约金是由法律直接规定违约的情形和应当支付的违约金数额。约定违约金的数额则由当事人在合同中约定，但约定的数额应与损失大致相当，否则当事人一方有权请求法院结合对方实际损失进行调整。因迟延履行给付违约金后，不免除违约人的合同义务，仍应继续履行。

③ 定金。定金是当事人约定的，为保证债权的实现，由一方在履行前预先向对方给付的一定数量的货币或者其他代替物。给付定金的一方不履行债务或者履行债务不符合约定，致使不能实现合同目的的，无权请求返还定金；收受定金的一方不履行债务或者履行债务不符合约定，致使不能实现合同目的的，应当双倍返还定金，即定金罚则。至于定金的数额，由当事人约定，但不得超过主合同标的额的20%，超过部分不产生定金的效力。另外，定金合同是实践性合同，自实际交付定金时才成立，实际交付的定金数额多于或者少于约定数额的，视为变更约定的定金数额。

④ 损害赔偿。当事人一方不履行合同义务或者履行合同义务不符合约定的，在履行义务或者采取补救措施后，对方还有其他损失的，应当赔偿。赔偿的范围包括实际损失和预期可得利益损失，但该损失不得超过违约方订立合同时预见到或可能预见到违约可能造成的损失。当事人的违约行为侵害对方人身或财产的，对方有请求违约损害赔偿或侵权赔偿的选择权。例如，承租人损毁租赁房屋，既是违约行为，又是侵害他人财产所有权的行为，因而发生两个损害赔偿请求权的竞合，出租人可择一行使。

另外，在合同未成立或成立后无效、被撤销，无法请求违约责任的情况下，在合同成立以前缔约上有过失的一方应承担缔约过失责任。缔约过失责任虽不属于违约责任，但与合同有关，属于合同责任。缔约过失责任的条件是：缔约一方当事人有违反法定附随义务或先合同义务的行为，如告知、注意、保密等义务；该违反法定附随义务或先合同义务的行为给对方造成了信赖利益的损失；违反法定附随义务或先合同义务一方缔约人在主观上必须存在过错；缔约人一方当事人违反法定附随义务或先合同义务的行为与对方所受到的损失之间必须存在因果关系。缔约过失责任的赔偿范围以实际损失为原则。

（2）侵权责任

侵权责任是指侵犯经纪合同所约定的债权之外的其他权利而应承担的民事责任。一般侵权行为是指因过错侵害他人的财产或人身并应承担民事责任的行为。

房地产经纪公司"两头通吃"被告上法庭

肖女士找到某房地产经纪公司，委托其居间出售位于某小区的一套住房。随后，房地产经纪公司找到了有意向购买肖女士住房的邓先生并与邓先生签订了《房屋买卖及居间合同》，双方在合同中约定房屋转让价格为 1 620 000 元，税费由邓先生承担，肖女士未缴纳的房屋维修基金和居间服务费也均由邓先生承担。

之后，房地产经纪公司又与肖女士签订了另外一份《房屋买卖及居间合同》，其内容和前一份《房屋买卖及居间合同》一致，只是另外补充了肖女士实收价款 1 500 000 元，需另外支付房地产经纪公司 120 000 元缴纳相关税费的约定。

随后肖女士缴纳了 120 000 元的款项，房地产经纪公司出具了"服务费"的收据。邓先生也支付了 30 000 多元的居间服务费和近 80 000 元的相关税费。在肖女士支付了 24 000 余元的房屋维修基金后，不知情的邓先生也向房地产经纪公司支付了 24 000 余元的房屋维修基金。

据肖女士称，她从一开始就知道房地产经纪公司"两头通吃"，但因急于售房，故而缴纳了房地产经纪公司所称的 120 000 元的税费。买卖双方认为房地产经纪公司构成欺诈，将其告上法庭，要求其返还相关费用。

房地产经纪公司称本来合同约定由邓先生支付转让房屋的相关税费，但与邓先生签订合同时，邓先生提出房价已经较贵，再加上相关税费承受不起，后来肖女士也怕邓先生反悔，房产出售不了，才愿意承担相关税费。至于邓先生支付的 24 000 余元的房屋维修基金，他们已经通知过邓先生前来退费，但邓先生一直未来办理退费手续。

在庭审过程中，肖女士和邓先生都提出了两份合同中虽然都有三人签名，但合同签订时并不是三方都在场，而是两人分别与房地产经纪公司签订之后，房地产经纪公司转给另外一方互签的。双方都提出合同当中对方的签名系房地产经纪公司假冒签署。

法院审理认为，肖女士交付了 120 000 元的税费给房地产经纪公司，但该税费按照合同约定已经由邓先生承担，房地产经纪公司应当予以返还。肖女士在邓先生支付房屋维修基金之前就已支付相应部分，房地产经纪公司收取邓先生 24 000 余元的房屋维修基金没有依据，应予返还。

任务三　房地产经纪服务合同与房地产经纪执业规范实务操作

李先生在杭州某小区有闲置二居室住宅一套，高档新装修，家具设施配套齐全。李先生计划以 3500 元/月的价格出租该物业。2021 年 4 月 5 日，李先生走进我爱我家某门店，拟挂牌出租。

2021 年 4 月 15 日，张先生走进我爱我家的这家门店，有意承租一套二居室住宅。房地产经纪人小王接待了张先生并向他推荐了李先生的那套房屋。经过看房与价格商议，最后商定张先生以 3400 元/月的价格承租李先生的房屋，租期一年，双方于 2021 年 4 月 20 日在我爱我家的这家门店签订了房屋出租合同。

下面介绍完成这个过程中需要签订的有关合同。

① 李先生与房地产经纪机构需要确定委托关系，则需要签订委托协议。

李先生是出租物业，应该签订《房屋出租委托合同》《房屋状况说明书（房屋租赁）》，经纪人小王还应对李先生提出的关于条款的疑问给予满意的解释。

除了最后的"甲方签字"处由客户李先生签名外，其他部分均由经纪人小王填写。为了保证"委托方""身份证号"填写准确，小王应用合适的语气请李先生出示身份证（军官证、护照），据此填写。

房屋出租委托合同

编号：　　0000000113

甲方（委托方）：李××

身份证：33257××××××××××××

乙方（受托方）：杭州我爱我家房地产经纪有限公司

甲乙双方在自愿平等和诚实守信的基础上，就甲方委托乙方为其提供房屋出租委托服务依据国家法律、法规之规定，订立本合同。

一、委托事项：甲方就坐落于杭州湖墅南路××号××幢×单元 301 房屋（□独家 ☑非独家）委托乙方出租。

二、委托期限：自签署本委托书之日起至　　成功出租　　止。单方终止委托，需及时书面告知乙方。

三、房屋情况登记表

不动产权属证号	杭房××××××××		规划用途	☑住宅 □别墅 □写字楼 □商住 □其他
建筑面积	房屋面积 58.2 平方米		户型	2 室 1 厅 1 卫 1 阳
楼层	3 层（总楼层 6 层）		附属设施	车位 / 平方米 其他 /
房屋出租价格	市场参考价（人民币）¥： ×× 元整/月			
	委托出租价（人民币）¥： ×× 元整/月			
出租形式	☑整租 □合租 □其他			
付款方式	□月付 ☑季付 □半年付 □年付 □其他			
内部设施设备	☑空调 ☑热水器 □洗衣机 □电视机 ☑冰箱 ☑燃气灶具 □全部家具 ☑部分家具			
	□无家具 □其他			
委托房屋与乙方	☑无利害关系 □利害关系		其他备注	

四、甲乙双方就委托房屋出租事项约定如下：

1. 上述房屋委托出租价为意向价格，委托期间甲方可视市场行情等变化通过电话、微信、短信等方式通知乙方调整价格，最终出租价由委托方与承租方磋商确定。

2. 甲方授权乙方可通过多家网络、报媒、电台、电视等相关渠道发布该房源出租信息并积极配合开展看房等房地产经纪活动，乙方承诺所发布的信息均为甲方所实际提供的信息。

五、特别告知

1. 甲方委托出租的房屋应保证权属清晰，符合交易条件并提供真实、合法、有效的身份证明和权属证件，并提交复印件。

2. 在委托期内，甲方应及时书面告知该房屋的出租等变动信息。

3. 甲方委托的事项及提供的信息必须真实、合法、有效，委托人应提供真实有效的身份证明和房屋权属证件等资料，委托他人代理的需提供公证授权委托书和受托人身份证明。

4. 租赁税费：签订房屋租赁合同后，应当依法向有关部门办理租赁备案手续和缴纳相关租赁税费。

六、服务内容

服务内容包括提供租赁信息及咨询、调查核实房屋信息、通过各种形式发布信息、协助签订租赁合同、协助完成物业交割等。

七、服务报酬

1. 经纪服务费按照比例收费：承租方与出租方各支付月租金的 50%。

2. 经纪服务费支付至下列乙方指定账户：

户名：杭州我爱我家房地产经纪有限公司

开户行：中国农业银行股份有限公司杭州××支行

账号：1900180104000××××

3. 经乙方居间服务促成签订《房屋租赁合同》时，甲方按前述标准支付经纪服务费。

八、违约责任：委托期限内，甲方与乙方介绍的客户（或利害关系人）在其他中介公司成交或自行成交的，应支付等同于服务费的违约金。

九、其他：_____/_____

十、本合同履行过程中，发生争议的应协商解决，协商不成向乙方所在地人民法院起诉。

十一、本合同经双方签字（盖章）后生效，正本一式两份，甲方执一份，乙方执一份。

甲　方（签章）：李×× 　　　　乙　方（签章）：_____

代理人：_____/_____ 　　门　店：×××店　经办人　×××

日　期：2021 年 4 月 5 日 　　　日　期：2021 年 4 月 5 日

房屋状况说明书（房屋租赁）

编制人：_____×××店_____ 房源编号：_____×××××××××_____

　　为认真落实《房地产经纪管理办法》，规范经纪行业信息，切实保障客户利益，经对《房屋出租委托合同》中房屋情况登记表记载的信息进行核实，特编制本《房屋状况说明书（房屋租赁）》。登记表中已有记载且属实的，本表将不再重复罗列，登记表中记载有误的，将在本表备注栏中予以更正，登记表中未涉及的事项以本表为准。以下信息由受托方编制，委托人核实无误后签字确认。

房屋坐落	杭州湖墅南路××号××幢×单元301	是否沿街	□是 ☑否	
房屋类型	□高层　　□小高层　☑多层　　□别墅　　□排屋　□其他			
车位（库）	☑无　　□有（□地面　　□地下　　□独立车库　□其他_____）			
出租形式	☑整租　　□合租　　□其他			
房屋使用情况	☑空置　　□出租（租期至____年__月__日止）　□自住　□其他			
其他备注	/			

　　本人确认《房屋出租委托合同》之房屋情况登记表及上述房源信息状况，并授权受托方可通过各房地产经纪机构、网站、媒介等发布上述房屋的出租信息。

委托人确认：_____李××_____

日期：__2021__年__4__月__5__日

　　② 张先生与房地产经纪机构需要签订委托合同。

　　张先生是承租物业，应该签订承租委托合同，经纪人小王还应对张先生解释关于合同条款的疑问。除了最后的"甲方签字"处由张先生签名外，其他部分均由小王填写。

杭州市房屋承租委托合同

编号：__0000001112__

本合同当事人：

委托方（以下简称甲方）：_____张××_____

身份证：__32257××××××××××××××××__

联系电话：_____13611111×××_____

受托方（以下简称乙方）：__杭州我爱我家房地产经纪有限公司__

房地产经纪人姓名：_____王××_____

身份证：__33010××××××××××××××××__

联系电话：_____13788888×××_____

根据《中华人民共和国民法典》、《中华人民共和国城市房地产管理法》、《房地产经纪管理办法》及其他有关法律、法规之规定，甲、乙双方在自愿、平等、诚实信用的基础上，就委托寻找租赁房屋事宜，达成如下协议：

一、委托事项：甲方委托乙方寻找符合要求的租赁房屋，具体详见房屋情况需求表。

二、委托期限：自签署本委托书之日起至<u>签订租赁合同</u>止。单方终止委托，需及时书面告乙方。

甲方　□承诺　☑不承诺　在委托期限内本协议约定的委托事项为独家专项委托。

三、房屋情况需求表

承租区域	□西湖区　□上城区　☑拱墅区　□临平区　□滨江区　□余杭区　□萧山区　□钱塘区		
户　型	二室一厅一卫一厨	楼层范围	<u>3</u>层至<u>16</u>层
建筑面积	40～50平方米	建筑年代	2010～2020年
规划用途	☑住宅　□办公　□商住　□商铺　□其他		
类　型	☑高层　☑小高层　☑多层　□别墅　□排屋　□其他		
装潢要求	☑精装　□新装　☑简装　□毛坯　□其他_____		
租赁价格	3000～3500元/月	租赁期限	2年
支付方式	□月付　☑季付　□半年付　□年付　□其他		
附属配套设施	☑彩电　☑冰箱　☑洗衣机　☑空调　☑管煤　☑热水器　☑有家具　□无家具　□车位 □其他		
其他			

四、甲方义务

1. 应当提供真实、合法、有效的身份证明复印件。

2. 提前解除委托的，应当书面撤销。

3. 需求发生变化时，应及时书面通知乙方。

五、乙方义务

1. 核对甲方身份证明等资料，积极提供需求房源信息。

2. 积极开展委托承租的相关事项，协助商议交易的具体内容。

3. 如实、及时报告订立合同的机会和交易情况、看房信息反馈等。

六、服务报酬

1. 经纪服务费标准：承租方与出租方各支付月租金50%的经纪服务费。

2. 经乙方居间促成签订《房屋租赁合同》时，甲方按前述标准支付经纪服务费。

七、特别告知

1. 委托的事项及提供的信息必须真实、合法、有效，委托人应提供真实有效的身份证明，委托他人代理的，需提供公证授权委托书和受托人身份证明。

2. 租赁税费：签订房屋租赁合同后，承租人应当依法向有关部门办理租赁备案手续和缴纳相关租赁税费。

3. 服务内容包括提供租赁房源信息及咨询、协助签订租赁合同、协助办理物业交割等。

八、违约责任

1. 本合同委托期限内，甲方与乙方介绍的客户（或其利害关系人）另行成交的，应支付违约金××××元。

2. 乙方未如实、及时报告订立合同的机会和交易情况，应向甲方支付违约金××××元。

九、其他约定事项：×××××××××××××××××××××。

十、本合同履行过程中发生争议，应协商解决，协商不成的，双方同意采用以下第 2 种方式解决。

1. 由杭州仲裁委员会仲裁。

2. 向人民法院起诉。

十一、本合同经双方签字（盖章）后生效，一式两份，甲方执一份、乙方执一份。

甲方（签章）：　　张××　　乙方（签章）：　杭州我爱我家房地产经纪有限公司

委托代理人：　　　无　　　　门店：　×××店　　房地产经纪人：　王××

电话：　13611111×××　　执业证号：　××××××　电话：13788888×××

日期：　2021 年 4 月 15 日　日期：　2021 年 4 月 15 日

③ 2021 年 4 月 20 日，出租方李先生与承租方张先生在我爱我家的门店签订了《房屋租赁合同》。

房屋租赁合同

合同编号：PZ　00102

本合同双方当事人

出租方（甲方）：李××

承租方（乙方）：张××

房源编号：××××××

房东委托协议号：0000000113

产权证号码：杭房×××××××

客户编号：××××××

客户委托协议号：0000001112

根据国家有关法律、法规和本市有关规定，甲、乙双方在自愿、平等、互利的基础上，经协商，就房屋租赁事宜达成一致并订立本合同。

一、甲方将其坐落在　杭州　市　拱墅　区（县）　湖墅南路××号××幢×单元301室的房屋出租给乙方使用，该房屋建筑面积共　58.2　平方米。本合同签订前，甲方已向乙方出示了该房屋的房屋权属证书或购房合同及购房发票并取得乙方认可。乙方已对该租赁房屋作了充分的了解，并愿意承租该房屋。

二、该房屋仅作为　住宅　使用。在租赁期限内，未征得甲方书面同意，乙方不得改变该房屋用途。居住人数　×　人（每个房间不超过 2 人），共同居住人员为　×××　，如居住人员发生变动，乙方需书面告知甲方并向甲方提供相关身份证件复印件。

三、该房屋租赁期自 <u>2021</u> 年 <u>4</u> 月 <u>20</u> 日起至 <u>2022</u> 年 <u>4</u> 月 <u>19</u> 日止。租赁期满，甲方有权收回全部出租房屋，乙方应如期交还。乙方若需续租，须在租赁期满前的壹个月向甲方提出书面意向，经甲方同意后，重新签订租赁合同。

四、该房屋月租金（小写）<u>3400</u> 元，总计租金为人民币（小写）<u>40 800</u> 元（大写：<u>肆万零仟捌佰零拾零元整</u>）。

五、该房屋租金支付时间及方式如下：<u>季付，每季度第一天支付房租。</u>

六、在租赁期限内，因使用房屋产生的水、电、燃气、电话、数字电视、物业费等费用，均由乙方按有关规定自行负担并按时向有关部门缴纳。

七、甲方收取乙方租房保证金人民币 <u>3400</u> 元（大写：<u>零万叁仟肆佰零拾零元整</u>），待租赁期满乙方结清水电等费用后，甲方全额退还保证金。

八、随租赁房屋移交的物品有：×××××××××××××××××××××××。

九、在租赁期限内，甲方应保证出租房屋能安全使用，乙方应爱护并合理使用租赁房屋及其附属设施。乙方因使用不当造成房屋或设施损坏的，应立即负责修复或予以经济赔偿。

十、除房屋内已有装修和设施外，乙方若重新装修或变更原有设施，应提前征得甲方书面同意。租赁期满，根据双方书面约定，要求恢复房屋原状的，乙方必须恢复原状，经甲方验收认可后，方可办理退租手续。

十一、甲方需维修房屋及其附属设施的，应提前七天书面通知乙方，乙方应积极协助配合。因乙方阻挠甲方进行维修而产生的后果，均由乙方承担。

十二、该房屋的维修责任除双方在本合同及本合同补充条款约定由乙方承担的，其余均由甲方负责。

十三、因不可抗力导致房屋损坏或造成乙方损失的，双方互不承担责任。

十四、在租赁期限内，甲方如需转让或抵押该房屋，应提前壹个月通知乙方，同等条件下，乙方有优先受让权。

十五、除甲、乙双方在本合同补充条款中另有约定外，乙方在租赁期限内将承租的该房屋部分或全部转租给他人，须提前征得甲方的书面同意。

十六、在租赁期内，乙方有下列行为之一的，甲方有权终止合同，收回房屋，乙方需赔偿甲方 <u>4000</u> 元损失。

（1）未经甲方书面同意，擅自将该房屋转租、转借他人使用的；

（2）未经甲方书面同意，擅自拆改变动房屋结构，或损坏房屋，且经甲方书面通知，在限定时间内仍未纠正并修复的；

（3）擅自改变本合同规定的租赁用途，或利用该房屋进行违法违规活动的；

（4）拖欠租金累计一个月以上的；

（5）居住人数超过合同约定人数的。

十七、在租赁期内，甲方有下列行为之一的，乙方有权终止合同，甲方需赔偿乙方 <u>4000</u> 元损失。

（1）逾期七天交付租赁房屋的；

（2）房屋存在重大安全隐患影响乙方居住的；

（3）因甲方权属或债务纠纷严重影响乙方居住的;

（4）房屋存在严重影响乙方居住的其他情形,且无法修复的。

十八、自本合同签订之日起当天内,甲方将出租的房屋交于乙方使用。如甲方逾期不交房屋,则每逾期一天,甲方需向乙方支付壹日租金作为违约金,且租金根据实际使用日期结算。

十九、在租赁期内,甲方无正当理由,提前收回该房屋的,应向乙方支付壹个月租金作为违约金。乙方未经甲方同意中途退租,应向甲方支付壹个月租金作为违约金。

二十、租赁期满,乙方应如期交还该房屋,若乙方逾期归还,则每逾期一天,乙方应向甲方支付原日租金的两倍作为违约金。

二十一、本合同签订后甲方应在三个工作日内向房屋所在地主管机关申请备案登记,乙方若为外地户口应至公安机关办理居住证。

二十二、变更或解除本合同的,一方应主动向另一方书面提出。因变更或解除合同,使一方遭受损失的,除因不可抗力的因素外,应由另一方负责赔偿。

二十三、本合同未尽事宜,经甲、乙双方协商一致,可订立补充条款,补充条款及附件均为本合同不可分割的一部分,与本合同具有同等效力。

二十四、甲、乙双方在签署本合同时,具有完全民事行为能力,对各自的权利、义务、责任清楚明白,并愿按合同规定严格执行。若一方违反合同,另一方有权按本合同规定索赔。

二十五、甲、乙双方在履行本合同过程中发生争议的,应先协商解决,协商不成时,双方可向房屋所在地人民法院起诉。

二十六、本合同一式叁份,甲、乙双方各执壹份,见证方执壹份,各份具有同等法律效力,甲乙双方签字后生效。

二十七、双方约定的其他事项: _____/_____

_____

出租方（甲方）: 李××   承租方（乙方）: 张××

代理人: /   代理人: /

身份证号码: 33257×××××××××××××   身份证号码: 33010×××××××××××××

地址: ×××××××××××××   地址: ×××××××××××××

电话: 13822222×××   电话: 13611111×××

见证方: 杭州我爱我家房地产经纪有限公司

经办人: ×××

经办门店: ××店

签约日期: 2021 年 4 月 20 日

项目八 房地产经纪企业管理

知识目标

1. 了解房地产经纪企业业务流程管理、财务管理的主要内容。
2. 了解房地产经纪企业客户关系管理的内容。
3. 根据企业人力资源管理内容，分析房地产经纪企业薪酬构成和激励机制。
4. 准确识别房地产经纪企业经营中的主要风险并提出风险防范措施。
5. 了解房地产经纪门店的开设要求，会对门店进行日常管理。
6. 了解售楼处的设置要求和日常管理。

技能目标

1. 掌握房地产经纪业务流程再造的主要方法。
2. 能进行房地产经纪企业薪酬制度的分析。
3. 能进行房地产经纪企业风险分析和预防。
4. 能进行房地产经纪门店的开设和日常管理。
5. 能进行售楼处的设置和日常管理。

素养目标

1. 具有抗挫折、积极进取的竞争能力。
2. 具有良好的沟通协调能力、团队精神和合作意识。
3. 具有创新创业的能力。

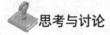 案例导入

2010 年,伟业顾问和我爱我家强强联手组建伟业我爱我家集团。集团突破房地产一、二手界限,以全产业链服务、全界面营销、全中国落地为特色,业务涵盖房地产投资顾问、营销代理、商业地产管理、房地产金融,房屋租赁、二手房买卖、房产过户、个人房产金融服务,以及高端住宅、商业地产、旅游地产和投资类地产的跨界营销与异地销售。集团在整个房地产产业链上,面向开发商、投资机构、企业,以及广大个人客户,提供全程化、专业化、集成化的综合服务。

伟业我爱我家集团已成为集房屋租赁、二手房买卖、房产委托过户、个人房产金融服务为一体的全国知名的大型品牌经纪企业,形成了一个以跨区域全国连锁为基础,三网（店面、互联网、呼叫中心）合一,含括租售贷一体服务的全新中介模式。集团以客户数据库为核心,打破房地产营销的区域局限,适应不同消费者的行为模式和消费习惯,为广大客户提供全天候、24 小时、零距离的抵近式销售。集团拥有丰富的产品服务链,营业规模庞大,积累了大量的一手房客户数据、二手房客户数据和金融理财等衍生服务的客户数据。丰富的客户数据,通过客户关系管理系统的精准梳理,形成了海量的优质客户资源。集团的客户资源管理系统包含数百万份动态客户资料和客户房产消费与投资趋势分析数学模型,时时支持相关研究和房地产投资顾问及销售。集团通过会员俱乐部的形式保持与这些客户的联系和互动,及时地发掘和满足客户的相关需求。

伟业我爱我家集团拥有经验丰富、训练有素、勤奋敬业的专业房地产经纪人,掌握新房、二手房、房屋租赁和按揭贷款操作方法,通晓投资、金融、理财知识,为客户提供全面、专业、周到的房地产相关服务。优秀的管理团队,不乏从基层一路成长而起的业务及管理精英,更有来自世界 500 强企业的青年才俊。

伟业我爱我家集团通过采用 ERP 系统,对整个集团的业务数据和流程数据进行时时监控和远程管理,使得办公、业务、客户服务信息化、流程化、规范化,从而极大地提高了业务绩效和办公效率,提高了管理层决策的及时性、科学性和准确性,为集团实现全国信息共享,开展新型业务提供了无限可能。

思考与讨论

1. 伟业顾问和我爱我家合并之后在企业管理方面的优势有哪些?
2. 房地产经纪企业的日常运营管理应包含哪些方面?

任务一　熟悉房地产经纪企业的运营管理

一、房地产经纪企业业务流程管理

（一）房地产经纪企业业务流程管理的必要性和意义

房地产经纪业务流程，实质上就是为达到促成房地产交易这一目标而进行的一系列逻辑相关活动的有序集合。为了高效地开展房地产经纪业务，房地产经纪企业内各部门及各类人员相互之间需要持续不断地进行信息交流和传递，从而保证各部门、各人员的活动能满足房地产业务活动的内在关联及先后次序要求。这就必须对房地产经纪企业实施业务流程管理（business process management，BPM），即对房地产经纪业务活动的先后次序、部门及人员分工以及信息传递等制定规则，并监督实施。

房地产经纪企业业务流程管理可以使房地产经纪企业利用信息技术，摆脱企业信息的人为管理，走向制度化、信息化的业务流程管理，提高房地产经纪企业的管理能力。同时，房地产经纪企业业务流程管理也有利于提高房地产经纪企业业务的规范化运作，提高房地产经纪人员的工作效率，从而有利于树立良好的房地产经纪企业的品牌。总的来说，业务流程管理的成熟度已经成为衡量房地产经纪企业是否规范的标志，它是体现房地产经纪企业管理水平的重要标志，是决定房地产经纪企业竞争力的重要方面。

（二）房地产经纪企业业务流程管理的内容

房地产经纪业务的流程实际上就是为完成促成客户房地产交易这一目标而进行的一系列逻辑相关活动的有序集合。活动与活动通过串联、并联与反馈三种逻辑关系组织起来，从而实现一定的目标。一般而言，房地产经纪企业业务流程设计主要包括业务流程设计和业务流程再造两种。

1. 房地产经纪企业业务流程设计

房地产经纪企业的管理者按照流程的思想来设计房地产经纪业务的流程，并以此检查企业的运行是否顺畅，是否存在人力和能力配备等的浪费或者疏漏。房地产经纪企业业务流程设计的核心是对房地产经纪业务流程的设计及其实施中的监控。

（1）房地产居间业务流程分析

首先，要进行房地产居间业务流程设计，其主要内容包括房源开发流程设计和交易流程设计两部分。房源开发流程主要包括收集资料、约定拜访、拜访、签订委托、资料审核、广告企划与执行、信息回馈、更改附表和逾期服务等阶段。交易流程主要包括了解房源、介绍房源、实地带看、洽谈、收订、签收订金收据、签约前准备、签订合同等阶段。在详细的流程设计中，要进行每一阶段的子流程设计，子流程中应注明活动内容，同时应注明每一活动的负责人、交接人、具体事务和流程、注意事项等。

其次，在房地产居间业务流程实施上，要注意流程实施过程中的监控。一般是通过一些关键数据来进行监控。例如，在房源开发流程中，可以通过委托客户回馈申诉率（委托客户对回馈状况不满意提出申诉的比率）、委托客户申诉率（委托客户对委托状况不满意提出申诉的比率）、24小时输入延迟比率（委托情况于委托合同签订24小时后未输入系统的比率）等来查看房源开发业务流程执行的情况。

最后，在房地产居间业务流程的设计上，要注意选择重要的管制点进行管理，以提高管理效率。

（2）房地产代理业务流程设计

目前，我国的房地产经纪企业代理业务以商品房代理销售业务为多，所以下面以商品房代理销售业务为例来介绍。商品房代理销售业务流程设计主要包括销售前准备、销售、客户分派、开具商品房认购协议书、退定、换房、退房、签约、办证、销售人员岗位分配等主要阶段。同房地产居间业务流程设计一样，在详细的流程设计中，应对每一阶段进行子流程的设计，在子流程中注明具体活动内容及每一活动的负责人、交接人、具体事务、注意事项等。同时，和房地产居间业务相似，商品房代理销售业务也要对业务流程进行监控，并在业务流程管理中找出监控点。

2. 房地产经纪企业业务流程再造

企业流程再造就是以业务为中心和改造对象，以关心和满足顾客的需求为目的，对现有经营流程进行根本性的再思考和再设计，利用先进的信息技术及现代的管理手段，最大限度地实现功能集成和管理上的职能集成，打破传统的职能型组织结构，建立过程型组织结构，以实现企业在速度、质量、效率、成本和顾客满意度等方面经营性能的提高。房地产经纪企业业务流程再造是房地产经纪企业通过对多种可以选择的商业模式的反思和观察，来系统设计企业的商业模式和业务运行框架。由此看来，房地产经纪企业业务流程再造更适合房地产经纪企业的变革阶段，而不是经常性的运营阶段。一般来说，房地产经纪企业业务流程再造包括业务流程分析和重组及业务流程改造两大内容。

（1）业务流程分析和重组

① 对现有流程进行调研。

② 绘制现有流程，对流程中的每个活动进行描述。

③ 组织小组讨论，找出流程中每个阶段存在的问题。

④ 将问题分类，确定解决问题的先后顺序。

⑤ 寻找解决问题的方法。

⑥ 选择最好的解决方案，安排专人负责实施。

⑦ 评估实施结果，修正解决方案，重新实施。

⑧ 进行下一个问题的解决。

⑨ 进行新一轮的流程分析。

（2）业务流程改造

业务流程改造的基本原则是：在执行流程改造时，参与的人越少越好；在流程服务对象（顾客）上，越简单越好。根据这一原则，可以采用下面两个改造策略。

① 将几个工序合并，由一个人完成。企业可以凭借信息技术的支持，把分割成许

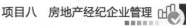

多工序或工作的流程按其自然形态进行重组。例如，可以将与房屋有关的各种协议、合同、确认书以及合同的变更、撤销等合并到合同签订信息流程进行统一管理。

② 将完成几道工序的人员组成小组或团队共同工作，构造新流程。例如，将负责客户的不动产登记信息查询、登记过户手续等业务的人员组成团队，构造咨询评估信息流程。以团队方式开展流程中的工作将是多数企业进行流程改造的重要策略。

（三）房地产经纪企业业务流程管理模式的建立

目前，在我国的房地产经纪企业中，采用不同经营模式的企业采用不同的业务流程管理模式。例如，在上房置换公司直营连锁模式运作中，公司对代理人的业务流程管理采取"六个统一"，即由"上房置换网"管理中心对各连锁店的业务流程实施集约化统一管理；由"上房置换网"科研培训中心对各连锁店的从业人员开展统一培训；由"上房置换网"网络中心为各连锁店统一布设"置换物业资讯远端存取系统"的软硬件配置；由"上房置换网"评估中心对各连锁店提供统一的标准化评估指导；由"上房置换网"档案中心为各连锁店收缴的客户资料提供统一的保管；由"上房置换网"交易中心为各连锁店的置换业务统一代办相关手续并结算经营利润。在这种管理模式下，公司将业务流程中的某些环节从业务门店"上移"到管理中心层面，如在委托环节签订委托协议书要到管理中心去签订、交易合同签订阶段要到管理中心签订等。"六个统一"的业务流程管理体制能够保证中介业务的规范化运作，保证交易安全，克服"飞单"等不良现象。又如，在 21 世纪不动产特许经营连锁模式下，所有业务流程都在业务门店内完成，可有效地避免因业务"上移"可能导致的效率的损失。因为"上移"意味着业务员和客户要到管理中心内而非门店内去签订合同，对于客户而言是时间的消耗；对于企业而言，门店的人员配置和交通成本等可能增加。

无论在何种经营模式下，要想通过业务流程管理模式取得成功，房地产经纪企业必须做好以下几个方面的基础工作。

1. 建立有效的组织保障

运用业务流程管理模式主要在于处理好各流程之间的关系，合理地在各流程之间分配资源。因此，房地产经纪企业必须建立有效的组织保障，这样才能保证流程管理工作的连续性和长期性。有效的组织保障包括：建立业务流程管理机构，这一机构可以归入管理流程中；配备强有力的领导来负责内部的流程管理工作；制定各流程之间的动态关系规则。通过实施流程管理模式，传统组织中的组织图将不复存在，取代它的是流程管理图。

2. 建立流程管理信息系统

流程管理需要大量的信息，必须以快速而灵敏的信息网络来支持。通过流程管理信息系统，决策者可以及时掌握必需的决策信息。信息系统的建设，一方面要构造房地产经纪企业内部的信息网络；另一方面要与企业外部的信息网络相连接，充分利用外部的信息资源。

3. 重塑企业文化

以流程管理模式来构造企业的运行规则，这与传统的企业运行规则是完全不同的。因此，房地产经纪企业必须建立与流程管理相适应的企业文化。与流程管理相适应的文化的基础是团队精神，即小组成员之间的信任感、默契感和积极向上的精神风貌。

4. 培养复合型人才

为了为顾客提供满意的服务，以及充分利用知识和信息的价值，房地产经纪企业需要对员工进行相关工序和作业能力的培训。通过业务流程重新整合，对外部的顾客来说，流程变得更为简便，但内部的工作将变得更加复杂。复杂的工作需要配备高素质、复合型的人才。因此，运用流程管理模式的房地产经纪企业，必须加强对员工的教育、培训和辅导。

二、房地产经纪企业财务管理

财务管理是集财务预测、财务决策、财务计划、财务控制和财务分析于一身，以筹资管理、投资管理、营运资金管理和利润分配管理为主要内容的管理活动，在企业管理中居于核心地位。

（一）企业财务管理的含义、目标、内容

财务管理是企业管理的一个组成部分，它是根据财经法规制度，按照财务管理的原则，组织企业财务活动，处理财务关系的一项经济管理工作。它通过对资金运动和价值形态的管理，像血液一样渗透贯通到企业的生产、经营等一切管理领域。

1. 企业财务管理的含义

企业财务管理，是指依据国家的政策、法规，根据资金运动的特点和规律，科学地组织企业资金运动，正确地处理企业财务关系，以提高资金使用效率与企业经济效益的管理活动。具体来讲，企业财务管理又是企业生产经营活动所需各种资金的筹集、使用、耗费、收入和分配，进行预测、决策、计划、控制、预算、分析和考核等一系列工作的总称。

企业财务管理的含义包括以下几个方面：
① 财务管理是一项综合性管理工作。
② 财务管理与企业各方面具有广泛联系。
③ 财务管理能迅速反映企业生产经营状况。

2. 企业财务管理的目标

企业财务管理目标是指在国家法规政策的指导下，通过科学地组织财务活动，正确地处理财务关系，以尽可能少的资金运用与耗费，努力追求利润最大化和所有者权益的

扩大化。财务管理目标又称理财目标，是企业进行财务活动所要达到的根本目的，它决定着企业财务管理的基本方向。

3. 企业财务管理的内容

企业财务管理的对象就是企业的资金运动及其所反映的财务关系。企业财务管理的基本内容主要包括资金筹集管理、资金运用管理和资金回收与分配管理。

（1）资金筹集管理

资金筹集管理是指企业为保证生产经济活动的正常进行，对多种渠道筹措与集中资金所进行的管理活动，包括筹资量的确定、筹资渠道与方式的选择、资金的实际取得等决策与管理行为。

（2）资金运用管理

资金运用管理是指为保证生产经营目标的实现，对生产经营中及时而有效地运用企业资金所进行的管理活动。资金运用包括两个方面：一是对资金占用和耗费的管理；二是对外投资的管理。

（3）资金回收与分配管理

资金回收与分配管理是指企业对有效回收资金和合理分配资金所进行的管理活动，主要包括两个方面：一是加强产品（或服务）销售管理，最大限度地回收货币资金；二是对回收资金进行合理的分配。

（二）房地产经纪企业财务管理的内容和途径

1. 房地产经纪企业财务管理的内容

房地产经纪企业财务管理的内容主要包括以下三个方面。

（1）组织财务资源

房地产经纪企业的资金管理首先要根据企业经营的资本要求来组织财务资源，即启动企业所需的资金，企业的资本要求取决于企业组织结构类型和业务内容。以下是一些基本费用要求：法律费用（组建公司）、财务费用（咨询费、建立账目）、通信费、加盟网络和专业协会的费用、办公室（押金、装修、租金）、办公设备（计算机、传真机、复印设备、办公桌椅、文件柜等）、办公用品、印刷品（徽标、标志、文具等）、促销及广告宣传、标牌等。

额外的费用开支，如购买一辆车，还要考虑是租赁还是购买。另外，还要求一定的配套流动资金储备及其资金预算，如有足够的资本金来弥补阶段性的支出。

企业的资金来源包括企业内部筹资、银行贷款、资本市场等。

（2）经营预算

① 收入。

营业收入是指企业从事经营和提供劳务所取得的各项收入，包括主营业务收入和其他业务收入。收入的实现会导致企业净资产的增加。

佣金是房地产经纪企业最主要的收入来源，一般包括销售人员所带来的佣金和与其他经纪人员合作获取的佣金。将客户的服务清单列出，收入的计算基础就是单项服务收费。房地产经纪企业提供的其他服务还包括评估、物业管理、提供保险、产权办理、契约委托抵押贷款等。对这些服务，在明确标价和顾客同意的情况下，房地产经纪企业也可以收取到相应的服务费用。

经营收入还包括加盟店的加盟费等其他收入。

② 费用。

经营费用分为固定费用和流动费用，其中固定费用包括房租、工资、税收、保险和折扣等；流动费用包括广告宣传、促销活动、市政开支、设备用品、销售成本、租赁费用、银行收费、支付给销售人员和经纪人员的酬金、各项服务费、备用金和各项杂费。流动费用需要很大的管理力度来控制。

由于房地产经纪企业的特殊性质，需要详细描述以下几类费用。

一是前期的考察、项目接洽等费用的预算。房地产经纪企业在确定经营某项业务之前必须先付出一笔资金作为预备资金。

二是市场营销与宣传广告费用。这里不仅包括制定市场营销和广告战略费用以及资料设计费用，还包括发布广告、招牌以及社团赞助费用、礼物派发等费用。

三是销售成本。销售人员的薪酬、现场销售日常费用以及所要上缴的相关税收（包括增值税、所得税、交易费用）。

③ 利润。

利润是企业经营活动所取得的净收益，是企业的经营成果，是反映企业的经营效益和管理水平的重要指标，包括营业利润、投资净收益、营业外的收支净额。

（3）账务管理

① 财务管理。房地产经纪企业的财务管理按照管理项目来分，可分为日常经营财务管理、投资项目财务管理和筹资财务管理。日常经营财务管理主要是对企业日常经营的资金控制和费用开支等进行管理，还包括对一年的经营成果进行分析，并制订出下一年的服务计划等。相应地，需要制定房地产经纪企业的资金控制制度、费用开支标准制度、财务分析制度、内部稽查制度。进行投资项目财务管理可确保企业投资的有效及投资的快速收回，带来更大的收益。相应地，房地产经纪企业需要建立投资档案管理制度等。通过筹资财务管理可以更有效地筹集资金，并有效地降低资金成本。相应地，房地产经纪企业需要建立筹资管理制度；另外，还需要建立税收筹划的相应管理制度。

② 财务数据管理。公司财务数据包含大量的簿记工作，一般包括收入和支出账簿、应收应付账款、佣金和工资记录，以及银行及监管账户报表。财务数据管理就是通过财务数据的收集、验证、存档等具体程序来建立资料数据库，以便房地产经纪企业的领导人通过财务数据库来谨慎地监督并控制企业多方面的运作。

2. 房地产经纪企业财务管理的途径

（1）建立健全以财务管理为核心的管理体系

房地产经纪企业的各项管理都要服务和服从于经营需要，以利于改善和提高工作效率及经济效益，不能搞形式主义，更不能各自为政。它们之间应以财务管理为核心，相互配套，相互补充，相互协调和相互衔接。单项管理制度或方法的改变要统筹考虑其对整个管理体系的影响。

（2）建立健全会计信息和统计信息相结合的电算化管理

通过迅速、高效的电算化管理，将企业经营情况与财务情况及时客观地反映出来，并深入分析，寻找经营管理中的薄弱环节，提出措施，堵塞漏洞，提高效益。

（3）各项决策要在保证企业持续经营和发展的基础上进行

企业对其发展目标，要量力而行，平衡好眼前利益与长远利益的关系，充分考虑各种影响因素，运用科学方法进行严密的可行性分析和成本效益测算。

（4）加强成本管理

保证正常生产经营需要新的利润来源，要不断对现时的利润结构进行分析和调整，尤其要加强和扩大主营业务利润，避免短期行为，保证和提高利润的质量。

（5）加强风险管理

市场历来是机遇和风险并存的，低风险、低收益的谨慎和高风险、高收益的诱惑，往往使企业在决策面前进退两难，此时风险管理就显得尤为重要。充分衡量风险的程度，结合自身的承受能力，通过比较、分析等方法权衡得失，选择最佳方案，以较小风险取得较大效益，是现代企业所共同追求的。但需要注意的是，在决策之前要针对不同风险制定一系列防范、保全和补偿措施，使企业在风险出现时不致惊慌失措、束手无策。

三、房地产经纪企业人力资源管理

在竞争过程中，人是影响结果最主要的因素。人力资源的发展有助于其他资源发挥更大的功效，引导组织追求卓越的成就与成长，而个人也从中获得最大的满足与尊敬。所以，如何造就人才、活用人才、应用人才，把他们所具有的力量做无限的发挥，便成为组织内极重要的课题。

（一）人力资源管理概述

1. 人力资源管理的含义

人力资源管理是指企业的一系列人力资源政策以及相应的管理活动。这些活动主要包括企业人力资源战略的制定、员工的招募与选拔、培训与开发、绩效管理、薪酬管理、员工流动管理、员工关系管理、员工安全与健康管理等。

2. 人力资源管理的目标

人力资源管理的最终目标是促进企业目标的实现。英国学者迈克尔·阿姆斯特朗对人力资源管理体系的目标做了如下规定：

① 企业的目标最终将通过其最有价值的资源——它的员工来实现。

② 为提高员工个人和企业整体的业绩，人们应把促进企业的成功当作自己的义务。

③ 制定与企业业绩紧密相连、具有连贯性的人力资源方针和制度，是企业最有效利用资源和实现商业目标的必要前提。

④ 应努力寻求人力资源管理政策与商业目标之间的匹配和统一。

⑤ 当企业文化合理时，人力资源管理政策应起支持作用；当企业文化不合理时，人力资源管理政策应促使其改进。

⑥ 创造理想的企业环境，鼓励员工培养积极向上的作风；人力资源政策应为合作、创新和全面质量管理的完善提供合适的环境。

⑦ 创造反应灵敏、适应性强的组织体系，从而帮助企业实现竞争环境下的具体目标。

⑧ 增强员工上班时间和工作内容的灵活性。

⑨ 提供相对完善的工作和组织条件，为员工充分发挥其潜力提供所需要的各种支持。

⑩ 维护和完善员工队伍以及产品和服务。

3. 人力资源管理的内容

一般来讲，企业人力资源管理的内容包括十个方面：职务分析与设计、人力资源规划、员工招聘与选拔、绩效考评、薪酬管理、员工激励、培训与开发、职业生涯规划、人力资源会计、劳动关系管理。

（二）房地产经纪企业人力资源管理的含义和特征

1. 房地产经纪企业人力资源管理的含义

房地产经纪企业人力资源管理是指房地产经纪企业运用现代管理方法，对人力资源的获取（选人）、开发（育人）、保持（留人）和利用（用人）等方面进行计划、组织、指挥、控制和协调等一系列活动，最终达到实现企业发展目标的一种管理行为。这些活动主要包括企业人力资源战略的制定、员工的招募与选拔、培训与开发、绩效管理、薪酬管理、员工流动管理、员工关系管理、员工安全与健康等。

房地产经纪企业人力资源构成较为复杂，对人员专业性的要求也与一般企业有所不同。房地产经纪企业的构成人员通常包括有专业技能的房地产估价师、房地产经纪人员、策划专员、投资顾问、物业管理代表、抵押贷款代表及其管理人员等。其中，房地产经纪人员是构成房地产经纪企业的主体。

2. 房地产经纪企业人力资源管理的特征

房地产经纪企业人力资源管理具有以下几个特征。

（1）合法性

房地产经纪企业的人力资源管理符合房地产经纪行业管理中有关房地产经纪人员职业资格注册管理的规定。

（2）人本性

人力资源管理必须采取人本取向，始终贯彻员工是企业的宝贵财富的主题，强调对人的关心、爱护，把人真正作为资源加以保护、利用和开发。

（3）互惠性

人力资源管理必须采取互惠取向，强调管理应致力于获取组织的绩效和员工的满意感与成长的双重结果；强调组织和员工之间的共同利益，并重视发掘员工更大的主动性和责任感。

（4）战略性

人力资源管理应聚焦于组织管理中为组织创造财富、创造竞争优势的人员的管理，即以员工为基础，以知识员工为中心和导向，是在组织最高层进行的一种决策性、战略性管理。人力资源管理是对全部人员的全面活动和招聘、任用、培训、发展的全过程的管理。

（三）房地产经纪企业人力资源管理的原理和内容

1. 房地产经纪企业人力资源管理的原理

和任何一个企业一样，房地产经纪企业的人力资源管理也必须遵循企业人力资源管理的基本原理。

（1）能级层序原理

人的能力是有差别的，因而在进行人力资源配置时要根据能力强弱分配不同的工作，这样既能发挥个人作用，又能使组织内部容易协调。这是人力资源配置的基本原理。

（2）同素异构原理

同样数量的人，用不同的组合办法，可以产生不同的结果，同素异构原理是组织设计与进行人员配置时必须遵循的重要原理。要将合适的人安排在合适的岗位上，这在招聘期间与考察期间都要注意到。

（3）适应原理

人与事之间适应是相对的，不适应是绝对的，要实行动态平衡，不断调整人的岗位。企业的岗位设置、薪资水平都要有一定的灵活性，以保持企业结构的弹性。

2. 房地产经纪企业人力资源管理的内容

与一般企业一样，房地产经纪企业人力资源管理的内容包括以下十个方面。

（1）职务分析与设计

对房地产经纪企业中的各个工作职位的性质、结构、责任、流程以及胜任该职位工作人员的素质、知识、技能等，在调查分析所获取相关信息的基础上，编写职务说明书和岗位规范等人事管理文件。

（2）人力资源规划

把企业人力资源战略转化为中长期目标、计划和政策措施，包括人力资源现状分析、未来人员供需预测与平衡，确保企业在需要时能获得所需要的人力资源。

（3）员工招聘与选拔

根据人力资源规划和工作分析的要求，为企业招聘、选拔所需要的人力资源并录用安排到一定岗位上。根据新员工的招聘来源不同，可分为外部招聘和内部选拔。外部招聘是指从企业外部吸收具备相应能力和资格的人员，然后编制到相关岗位的过程。外部招聘的程序分为编制宣传手册、广告宣传、招聘测试、招聘决策等。内部选拔是填补空缺的一个重要途径，是对员工的一种有效激励。内部选拔的优点是有利于提高员工的士气和工作绩效，有利于激励主管人员奋发向上，较易形成企业文化；缺点是不易吸收优秀人才，自我封闭，可能使企业缺乏新鲜的活力。内部选拔分为内部调用和内部提升两种。内部调用是指需要的岗位与原来的岗位层次相同或者略有下降。内部提升是在公司内部将员工的职位提高到比原来更高的层次。

（4）绩效考评

对员工在一定时间内对企业的贡献和工作中取得的绩效进行考核和评价，及时做出反馈，以便提高和改善员工的工作绩效，并为员工培训、晋升、计酬等人事决策提供依据。

（5）薪酬管理

薪酬管理包括对基本薪酬、绩效薪酬、奖金、津贴以及福利等薪酬结构的设计与管理，以激励员工更加努力地为企业工作。

（6）员工激励

采用激励理论和方法，对员工的各种需要予以不同程度的满足或限制，引起员工心理状况的变化，以激发员工向企业所期望的目标而努力。

（7）培训与开发

通过培训提高员工个人、群体和整个企业的知识、能力、工作态度和工作绩效，进一步开发员工的智力潜能，以增强人力资源的贡献率。

（8）职业生涯规划

鼓励和关心员工的个人发展，帮助员工制定个人发展规划，以进一步激发员工的积极性、创造性。

（9）人力资源会计

与财务部门合作，建立人力资源会计体系，开展人力资源投资成本与产出效益的核算工作，为人力资源管理与决策提供依据。

（10）劳动关系管理

协调和改善企业与员工之间的劳动关系，进行企业文化建设，营造和谐的劳动关系和良好的工作氛围，以保障企业经营活动的正常开展。需要注意的是，当房地产经纪企业需要终止与员工的劳动关系时，必须慎重考虑解除的前提和法律方面的问题，严格遵守终止合同关系要遵循的相关程序，并将这些行为内容做成人事管理文件存档，以规避可能出现的纠纷。

（四）房地产经纪企业人力资源管理的主要方法

1. 设计科学的薪酬制度

房地产经纪企业薪酬制度是在房地产经纪企业与房地产经纪人员之间的经济关系的基础上建立的。薪酬是房地产经纪企业员工的劳动所得，薪酬的多少、是否合理等会直接影响员工的工作士气和业绩。实践证明，科学、规范、良好的薪酬制度不但能使企业员工士气旺盛，勇往直前，敬业地为企业服务，而且能吸引其他企业的卓越人才进入

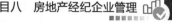

本企业服务。

（1）薪酬制度的制定原则

一般来说，薪酬制度的制定要遵循以下基本原则：底薪与奖金分离；简明扼要、易于执行；管理方便、符合经济；在同行业中有竞争力；有一定弹性、能配合商业变动；在企业内部各类、各级职务的奖酬基准上，适当地拉开差距。更为重要的是，房地产经纪企业的薪酬制度一定要公平合理，同时有激励作用。

薪酬制度的公平合理是指薪酬制度要体现外部公平性和内部公平性。外部公平性是指在同一行业或者同一地区或同等规模的不同企业中，类似职务的薪酬应该基本相似。内部公平性是指在同一企业中，不同职务所获得的奖酬应当正比于各自的贡献。外部公平性可以保证企业工作团队的稳定性，尽量减少人才的流失和企业人员的高流动性。内部公平性可以增强企业的团队建设，凝聚团队力量，从而更好地营造企业内部环境，减少不必要的内部摩擦。

薪酬制度要有激励作用是指薪酬制度的设计应体现对企业工作人员能力的肯定和褒奖。房地产经纪企业的薪酬制度设计应和绩效考核制度、岗位聘任制度等密切配合，根据企业对员工工作业绩的考核进行必要的奖励与惩罚设计，同时和岗位聘任制度挂钩，岗位能上能下，这样有利于有才能的、业务能力强的员工脱颖而出，也有利于鼓励企业员工不断进取，不断提高能力，完善素质，做出成绩。

（2）薪酬支付方式

在我国房地产经纪企业中，薪酬的支付方式大体分为以下几种。

① 固定薪金制。即有保障底薪，维持最低所得。固定薪金制对企业员工生活最有保障，人员流动率最低，与顾客的关系容易保持常态。但其最大的缺点是不具有激励性。

② 佣金制。即没有保障底薪，其收入完全视个人业绩而定，业绩高则薪酬高，业绩低则薪酬低，甚至没有薪酬。佣金制激励大，刺激性强，业务员的危机意识最高。但由于无底薪，企业在管理上存在较大的难度，人员流动大。有些业务员为了取得业绩，甚至不择手段，可能对企业的信誉产生严重的影响。

③ 混合制。即将固定薪金制和佣金制混合运用，如工资加代理佣金、销售佣金加提成比例等。这种方式融合了上述两种支付方式的优点，并避免了它们的缺点。

2. 建立有效的激励机制

（1）房地产经纪企业激励机制原理

任何一个企业都应当建立企业员工激励机制。激励是指企业员工从事的工作所带来的激励，包括工作目标激励、工作过程激励和工作完成激励。工作目标激励是企业和员工共同提出的具有一定挑战性的工作目标。工作过程激励是员工工作本身所具有的重要性、挑战性、趣味性和培养性等，这会使员工珍惜自己的工作和尽最大努力去干好工作。工作完成激励是员工完成工作目标时所产生的对企业、社会和国家的贡献感，对自己的抱负和价值得到实现时的自豪感，对自己的能力得到发挥的得意感，以及由此而产生的成就感，从而导致员工内在性需要得到满足而产生的激励。激励机制的建立，既会激发员工的事业心，又会留住人才。

房地产经纪企业通过激励机制的建立和合理使用，可以吸引、保留、激励企业所需要的人力资源，激发员工的工作热情，调动员工的工作积极性，强化员工的归属感和责任感，鼓励员工尽其所能创造优秀的业绩。

（2）房地产经纪企业激励方式

① 目标激励。房地产经纪企业可以通过设置适当的目标，把员工的需要与目标紧密联系在一起，从而调动员工的积极性。心理学家认为，个体对目标看得越重要，估计其实现的可能性越大，这个目标所起的作用就越大。因此，设置目标要合理、可行。在选择和确立目标时，要对目标的效果和实现目标的概率做出科学的价值评估与判断，使目标的设置具有科学性。只有长远与近期相结合，集体利益和个人利益相结合，经过努力能够实现，实现之后能够获得利益的目标，才是具有激励作用的目标。

② 情感激励。积极的情感可以焕发出惊人的力量，消极的情感会严重妨碍工作。领导者如果能和员工建立起真挚的感情，用自己积极的情感去感染员工，打动和征服员工，就能起到激励作用。领导关心员工，关心员工家属，信任员工并给员工以热情的支持，那将是一股巨大的无形力量，可以增强员工战胜困难的信心和勇气，从而使他们千方百计地克服困难，战胜困难，取得突出成绩。

③ 尊重激励。尊重是加速员工自信力爆发的催化剂，尊重激励是一种基本的激励方式。上下级之间的相互尊重是一种强大的精神力量，它有助于企业员工之间的和谐，有助于企业团队精神和凝聚力的形成。如果管理者不重视员工感受，不尊重员工，就会大大打击员工的积极性，使他们认为工作仅是为了获取报酬，激励从此大大削弱。这时，懒惰和不负责任等情况将随之发生。

④ 参与激励。现代人力资源管理的实践经验和研究表明，现代的员工都有参与管理的要求和愿望，创造和提供一切机会让员工参与管理是调动他们积极性的有效方法。毫无疑问，很少有人参与商讨和自己有关的行为而不受激励的。因此，让员工恰当地参与管理，既能激励员工，又能为企业的成功获得有价值的意见。通过参与，形成员工对企业的归属感、认同感，可以进一步满足员工自尊和自我实现的需要。

企业发展需要员工的支持，员工不是一种工具，其主动性、积极性和创造性将对企业的生存发展产生巨大的作用。要取得员工的支持，管理者就必须在组织当中灵活运用不断创新的激励机制，提升员工的满意度，增强组织的活力和凝聚力，这样企业就会在竞争中立于不败之地。

四、房地产经纪企业客户关系管理

（一）现代企业的客户关系管理

1. 客户关系管理的含义

客户关系管理（customer relationship management，CRM），是一种以客户为中心的经营策略，它以信息技术为手段，通过对相关业务流程的重新设计及相关工作流程的重新组合，以完善的客户服务和深入的客户分析来满足客户个性化的需要，提高客户满意度和忠诚度，从而保证客户价值和企业利润双赢策略的实现。

可以从以下三个层面理解客户关系管理。

① 客户关系管理是一种企业管理的指导思想和理念，为企业提供全方位的管理视角，赋予企业更完善的客户交流能力，实现企业和客户利益的双赢。

② 客户关系管理是创新的企业管理模式和运营机制，是自动化的以客户为中心的商业过程。

③ 客户关系管理是企业管理中信息技术、软硬件系统集成的管理方法和应用解决方案的总和。

客户关系管理的核心思想是：客户是企业的一项重要资产，客户关怀是中心，客户关怀的目的是与所选客户建立长期和有效的业务关系，在与客户的每一个"接触点"上都更加接近客户、了解客户，最大限度地增加企业的市场份额和利润水平。

2. 客户关系管理的功能

客户关系管理的功能主要表现在营销方式、销售管理、客户服务支持管理以及客户分析等四个方面的提高和改进。

（1）改进营销方式

传统的营销活动主要包括广告和展销会等，随着房地产市场的发展与科技的进步，房屋供应量不断增加，产品更加多样化，在增加了客户选择余地的同时，也加大了营销的难度，在房地产经纪服务中引入客户关系管理系统是必然的要求。客户关系管理系统提供了更为个性化的营销手段，可以根据客户的需求、偏好、年龄、职业和收入情况等来推销不同的产品。同时，客户关系管理系统还能够通过对不同来源途径（如电话、展销会、网上留言、客户俱乐部等）所获得的信息进行分析，筛选出一批潜在客户。

个性化的营销方法既克服了大众营销高成本的弊端，又通过针对性的服务，提高了营销的成功率。此外，客户关系管理系统中的营销管理部分还包括自动业务处理功能，能够自动处理客户索取资料的要求，将客户索取的资料，如产品详细介绍、报价单等以电子邮件、传真、邮递等途径快速无误地送到客户手中，扩大了信息的传递范围和传递效率。

（2）加强销售管理

以前，房地产经纪企业的业务处理主要采用人工方式，数据统计和核实工作非常繁重，各个业务部门收集和存储的数据主要是销售业绩情况，没有记载销售过程中的信息，也没有保留曾经前来门店或售楼处访问、咨询，但最终未成交的潜在客户的信息。大量客户信息散落在各个售楼点及销售人员的手中，一旦销售人员离开，就会带走有用的客户信息。客户关系管理可以为企业建立起一套规范的信息管理系统。通过记录活动过程信息和信息共享，销售人员可以及时获取并分析与客户所有的交往历史，从整个企业的角度认识客户，理顺企业资源与客户需求之间的关系，实现全局性销售，从而增强获利能力。

通过客户关系管理系统对销售全过程的追踪管理，有利于内部的销售控制，减少销售人员抢单、撞单等现象的发生，有利于对销售人员业绩的评估。

（3）提供更好的客户服务支持

以往在房地产经纪企业中，销售、市场营销、客户服务等部门无法共享客户资料，企业难以对客户进行一致的服务和关怀，无法实现对客户服务、客户投诉的及时处理、跟踪、反馈和维护。客户关系管理通过统一的客户服务中心，涵盖售前、售中、售后所有的过程，使客户服务没有断点。

客户服务支持管理一般包括客户账号管理、服务合约管理、服务请求管理、联系活动管理，以及客户普查等功能。通过这些功能，服务人员能快速地查询客户的服务合约，确定客户的服务级别，可为特殊的客户提供个性化服务，为其所需提供一揽子综合解决方案。同时，服务人员还可以随时查询与客户的联系记录以及服务请求的执行情况，连续对客户使用情况进行跟踪，为其提供预警服务和其他有益的建议，以使客户能安全、可靠地使用各项业务。

（4）协助客户分析

以往的房地产经纪企业对客户的分析缺少信息技术的支持，分析水平比较低，不科学，也不全面。客户关系管理系统利用数据库、数据挖掘、多媒体等信息技术，挖掘与分析现有客户信息，以预测客户的未来行为，促使其重复购买和吸引新客户。它能帮助企业在正确的时间，向正确的客户推销正确的产品与服务。

客户分析一般包括客户分类分析、市场活动影响分析、客户联系时机优化分析，以及交叉销售与增量销售分析。通过客户分类分析，可以找出企业的重点客户，使企业将更多的精力投放在能为企业带来最大效益的重点客户身上；通过市场活动影响分析，企业知道客户最需要什么；通过客户联系时机优化分析，企业员工能够掌握与客户联系的时机，如多长时间与客户联系一次，应该通过何种渠道联系等。通过交叉销售与增量销售分析，企业可以知道应该向某一特定的客户推销什么样的产品。客户关系管理要做到与不同价值客户建立合适的关系，使企业盈利得到最优化。

3. 客户关系管理的内容

为赢得客户的高度满意，建立与客户的长期良好关系，在客户关系管理中应开展多方面的工作。

（1）客户分析

客户工作主要分析谁是企业的客户、客户的基本类型、个人购买者、企业客户的不同需求特征和购买行为，并在此基础上分析客户差异对企业利润的影响等。

（2）企业对客户的承诺

承诺的目的在于明确企业提供什么样的产品和服务，尽可能降低客户在购买过程中可能面临的各种各样的风险，使客户满意。

（3）客户信息交流

客户信息交流是一种双向的信息交流，其主要功能是实现双方的互相联系、互相影响。从实质上说，客户关系管理过程就是与客户交流信息的过程，实现有效的信息交流是建立和保持企业与客户良好关系的途径。

（4）以良好的关系留住客户

首先要取得客户的信任，同时，经常进行客户关系情况分析，采取有效措施保持企业与客户的长期友好关系。

（5）客户反馈管理

客户反馈对于衡量企业承诺目标实现的程度、及时发现客户服务过程中的问题等方面具有重要作用。投诉是客户反馈的主要途径，如何正确处理客户的意见和投诉，对于消除客户不满、维护客户利益、赢得客户信任都是十分重要的。

（二）房地产经纪企业客户关系管理组成部分

1. 房地产经纪企业客户关系管理的含义

房地产经纪企业客户关系管理以管理理念为指导，以信息技术为支撑，实现对客户资源的整合应用，以达到提高核心竞争力、保持企业长远持续发展的目的。

2. 房地产经纪企业客户关系管理的必要性

首先，从外部环境来讲，房地产经纪企业客户消费理念、消费方式随着经济的发展而产生了变化，这是房地产经纪企业实施客户关系管理的前提。

其次，"以客户为中心"的概念被不断强化，这是房地产经纪企业实施客户关系管理的内部要求。随着"以客户为中心"概念的强化，我国房地产经纪企业有必要通过成功的客户关系管理，重塑经纪服务的全过程。通过基础平台的建立和完善，最终使我国房地产经纪业有能力参与到更激烈的国内竞争、国际竞争中来。

3. 房地产经纪企业客户关系管理的作用

实施客户关系管理对房地产经纪企业具有非常重要的意义。房地产经纪业的业务流程相对简单，不同企业提供的服务相似程度较高，因此，实施客户关系管理相对于生产型企业而言显得尤为重要。房地产经纪企业在制定发展战略时也要充分考虑到这层因素，将其作为战略指向的一个重点。总体来说，房地产经纪企业客户关系管理有如下作用。

（1）提高房地产经纪企业相关业务效果

房地产经纪企业通过客户关系管理，对业务活动加以计划、执行、监视和分析，通过调用房地产经纪企业外部的电信、媒体、中介机构、政府部门等资源，与客户发生关联。同时，在协调企业其他经营要素的同时，在企业内部达到资源共享，提高企业相关业务部门的整体反应能力和事务处理能力，强化业务活动效果，从而为客户提供更快速、更周到的优质服务，吸引和保持更多的客户。

（2）为服务研发提供决策支持

客户关系管理的成功在于数据仓库和数据挖掘。房地产经纪企业可以通过收集的资料了解客户，发现具有普遍意义的客户需求，合理分析客户的个性化需求，从而挖掘具有市场需求而企业尚未提供的服务内容、类型，以及需要完善和改进之处等高附加价值的深加工信息，结合盈利模型进行测算，在房地产经纪企业研发环节中为确定服务品种、内容等提供决策支持。

（3）是技术支持的重要手段

客户关系管理使房地产经纪企业有了一个基于电子商务的面向客户的前端工具。房地产经纪企业通过客户关系管理，借助通信、互联网等手段，利用企业自身以及合作企业的共享资源，向已有的客户自动化地提供个性化的解释、解答、现场服务等支持和服务，并优化其工作流程，使之更趋于合理化，从而更有效地管理客户关系。

（4）为选择对待客户策略提供决策支持

在客户关系管理中，通过挖掘和分析客户信息来预测客户的未来行为，能使房地产经纪企业在正确的时间，向正确的客户提供正确的服务。客户关系管理要做到与不同价值客户建立合适的关系，使企业盈利最大化。

（5）为适时调整内部管理提供依据

房地产经纪企业客户关系管理系统是企业整个内部管理体系的重要组成部分，房地产经纪企业通过对反馈的信息的认识，可以检验已有内部管理体系的科学性和合理性，以便及时调整内部管理的各项政策制度。

4. 房地产经纪企业客户关系管理的核心内容

房地产经纪企业客户关系管理的核心内容是从客户的角度出发，充分运用客户的生命周期理论，对客户进行研究，努力提高客户的信任度、忠诚度和满意度，实现留住老客户、吸引更多新客户的目的。

（1）留住老客户

房地产的消费具有生命周期，客户有可能会重复购买，而且相对于获取新的客户而言，保持客户的成本要比吸引新客户低得多，因此，房地产经纪企业要通过满足客户需求来留住他们。具体可以从以下四个方面入手：

① 提供个性化服务。要想留住客户，必须为客户提供迅捷、满意的服务，这就要求房地产经纪人员要掌握专业知识，熟悉市场，了解客户需求。通过对成交客户资料的研究，分析客户的行为特点，确定客户的服务级别，可为特殊的客户提供个性化服务。

② 正确处理投诉。通过对投诉的正确处理，可以将因失误或错误导致的客户失望转化为新的机会，并显示房地产经纪企业诚信经营和为客户服务的品牌形象，给客户留下良好的印象，从而提高客户感知价值。

③ 建立长久的合作关系。对于机构客户，在房地产经纪服务中，房地产经纪企业通常可以通过介入房地产开发企业的项目前期运作，与房地产开发企业形成稳定的结构纽带关系；通过成功的项目合作，与房地产开发企业形成长久的合作伙伴关系。对于个人客户，房地产经纪企业要根据客户价值，挑选出最有价值的个人客户，建立长期合作的关系。

④ 与客户积极沟通。房地产经纪企业的沟通对象包括房地产开发企业、业主、购买者和承租人等，房地产经纪企业要与他们进行积极的、及时的沟通。客户俱乐部是房地产经纪企业与客户有效沟通的载体，房地产经纪企业除了基本的会员服务，如免费发放会刊杂志，提供丰富的楼盘或房源信息、政策法规咨询，优先优惠认购等，还可以定

期安排一些会员活动，如会员沙龙、投资分析讲座、家居服务活动等，增进对客户的了解，为客户提供力所能及的帮助，建立起与客户的友好关系，取得客户的信任甚至信赖，只有这样才能真正赢得客户。

（2）争取新客户

房地产经纪企业除了留住老客户外，还需要积极争取更多的客户，可以从下列几方面入手。

① 鼓励客户推荐。可以通过折扣返点、推荐积分等手段鼓励已买房客户介绍朋友购买。

② 为新客户提供附加服务，如有奖销售、限时优惠、吸收新客户加入客户俱乐部客户会享受各种会员服务等。附加服务体现了企业对客户的关怀，对完善企业形象很有好处，能够从侧面促进企业业务的发展。

5. 房地产经纪企业客户关系管理系统的设计

（1）客户关系管理系统的构成

房地产经纪企业客户关系管理系统是信息技术、软硬件系统集成的管理方法和应用解决方案在房地产经纪企业的应用。该系统由客户联络中心、客户资料数据库、客户分析子系统、决策支持子系统等构成，其中，客户资料数据库是客户关系管理的核心。

（2）客户资料数据库的建立和维护

客户资料数据库由房地产经纪信息和销售管理信息组成。

建立客户资料数据库包括信息的输入与存储、整理分析、数据输出等工作。

在客户资料数据库中，客户信息可通过客户电话咨询、登门访问和电子商务门户收集（即客户访问企业网站）获得，这些信息的形式包括电话记录、访问表格、电子邮件及网页表单等，信息整理后被导入客户资料数据库。

客户资料数据库作为房地产经纪企业的客户数据仓库，是开展房地产经纪工作的基础，必须进行实时备份，以保证数据的完整性和安全性。

（3）客户分析子系统

把保存在客户资料数据库中的客户信息按客户群体分类整理后，利用客户分析子系统对其进行管理和分析，通过数据挖掘，揭示客户的基本特点、影响其购买行为的主要因素并对客户进行有针对性的分类，对重点客户进行有效的识别和重点关注。

客户分析子系统可以提供和输出客户表单管理、营销表单管理、客户资料管理、营销服务质量以及客户行为等的分析结果。

（4）决策支持子系统

利用决策支持系统，房地产经纪企业可以根据客户分析的结果，全面了解和把握企业的营销质量是否有显著的提高，能够及时发现客户关系管理中存在的问题，发现企业整个经营活动各个环节是否协调一致，并在此基础上，制定企业下一步的经营决策。

上述客户关系管理系统是无形的客户组织，房地产经纪企业还可以将客户俱乐部作为有形的客户资料数据库，纳入其客户关系管理系统。通过举办讲座、沙龙、论坛、看房等活动，吸引潜在客户加入客户俱乐部，增加与客户的交流，扩大企业的社会影响，这样既能达到项目对外宣传推广的目的，还可能创造新的商业机会。在与客户的交流中，房地产经纪企业还可以不断征询客户的意见和采纳客户的合理化建议，使今后的业务活动更具有针对性，以增加客户的满意度和忠诚度。客户俱乐部能够为客户资料数据库提供大量的数据，是企业与客户直接沟通的纽带，因而是客户关系管理系统的一部分。

五、房地产经纪企业风险管理

企业的风险管理通常是指企业按照既定的经营战略，利用各种风险分析技术，找出业务风险点，并采取恰当的方法降低风险的过程。房地产经纪企业如何在内外部环境日益复杂、企业间竞争日益激烈、企业经营风险不断提高的大环境下，对企业的经营风险进行准确的辨别、分析、控制和防范，已成为房地产经纪企业内部控制管理的重要内容之一。

（一）企业风险与风险管理

1. 企业风险的含义

风险是指导致损失产生的不确定性。风险的定义包含损失与不确定性两个非常重要的因素，企业风险就是企业难以确定会在何时、何处、何种程度发生损失的可能性。在企业的发展历程中，风险无时不在，也无处不在，既有源于企业外部的不可控因素所导致的风险，如社会动荡、自然灾害等，也有源自企业内部可控因素所导致的风险。

2. 企业风险的类型

企业风险可大致分为三种类型，即总体风险、个别风险和意外风险。总体风险是指所有企业都会遇到的风险，这类风险一般由外部环境的变化引起，可控性较差，当这类风险发生时，所有企业和相关机构都会受到影响。总体风险包括政策风险和市场风险。个别风险是指由于种种不利因素的影响，而给个别企业内部带来的不确定性。个别风险包括经营风险、财务风险、决策风险等。意外风险是指人们无法预料到的风险，包括自然灾害（如地震、暴雨、台风等不可抗力灾害的发生）和意外（如人们的过失行为）所带来的风险。

3. 企业风险规避的步骤

风险规避由以下几个步骤构成：
第一步，针对预知风险进行进一步调研。
第二步，根据调研结果，草拟消除风险的方案。
第三步，与相关人员讨论该方案，并报上级批准。
第四步，实施该方案。

4. 企业风险管理

企业风险管理是指企业通过对风险的认识、衡量和分析，以最小的成本对风险实施有效的控制，期望取得最大安全保障的管理方法。企业风险管理最主要的目标是控制与处置风险，以防止和减少损失，保障企业生产经营顺利开展和有序运作。风险管理的基本程序是：风险识别→风险估测（分析）→风险评价（风险管理对策选择）→风险控制（风险管理措施实施）→管理效果评价。

（二）房地产经纪企业风险的构成和规避

所谓房地产经纪企业风险管理，是指房地产经纪企业对其在房地产经纪活动中可能产生的风险进行识别、衡量、分析，并在此基础上有效地处置风险，以最小成本实现最大安全保障的科学管理方法。根据我国目前房地产经纪行业的特点，如相关的法律、法规还在不断的完善当中，行业本身涉及面广、不确定性多，容易产生各类纠纷等，必须制定系统的风险防范措施以规避风险。

1. **房地产经纪企业风险的构成**

房地产经纪业务所涉及的交易方式、合作单位、客户、信息等，其特征都较为复杂，也较容易发生变化，这就令房地产经纪业务所面临的风险也具有复杂、多变等特点。房地产经纪业务中可能出现的风险主要包括以下几种。

（1）信息欠缺引起的风险

信息欠缺，指的是房地产经纪企业或经纪人员因为客观条件的限制或一些主观上的原因，对房源的相关信息掌握得不全面。比较常见的是房屋的质量、产权、上市许可等问题，因为这些问题往往需要深入调查才能了解清楚，而一般的房地产经纪企业很难组织人力对每一套房源都进行深入调查。一旦客户在成交后发现该房源存在某些质量隐患，就极有可能与房地产经纪企业或人员发生纠纷，从而引发风险事件。

（2）操作不规范引起的风险

目前，房地产经纪人员在开展经纪业务时，由于许多具体的操作由经办人直接办理，无法集中处理，因而存在不少由于不规范的业务操作引起的风险事故，如虚报成交价、乱收费、伪造客户签名等。这些不规范的操作容易使房地产经纪人员与客户发生纠纷，从而给房地产经纪企业带来经济或名誉上的损失。

（3）承诺不当引起的风险

房地产经纪人员对客户进行承诺时，如果没有把握好分寸，一味地迎合客户的心理，做出无法兑现或其他不适当的承诺，就容易引起纠纷，有时甚至会带来不必要的经济损失，也会给房地产经纪企业的形象带来损害。在房地产经纪业务开展过程中，容易出现承诺不当现象的环节有房源的保管、协议的签订等。

（4）资金监管不当引起的风险

房地产交易不像其他商品那样可以当场银货两讫，如何确保交易资金的安全成为房地产交易中最为核心的问题。为保障交易安全，房地产经纪企业通常会接受买卖双方的某些委托代管款项，如定金、房交易费用等，在合同条件成立的情况下依合同约定代为支付上述款项。这些资金少则几百元，多则几十万元甚至上百万元，对于房地产经纪企业而言，依法正确、有效地监管这种代收代付资金非常重要。有些房地产经纪企业没有设立房款专用账户，而是使用私人账户代收客户房款，缺少第三方的监督，这就产生了一定的资金风险，严重的可能留下房地产经纪人员卷款而逃的隐患，给房地产经纪企业的经营带来不可估量的损失。

（5）产权纠纷引起的风险

产权风险是指买卖双方签订买卖合同甚至交付房款后才发现，由于房屋产权的种种问题，房屋无法交易，也无法过户。房地产经纪人员必须意识到产权确认在存量房交易中的重要性。这些在交易签约前未做产权确认而引发的纠纷大量出现，不仅浪费了房地产买卖双方大量的时间和精力，甚至给客户造成了经济损失，同时也给房地产经纪企业带来经济或名誉上的损失，影响了存量房市场的健康发展。

（6）经纪业务对外合作的风险

房地产经纪企业有时会通过对外合作拓展经纪业务，如与房地产开发企业合作取得楼盘的独家代理销售权，或受业主委托开展房屋行纪业务。如果房地产经纪企业对合作项目不了解，或对合作的条款把握不清楚，或认识不到合作方的不良行为，或对自己的业务能力估计不足等，就很容易出现风险。房地产经纪企业常见的合作单位还有商业银行、按揭机构、评估公司和保险公司等。选择具备合法资质的合作伙伴，对促成交易、保障交易安全有着非同小可的意义。否则，由于合作带来的不可预见的风险则会接踵而至。

（7）房地产经纪人员的道德风险

某些房地产经纪人员为了个人利益，会置房地产经纪企业的利益于不顾，做出一些损害企业利益与形象的举动，主要表现为：将房源或客源外泄；利用企业房源与客户资源私下促成双方交易为自己赚取服务佣金；私自抬高房源的售价，赚取其中的差价；私自收取客户的房款后逃跑等。这种房地产经纪人员的道德风险也是房地产经纪企业要重点防范的，尤其是在财务监管制度不够完善的企业，房地产经纪人员的可乘之机较多，风险发生的机会也就比较大。

（8）客户道德风险

房地产经纪企业在与道德较差的客户打交道时，稍有不慎，就会发生风险事故，有些事故还可能带来比较严重的后果。例如，买卖双方联合"跳单"给房地产经纪企业带来损失，这些客户为了逃避支付服务佣金，会在不引起房地产经纪人员注意的情况下给对方留下电话号码，然后私下达成交易或者不放心私下成交而跳到另一家房地产经纪企业代办以减少佣金支出。个别客户接受服务后拒付佣金，甚至有些客户提供伪造的假房产证、假身份证进行诈骗，造成交易风险。

2. 房地产经纪企业风险的规避

房地产经纪企业的风险管理主要通过风险识别、风险估计、风险驾驭、风险监控等一系列活动来规避和防范风险。房地产经纪企业的风险规避，主要以预防为主。针对房地产经纪企业可能存在的上述风险，其措施和方法包括以下几个方面。

（1）加强对房地产经纪人员的教育和培养

加强对房地产经纪人员的教育和培养，增强其法律意识，提高其职业道德水平和业务能力。

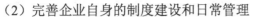

（2）完善企业自身的制度建设和日常管理

房地产经纪企业可以通过完善企业自身的制度建设、强化日常业务的监督与管理来减少各种风险发生的可能性。

（3）建立有效的风险识别和警示系统

房地产经纪企业可以通过建立较为系统的风险识别系统，主动识别和发现企业中可能出现的风险。同时，通过房地产经纪人员风险防范教育，提高其风险意识和风险识别能力。此外，还可以通过风险报告制度，明确风险报告程序、风险警示办法等，使企业的风险防控制度日常化。

任务二　熟悉房地产经纪门店管理与商品房售楼处管理

一、房地产经纪门店管理

（一）房地产经纪门店的开设

1. 门店开设的工作程序

目前在我国，以存量房经纪业务为主的房地产经纪机构大多采用有店铺经营模式。门店是房地产经纪机构承接、开展存量房经纪业务的基层组织和具体场所，是房地产经纪机构企业形象展示的主要窗口。开设房地产经纪门店必须充分考虑房地产经纪机构的经营范围和目标市场定位，以符合房地产经纪机构自身的长远发展为前提，周密筹划，合理设置。具体而言，一般应按照以下步骤依次进行。

第一步，区域选择。也就是确定在哪个（或哪些）区域设置门店。首先要确定目标市场，找准服务对象，然后依据目标市场、服务对象选择最佳的区域。

第二步，店址选择。也就是在所确定的区域内选择位置最佳，且能符合办理营业执照要求的店铺。门店所在区域确定后，必须进行周密的市场调查，对区域内现有的商业网点，包括竞争的门店、客流集中地段、客流量和客流走向、交通路线、停车位等情况，进行实地调查。如果区域内有竞争对手，还要深入调查竞争对手的客户上门量、看房量等指标。

在市场调查充分完成的前提条件下，一般同一区域应确定若干备选（至少不低于两个）门店，对备选门店的成本、展示性、客流量、潜在交易量等指标进行对比分析，并在此基础上测算每个门店的投资回报率，比较并选择最优店址。

第三步，租赁谈判和签约。选定门店后，应及时与门店业主商谈租赁事宜。通过市场调查和筛选，确保谈判具有客观性和合理性，能切入谈判要点和重点。待双方达成租赁共识，便签订正式的租赁合同。

第四步，开业准备。确定门店的具体位置后，应完成工商注册取得营业执照，并进行房地产经纪机构备案，在二手房交易需要网签的地区，还应办理相关网签入网申请，获得密钥。需要抓紧时间投资改造、装修，并拟定切实可行的开业实施方案，以保证门店开业前的准备工作有条不紊地进行。

2. 门店设置的区域选择

由于城市内部不同区域存量房市场的客源、房源以及市场状况均有差异，房地产经纪机构应根据自身的目标市场定位来选择设置存量房业务门店的具体区域。对于房地产经纪机构而言，目标区域的选择是否准确，将直接关系到经营的好坏。

具体而言，就是要根据各区域客户的消费形态、结构，同类型客户和业主的集中程度，以及房地产产品的存量、户型、周转率、价格等与房地产经纪机构目标市场的吻合程度来选择设置门店的区域。可根据市场定位和选择的条件，通过网络对比或地图，初步做出寻找门店的区域及区域内的理想位置。要做的具体工作包括：找到在该区域内已有的可能产生竞争的其他房地产经纪机构或门店及可能形成客户聚集的相关配套网点；标示出该区域内的交通线路和公交站点的分布；描绘该商圈的人口分布，特别要标出房地产经纪业务比较活跃的人口密集区。在综合各方面因素的基础上进行评估，然后选择若干可行地点作为店铺的备选区域。

选择目标区域前，房地产经纪机构首先应对所在城市的存量房市场进行调查和分析。调查和分析的主要内容如下。

（1）房源状况

① 房屋存量情况。调查区域内存量房屋的总套数，以及套型、面积等情况，可按空置、出租、自住等房屋状态进行区分。

② 业主情况。包括现有业主的姓名、年龄、性别、职业、文化程度、置业情况（初次置业、二次置业、多次置业）等。

③ 房屋转让率及出租率。这两个指标将直接影响区域内市场开拓的潜力。

（2）客源状况

客源状况主要是指客流量，包括现有客流量和潜在客流量。客流量大小是门店经营成败的关键因素。通常门店应尽量设置在潜在客流量较多、较集中的地点，以便最大限度地吸引客户。对客流量的分析包括以下两个方面。

① 客流类型。门店的客流通常分为三种类型：自身的客流，指专门为购房或租房而寻求经纪服务的客流；分享客流，指从邻近的竞争对手的客流中获得的客流；派生客流，指事先没有购买目标、无意中进店了解相关知识及信息等所形成的客流。

② 客流的目的、速度和滞留时间。不同区域客流规模虽可能相同，但其目的、速度、滞留时间存在较大差异，须经过实地调查和分析后，作为门店选址的重要依据。

（3）竞争因素

同业竞争是不可避免的，同业门店与门店之间的竞争所产生的影响是不可忽视的。所以，在门店选址时必须分析竞争形势。通常情况下，在开设地点附近如果同业竞争对手众多，但店铺经营独具特色，会吸引一定的客流；反之，则要避免与同业门店毗邻。另外，寻求差异化竞争也是避免同业竞争的方式之一。随着房地产市场对交易服务专业化程度要求的不断提升，市场细分也是必然的。

（4）周边环境

门店周围有无专业市场，是否商业集中区域、居民社区、主要交通站点或人流旺地等因素，都对门店选址有较大的影响。

3. 门店的选址

（1）门店选址的原则

① 保证充足的客源和房源。门店必须通过实现客户与业主交易需求来实现自身的利润目标。门店应有一定规模的目标客户，目标客户量主要是房源量和客源量，这是保证经营达到一定规模的重要条件。一般情况下，门店的影响力在区域内通常有一个相对集中、稳定的范围。一般是以门店设定点为圆心，以周围 1000 米距离为半径划定的范围作为该区域设定考虑的可辐射市场。半径在 500 米内的为核心区域，通常门店可在该区域内获取本门店客户总数的 55%～70%；半径在 500～1000 米的为中间区域，门店可从中获取客户总数的 15%～25%；半径在 1000 米以外的为外围区域，门店可从中获取客户总数的 5%左右。界定区域时，应力求较大的目标市场，以吸引更多的目标客户，因此门店所处位置不能偏离选定区域的核心。

② 保证良好的展示性。存量房经纪业务门店不仅是直接承揽存量房经纪业务的场所，还是房地产经纪机构对外展示企业形象的主要窗口，因此选择店址应尽量保证其有良好的展示性。具体而言，一个好的门店必须具有独立的门面，而且门面应尽量宽一些。同时，门店前不应有任何遮挡物。可在门店大门处用大幅招牌或灯箱展示机构的企业形象。另外，需考虑相邻环境是否存在不利因素，如垃圾房、影响美观的行业。

③ 保证顺畅的交通和可达性。门店周围的交通是否畅通是检验店址优良与否的重要标志之一。一般来说，要求与门店有关的街道人流量要大且集中，交通方便，道路宽阔，车辆进出自由且停车方便，如果锁定的是高端客户群，这一点就显得尤为重要。

④ 确保可持续性经营。门店选址时，必须具有发展的眼光，不仅要对目前的市场状况进行深入的研究，还要对未来的市场发展有一个准确的评估和预测。在门店的经营过程中，外部环境的变化是无时不在的，如交通状况、同行竞争等因素时常会发生变化，所有这些可变的因素最好能在门店开设初期就有所考虑。就门店选址而言，选定的地址应具有一定的商业发展潜力，在该地区具有竞争优势，以保证在以后一定时期内能够持续经营并赢利。

⑤ 满足工商登记和机构备案的要求。工商登记对企业的注册地址有相应的要求，如房屋为商业用途或办公用途，而且须有房屋权属证明或租赁合同。房地产经纪门店的选址如果与这些管理部门的要求不符，就无法完成工商登记和机构备案，从而影响门店开业。因此，选址时不能忽视这一重要条件。

（2）门店选址的方法

① 从众法。即在目标区域内寻找客户最容易到达的、人流相对较大的位置，如公交站点、超市（大卖场）、证券公司、学校、公园、住宅区的出入口等人口集中或人们常去的地方。

② 竞争法。即选在房地产经纪活动已经比较成熟、房地产经纪门店相对比较集中

的地方。房地产商品的差异性和房地产经纪企业经营定位的差异性决定了房地产经纪门店不仅可以共存，而且对品牌公司来说，还可以通过自己的实力，降低进入市场和占领市场的成本，减少开店的盲目性和缩短客户培育期；对小公司、小门店来说，也可通过错位经营、个性化服务来减少进入市场和寻找客户的成本。

③ 定量法。即在对目标区域内的建筑数量和类型、人员数量和结构、房地产交易量等基本情况充分了解的基础上，对备选位置的人员流量和流动人员构成做出相对精确的实地勘察、测量、统计，在其中最主要的路段上选址。

④ 速决法。好的位置、好的门店，能够预先获知，当然是比较理想的，但更多的往往刚一露市就已被人租用，所以要当机立断，发现好的（能够满足主要条件且有较高性价比）店铺要迅速拿下，以防节外生枝，错失良机。

⑤ 分步法。对于从房地产经纪企业战略布局的重要区域，一时又找不到合适店铺的，只要位置和门店可以接受，价格比较低廉，就可以先做起来，抢占市场，再在经营中不断关注和捕捉机会。

（3）竞争对手分析

房地产经纪机构在进行门店选址时，首先要对竞争对手进行详尽的调查，以选定门店的地点为中心，对 1000 米半径，尤其是 500 米半径距离内的同业门店的发展状况、营运状况进行调查。调查竞争对手的目的是了解竞争对手的经营动向、服务手段及技巧。一般可以采取观察法、电话咨询法等。通过竞争对手分析还可以掌握选择区域目标客户群的真实特性，并针对客户的真正需求，有针对性地制定诸如改进服务形象、完善售后服务等经营策略。

另外，对竞争对手经营效益的分析也是至关重要的工作。经营效益分析的主要内容包括各竞争门店的经营成本和成交额估算、所占市场份额、区域市场的潜在成交额及目前市场的饱和程度、介入竞争后可能获取的区域内市场份额等。

（4）门店周边环境研究

① 临路状况。门店所面临的街道是门店客流来源的通道，其通达程度对门店的客流量有很大影响。大多数情况下，街道与街道的交接之处（如转角、十字路口、三岔路口），客流较为集中，越往道路中间，客流则越少。门店如果能设置在街道与街道的交接之处，就会较为显眼，便于吸引客流。因此，在门店布置时，应尽量将门店的正门设置在人流量最大街道的一面。

对房地产经纪门店而言，对门店业务的影响主要是公交线。对公交线主要考虑客流来去方向对房地产经纪业务的影响。店铺选在地铁、轻轨站比火车站好；店铺面向车站的要比背向车站的好；店铺选在下车客流向的要比上车客流向的好；店铺选在终点站比中途站好，终点站客流量大且停留时间相对比中途站长。

在区域干道旁边，要注意干道两边的栅栏对门店的影响。相对来说，人行道宽而车行道窄的街道的两边店铺，行人很容易自然地看到并进入记忆，在走过时也容易进入，在需要时最容易想到。

交通管理状况也会对门店造成一定的影响。单行道、禁止自行车通行的快速车道、上街沿封闭且距离横道线较远的，都会造成客流量的相对减少。

②　方位。方位是指门店正门的朝向。门店正门的朝向会影响门店的日照程度、时间和通风，从而在一定程度上影响客流量。通常门店正门朝南为佳。坐北朝南的店铺比坐南朝北的好，坐西朝东的店铺比坐东朝西的好；交叉路口、拐角上的位置比路中段、高架桥下、桥坡旁要好。店铺门前宽敞且无遮挡的，比店铺门前狭窄、有栅栏、有绿花阻挡的好。店铺面街直视正前方无树干、电线杆、建筑物等有碍视觉物的，比有这些的要好。大型综合居住区的主进出口的两侧往往是房地产经纪企业开设门店的必争之地。

③　地势。门店的地势高于或低于所面临的街道，都有可能减少门店的客流。因此，通常门店与道路基本同处一个水平面上是最佳的。

④　与客户的接近度。客户的接近度是指目标客户接近门店的难易程度。接近度是衡量待选门店客户是否容易接近门店的准则。客户的接近度越高越好。通常衡量接近度应考虑以下几点因素：门店前道路的宽度、人流量及停留性；人流的结构及行为特点；道路的特性；邻居类型、同业门店的情况；离社区主入口的距离以及是否便于停车。例如，道路过宽，特别是一些快速主干道反而聚不起人气；高速公路、高架桥、大桥的两侧和下匝道不是房地产经纪门店的理想所在，是不适宜设店的。

（5）门店开设的财务可行性研究

门店开设的财务可行性研究是在对区域的市场存量、客户需求程度、周转率、交易的活跃和关注程度等机会因素分析的基础上，通过盈亏分析，以确定是否投资、投资的方式、投资的数额及规模等的过程。在门店开设的财务可行性研究中，关键的指标包括经营成本、损益平衡点销售额和区域必要市场占有率等。其中，经营成本的估算包括以下项目：

①　门店购买费用或门店租金，一般采用租赁的形式，租金按合同采用年付、季付或其他付款方式。

②　门店装修（包括招牌、橱窗、灯光、地段、墙面等）费。

③　门店登记注册费。

④　办公设备（计算机、复印机、打印机、收银用设备等）购置费。

⑤　员工工资福利。

⑥　广告费。

⑦　水电费、物业管理费。

⑧　税费和管理费。

⑨　办公用品（纸、笔、宣传手册及单张等）费。

⑩　其他杂费。

门店租赁费用、员工工资福利、广告费、办公设备购置费是主要费用，其中投入最大的是门店租赁费和广告费。房地产经纪机构可根据自身的发展规划进行适当的调整，由以上费用的累计总和可以估算出计划期限（如月、季度）内的经营成本。

计划期限内的经营成本加上同期门店应得的正常利润，即为门店损益平衡点销售额。损益平衡点销售额占门店所在区域市场规模的比例即为该门店的区域必要市场占有率。若选择区域销售额所要求的区域必要市场占有率比较低，则风险较低；反之，则风险较高。假设选择区域的市场规模为每月1000万元，如果销售额达300万元即可达到损益平衡点，即 30%的区域必要市场占有率，风险就不高。如果销售额每月需达 700 万元才可达损益平衡点，那么 70%的区域必要市场占有率是非常高的指标。当然，区域必要市场占有率具体多少才可作为门店选址的依据，应根据目标区域内的行业竞争情况，以及本公司门店在类似区域市场上的市场占有率情况来决定。

4. 门店的租赁

租到一个符合企业定位需求的店铺并不是一件简单的事，而且还有一个如何保障自己合法权益的问题。因此，在办理房屋租赁手续时，应注意以下要点。

（1）确认出租人是否有权出租店铺

确认出租人是否具有房地产权证或预售合同及银行抵押合同等证明产权的文件非常重要。应要求出租人出示身份证件，对照是否与房产证明吻合。若店铺为公司物业，应该由公司法人同意或董事会同意。如果是转租店铺，则要有店铺所有权人同意转租的证明。

（2）确认门店实际状况

门店使用条件的好坏将直接影响门店以后的经营活动，所以一定要仔细查看门面大小、墙体、地板、空调系统、消防系统、水、电、通信及安全性能等实际情况是否符合开店需求。同时，要了解周边门店租金大致的水平。对门店实际状况进行全面了解，有利于与出租人协商签约的细节，并详细写入合同中。

（3）协商租赁条件

在门店经营成本中，租金所占成本的比例很高，所以必须谨慎考虑和核算，应全面考虑门店经营的可行性和可持续性，特别要注意以下环节的协商。

① 租金价格及调整。先确定首年度租金，再确定递增或递减的起始年度及比例，同时还要确定租赁所产生的税费缴付问题。租赁税费通常包含在租金中，由产权人向店铺所在地相关税收部门纳税。租金价格的谈判以尽可能降低租赁成本为原则，应列出客观、合理的降价理由。

② 租金支付方式。门店租金的缴付方式有多种，最常见的有按月结算、定期缴付两种。选择哪种缴费方式要根据房地产经纪机构本身情况和出租人条件来定。一般情况下，出租人会收取相当于 1 至 2 个月月租的资金作为押金（退租后应按双方合同签署条件退还），签约前两年租金一般不作递增，两年后按双方约定比率逐年递增。

③ 租赁期限。要明确约定租赁年限和租赁的具体起止日期，并注意以下问题。一是租赁期限不宜过短。由于房地产经纪门店的店铺从租赁到开张需要经过装修、配置、布置的过程，房地产经纪业务需要有一个从沟通到确认的过程，因而房地产经纪门店的店铺租用期限应该与所在房地产经纪企业的战略定位相适宜。二是转租必须在有效期内。即租赁期限不能超过转租方原有租赁合同（协议）中的有效期。三是争取免租期。一般租赁用于房地产经纪门店的店铺，要满足房地产经纪企业自身形象宣传的需要，都会对所租用的店铺进行装修，而这段时间是不能接待、营业的，所以应尽可能争取出租人同意在交房后有一定时间不收取租金（俗称"免租期"），并在租赁合同中对交房时间、免租期和租赁的实际起止时间作明确表述。但在免租期中承租人仍需承

担所发生的水、电、燃气等费用。四是租赁期内产权人如需出售该物业，承租人是否拥有优先购买权。五是租赁期内承租人是否可以转租，租赁到期后承租人是否可以延期、是否有优先承租权。

④ 附加条件。附加条件的谈定不可忽略，因为附加条件可以起到一定的降低成本的作用。例如，招牌位及停车位的实际确认，特别是真正使用时与选址时所观察到的招牌位大小是否一致；门店格局改造、系统修缮等费用是否由出租方承担或在租金中扣除。这些做法有利于调整经营策略时妥善处理租赁双方的关系。

（4）签订租赁合同

签订租赁合同应遵照国家和所在城市政府有关房屋租赁管理的规定，签订由政府主管机关统一印制的房屋租赁合同，并在当地房产管理部门登记备案。这样操作的目的是保护门店租赁双方的利益，保证租赁关系的合法性。同时，在办理营业证照及税费登记时，也必须提供正式的房屋租赁合同。

5. 门店的布置

具有强烈视觉冲击力和美感的门店形象设计、布局以及舒适的门店环境有时甚至强于服务本身对客户的吸引，良好的门店形象有助于增强门店的竞争力，创造有利的外部经营环境。

（1）门店的形象设计

① 门店形象设计的基本原则。

门店的形象设计与装修，要符合房地产经纪业的基本特征，并充分考虑客户的消费心理等因素。它必须符合下列基本原则。

一是符合房地产经纪机构的形象宣传。根据房地产经纪业务的经营特征，制定相应的装修措施。设计风格要与房地产经纪机构的形象宣传、主色调等保持一致，尽量给人简约、干练的视觉感受。

二是注重个性化。设计风格要独具匠心，个性化，便于识别，做到出众但不出位。这一点对新开业的房地产经纪机构来说尤为重要。门店设计既要显示出房地产经纪行业的特点，又要显示出自身与众不同的个性特点。

三是注重人性化。门店设计要符合房地产经纪机构本身的目标客户群的口味，突出针对性，提升门店给客户带来的亲切感。

② 门店形象设计的要点。

门店招牌往往是吸引顾客的首要因素。门店招牌是一种十分重要的宣传工具。招牌的种类较多，通常情况下，门店所拥有的招牌位是上横招牌，即位于门店正上方的条形招牌。招牌在设计时可突出房地产经纪机构的形象标识、业务范围及经营理念等元素，字形、图案造型要适合房地产经纪机构的经营内容和形象。在顾客的招揽中，招牌起着不可缺少的作用。招牌应是最引人留意的地方，必须符合易见、易读、易懂、易记的要求；反之，便会降低招牌的宣传效果。

门店的门脸和橱窗十分重要，是门店形象的重要组成部分。精心设计的门脸与橱窗是门店形象设计的重要内容。门脸的设计一般采用半封闭型的设计。门店入口适中、玻璃明亮，客户能一眼看清店内情形，然后被引进店内。橱窗是向客户展示房源信息及塑造企业形象的窗口，所以在设计时一定要便于客户观看，同时要突出房地产经纪机构的特色，注重美观和良好品质。

（2）门店的内部设计

门店的形象设计是一个整体，内外和谐统一才算成功。原则上内部设计风格要与外观风格保持一致，重视统一性、协调性，注重灯光效果，合理利用墙体等展示空间。

门店的内部设计不仅包括建筑表面的装饰，还包括内部布局的设计。门店的布局设计包含内部场地的分配、通道设置、设备与用具的摆放等。良好的内部布局会给客户和业主带来一种宾至如归的享受。基于房地产经纪业务具有标的价值大、隐私性强等特点，并结合经纪业务流程的特点，在布局方面应进行适当的功能区分，设置接待区、会谈区、签约区、工作区及洗手间等功能区域，满足为客户服务流程各阶段的服务对环境的需求。在设计风格上，住宅类门店可突出居家的特征，可考虑音乐背景等的衬托，以增强客户的舒适感和安全感。

另外，在布局设计方面还必须考虑网络及电话的合理布线、计算机配置等事宜。同时，房地产经纪人员的工作服装配备也是内部设计不可缺少的一个环节，它的重要性在面向高端客户群的门店设计中表现得尤为明显。工作服装的颜色应考虑与整体色调的和谐，同时要注重工作服装的品质及领带、丝巾、工牌、名片等细节的配备。因为工作服装的品质和细节的统一可以反映出房地产经纪机构的实力和管理水平，而且还可能影响客户对服务品质的感知和评价。

大型房地产经纪机构可以通过设计统一的视觉识别系统，对内加强员工凝聚力，对外树立机构的整体形象，并运用到门店的形象设计中。

6. 门店的人员配置

门店内应配置的主要人员就是房地产经纪人员和门店的管理人员（店长或店经理）。一个门店通常应该配置一名店长或店经理，从业人员通常应配置6～10人。对于发达城市，由于门店租金较高，为了充分提高门店资源的利用率、降低单位佣金收入的门店租金成本，可分两组（或以上）配置房地产经纪人员，规模可为15～20人。假如门店内分两组（或以上）配置房地产经纪人员，则可对各业务组配置经理，并由其中的一名经理兼任店长或店经理。对于单店模式的房地产经纪机构，应配置会计、出纳人员（可由具有相应资质的管理人员兼任）。

（二）房地产经纪门店的日常管理

1. 店长岗位职责

店长是门店日常管理的责任主体，其岗位职责如下。

① 负责门店日常管理工作，规范房地产经纪人员行为，确保完成和超额完成本门店的考核指标。

② 接受公司领导及所在区域的总监、区域经理的指导和帮助。

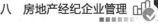

③ 参与并了解本门店房地产经纪人员的每单业务的洽谈,并促成合同的签订。

④ 关心本门店房地产经纪人员的业务进程,协调解决门店内、外房地产经纪人员之间的业务纠纷。

⑤ 经营门店业务,提高业绩,降低门店成本。对日常操作业务的风险严格把关,树立公司利益高于一切的经营管理意识。

⑥ 落实公司及各部门的各项工作要求。

⑦ 定时召开门店会议。

⑧ 参加公司的各类会议和培训。

⑨ 及时上报各类表单。

⑩ 及时了解并关心房地产经纪人员的思想动态,与公司经常沟通。

⑪ 协助解决门店内的投诉、抱怨及其他各类问题。

⑫ 做好每套业务的售前、售中、售后服务工作,特别是客户回访工作。

⑬ 建立业务档案,做好网络无效信息的清理。

⑭ 保管好相关客户的财务和资料,及时上交相关费用。

⑮ 严格执行公司的培训带教制度,严格培训带教所在门店的房地产经纪人员。

2. 门店的任务目标管理

门店的营业绩效,以每月业绩的表现为衡量标准,而业绩目标的设定或分配,原则上必须以经营计划为依据,内容不仅涵盖佣金收入金额,也包括委托数量、带看数量、成交单数、其他营业收入等。只有控制好过程才能控制结果。

(1)门店目标的设定及参考因素

店长根据门店年度营业计划及月度利润目标设定当月营业收入目标,设定时需要参考上月营业实绩、人员现状、房地产经纪人员操作技能及工作态度、营销及广告力度、未来市场和政策的动向及营业额的预测、季节性变动、新客户开发的可能性、利润目标及成本控制等要素。

(2)目标设定原则

① 数量化:必须有明确的数量表示。

② 细分化:必须细分至分段时间及人员指标。

③ 挑战性:衡量团队的能力,每月设定一定的超额量。

④ 可行性:避免设定不切实际的目标。

⑤ 及时调整:遇到条件因素影响或团队不断成熟,需阶段性调整目标。

(3)营业目标定位

房地产经纪门店的营业目标包括营业收入目标(团队及个人)、利润目标(成本控制目标)、租售签约单数(团队及个人)、需求/房源委托签约数量(团队及个人)。

(4)门店经营目标的分解

① 把业务指标、佣金等指标按季度、月度分解。门店经营目标的分解不是平均分配,而是按房地产经纪的交易淡旺季规律分解。例如,第一季度因元旦、春节假期长,2月份天数少,一般就为淡季,指标可低些;而9、10月份一般是旺季,指标可高些。

② 把业务和佣金指标落实到人。按门店内房地产经纪人员职级，按责、权、利统一原则，职级高的房地产经纪人员应承担较多的业务量和佣金收入指标。

（5）营业目标的分配方法

① 店长自行估计法。即由店长单方面授予房地产经纪人员业务指标额的方法。实行此方法，店长必须正确地把握每一个房地产经纪人员的工作能力。但若完全由店长单方面设定业务指标额，房地产经纪人员完全没有参与，其将缺乏达成目标的共识。

② 房地产经纪人员自行预估法。即由房地产经纪人员自行设定个人目标的方法。实施此办法的优点在于房地产经纪人员会产生达成分配额的责任感；缺点在于易产生分配额过大或过小，导致公平性与可靠性的欠缺。

③ 历史实绩推估法。即由过去的实绩推算出分配额的方法。此方法唯一可取之处是具有数字上的客观性，缺点就是光看实际情况，难以反映房地产经纪人员的达成动机。

④ 共同责任分担法。即将团体目标额平均分配于各房地产经纪人员的方法。此方法必须将团队的目标融入个人的目标，将团队的意愿融入个人的意愿。缺点在于若原封不动地根据实际分配下去，长期不求变通，易流于形式化、表面化。

（6）制定个人目标的过程

① 根据公司目标和个人历史业绩确定业务目标。

② 确定月度目标，分解成交量化。

③ 确定开发房源目标。

④ 确定开发客户目标。

⑤ 确定每日工作量目标。

3. 门店目标客户管理

目标客户基本上由其对应的房地产经纪人员自行管理，但目标客户亦是门店的珍贵资源，只有在房地产经纪人员自行管理的基础上结合店长的集中管理，确定其成交可能性，进而运用店长丰富的房地产经纪经验，加速其成交，才是最可行有效的管理方式。

（1）目标客户的定义标准

门店的目标客户通常分为两大类：委托出售/出租目标客户、委托求购/求租目标客户。根据目标客户成交的可能性的大小，可将目标客户进行等级划分，见表8-1。

表8-1　房地产经纪门店目标客户分级

客户等级	委托出售/出租目标客户	委托求购/求租目标客户
0级——成约客	即将委托	即可成交
A级——有望客	7天内	一个月内/7天内
B级——希望客	1个月内	2个月内/2周内
C级——潜在客	比较条件再说	半年内/到期客户
D级——暂弃客	会先选择别家	有兴趣、时间不定
E级——无望客	已选择别家	目前不可能

通常做如上分类，但实际上会因店长的资历、能力而异，同时客户分类级别亦会因

房地产经纪人员的努力而使其级别不断提升直至成交。店长应设定详细的指标,有效地指导房地产经纪人员的分类判断并实施有效跟进。

(2) 目标客户管理方式

① 目标客户管理的方式及差异分析。房地产经纪门店的目标客户管理包括门店店内集中管理和房地产经纪人员个人管理两种方式。这两种管理方式各有所长,其差异分析见表 8-2。

表 8-2 目标客户管理的方式及差异分析

项目	门店店内集中管理	房地产经纪人员个人管理
优点	① 较易实施目标客户的分类管理 ② 能准确把握目标客户的分类,易于整理 ③ 客户不易流失	① 能整体掌握自己的目标客户 ② 可迅速掌握目标客户动向 ③ 店长较易查核 ④ 个人易订立工作计划、创造优异业绩 ⑤ 能恰当地掌握每个目标客户
负责人	店长或行政助理	房地产经纪人员本人
资料保管	店长或行政助理保存	房地产经纪人员个人保管
注意事项	① 资料不可遗失 ② 需紧迫盯人,不容懈怠 ③ 目标客户的真正需求及迅速跟进实施	① 所制作的目标客户资料不仅可供本人之用,也可与店内其他同事流通 ② 要与个人其他档案有所区别 ③ 对目标客户的补充、客户访问计划,需及时与店长进行沟通 ④ 要求房地产经纪人员定期提出报告

根据上述分析,应采取在个人客户管理基础上实行店长集中管理制度,这样既能提高跟进效率,又能提高成交效能。

② 集中管理办法。由于目标客户是因房地产经纪人员个人开发、募集或轮值门店接待而产生的,所以在前一个阶段的目标客户应由房地产经纪人员自行管理(7~15 天);第二阶段则应由店长以多年的实务经验来考量,评估目标客户是否值得继续跟进。

房地产经纪门店目标客户集中管理的效能包括:店长充分掌握目标客户资料,易预估当月或下月全店成交的可能情况;房地产经纪人员的时间安排与拜访洽谈工作预定行程会更具效率;店长可根据每一个目标客户的特性,给予房地产经纪人员相应的建议;能够把握目标客户的总数,对目标客户的补充工作较易掌握;集中管理目标客户,可对客户的成交可能性排出先后顺序且有所取舍,进而减少目标客户的流失。

(三) 房地产经纪门店网络化管理

1. 网上房地产经纪门店

随着存量房信息发布的网络化,一些房地产专业网站、重要门户网站的房地产频道和房地产专业手机应用软件,也为房地产经纪人员提供开设网上房地产经纪门店的平台,房地产经纪人员可以在这些网站开设个性化的网上店铺,呈现自己的电子名片、房源信息，并通过店铺留言和网民实现沟通。有些网站还为房地产经纪人员提供网上虚拟地盘，即赋予某个特定的房地产经纪人员某个特定区域的版主地位，由该房地产经纪人员负责对该区域的房源、区域环境等信息进行维护，同时相应地授权给予该房地产经纪人员优先在该区域的版面上重点推介自己的房源。目前，许多购房人了解存量房市场的第一步就是浏览各大房地产专业网站、知名门户网站的房地产频道和主要房地产手机应用软件。因此，网上门店已成为房地产经纪人员获得房源、客源的一个重要渠道。

2. VR技术推进门店经营管理

（1）VR看房的便利

VR看房，是采用虚拟现实技术，利用视频再现房屋状况。常见的VR看房，主要包括720°VR全景沉浸式漫游（可放大缩小）、三维模型（可放大缩小、旋转和点击直接进入VR全景）、框线户型图（展示功能间格局名称和当前所在位置，点击可直接进入VR全景）、标尺（展示房屋长宽高，可选择打开或关闭）、VR眼镜模式等功能。房地产经纪人员和客户都可以发起VR带看。发起VR带看后，房地产经纪人员和客户同屏连线，房地产经纪人员可以在线解答客户的问题。VR带看可以解决房地产经纪人员作业中的很多难题。例如：约好客户去看房，不料遇到坏天气，有VR，在家看房更方便；带看时间不好约，客户时间排不开，有VR，随时随地想看就看；全家多人要看房，得多跑好几趟，有VR，全家同时看，不用跑多趟；多个工具装满身，房里房外到处跑，有VR，手机在手，轻松搞定。

VR带看可以为客户买房或租房提供以下便利：不受天气、空间、时间、环境等客观因素限制，随时随地查看意向优质房源；全面了解房源信息，结构、尺寸、朝向、装修、配套一览无余，随时复看回忆；足不出户完成初步房源筛选，过滤无效房源，提升看房效率；多人同时VR线上看房，解决一家人时间约不齐的困扰。

VR带看可以为业主卖房和出租房屋提供以下便利：一次拍摄，长期省心，免除多次协商时间；信息展示更全面，意向买家或租户和房源更精准匹配，提升客户质量；提升异地售房、租房效率，购房、租房可选客户范围更广；是一份3D版的记忆，房屋出售、出租后可存档。

（2）VR技术推进门店经营管理的案例

智能设备与技术可以大大提高房地产经纪业务效率，下面以贝壳找房为例，介绍VR技术如何推进门店经营管理。

① 熟悉VR技术推进门店经营管理的内容。用VR技术武装门店，可以采用VR看房、VR带看、AI（artificial intelligence，人工智能）讲房以及未来家展示等提升房地产经纪服务水平。

② 用VR带看管理门店，促进业务。VR带看管理门店主要体现在门店日常运转中。

一是门店商圈经理日常陪看。商圈经理只陪看重复客户，不陪看首看客户。带看前房地产经纪人员与客户对该房源进行过VR带看，再线下带看视为复看，此时商圈经理才陪看，以提高成交效率。

二是周一、周二门店工作。盘点门店客源，做客源分级，形成门店客源梳理表。资深房地产经纪人员对一星客源表进行整理共享。新房地产经纪人员每天需对表内客源进行 20 个电话邀约，推荐 VR 带看。商圈经理对邀约过程进行指导。

三是周三、周四门店工作。对聚焦房源及近期带看、VR 带看较多的房源进行全员重点关注，开展 VR 带看演练。

四是聚焦房源 VR 集中。房地产经纪人员通过 VR 邀约周末线下带看，商圈经理陪看，以提高门店业绩。

二、商品房售楼处管理

（一）商品房售楼处的设置

1. 售楼处设置的工作程序

售楼处，在房地产经纪行业内又常被称为"案场"，是新建商品房经纪业务中销售环节进行的主要工作场所，也是以新建商品房经纪业务为主的房地产经纪机构下设项目组的所在地。严格来讲，售楼处设置并不是房地产经纪机构的工作，而是房地产开发企业在项目规划设计时就应予以考虑的。但是，目前在我国商品房市场上，有些房地产开发企业未能在项目前期进行充分考虑，以致到了项目销售阶段，房地产经纪机构不得不帮助房地产开发企业进行售楼处的设置。还有一种较常出现的情况是，房地产经纪机构的服务越来越向商品房开发的前期延展，在项目前期就与房地产开发企业建立了业务关系，作为一种服务，代理或协助房地产开发企业进行售楼处设置的工作。在这种情况下，售楼处设置一般应按照以下程序进行。

（1）确定售楼处的主要功能

售楼处的基本功能是展示商品房项目的信息、提供商品房销售的场所。但是，展示商品房信息的内容会因商品房项目情况的不同有很大差异。是否包含样板房，与项目的工程进度有关。例如，有些项目在开盘时无法提供真实的样板房展示，则售楼处现场就有必要按 1∶1 的比例提供搭建的样板房仿真品。又如，销售的商品房是全装修房，售楼处就必须提供装修建材、设备的样品展示。此外，房地产开发企业有时会对售楼处的功能有多样化的考虑（如以后改作会所、商展等），而售楼处的功能直接影响售楼处的面积大小、选址要求、视觉形象等，因此，设置售楼处的第一步就需要房地产经纪机构充分了解房地产开发企业的要求和项目的特性，并与房地产开发企业充分沟通、认真研究后确定售楼处的主要功能。

（2）选择售楼处的位置

售楼处的位置对其功能的实现具有直接影响。售楼处位置的选择受到项目自身条件（地理位置、规划布局、施工进度等）的制约。房地产经纪机构应根据具体项目的售楼处的功能定位与项目条件，认真研究，寻找到两者的平衡点，据此选定售楼处的位置。

（3）布置售楼处

布置售楼处包括售楼处户外功能布置、内部功能区域布置、人流动线设计、装修装饰风格等。应根据售楼处的功能、项目目标客户的类型（收入、年龄、职业等）、经费预算等因素，综合考虑后确定布置方案。

（4）制定售楼处管理制度

售楼处管理制度包括工作流程、关键内容说辞、接待时间、保洁要求等。其中，工作流程是最为核心的部分，主要包括客户接待流程、签约流程、收款流程、交房流程等。关键内容说辞是对销售人员向客户解说重要事项（如房源、合同条款、价格、交房时间、贷款办理、交易登记与产权等）时具体内容、表述方式的规定，应根据项目的具体情况和项目营销方案来制定。

（5）组建售楼处工作团队

售楼处的工作团队包括销售人员、管理人员和辅助人员三大类，应根据项目的房源数量、销售期、市场推广方式等情况综合考虑而定。

2. 售楼处的选址

售楼处选址应在售楼处功能要求与项目自身条件约束之间寻求平衡点。售楼处选址包括两个层次。一是选位，即选择什么区位设置售楼处，如是在工地现场还是另行选择区位，或者两者兼设。二是定址，即地区选定以后，具体选择在该地段的什么位置设置售楼处，也就是说，在已选定的区位内选定一片土地作为售楼处的具体位置。例如，决定选在工地，究竟应该选在工地的什么地段。有些房地产开发企业将楼盘的会所先建好，拿来作售楼处用，这样既节省了售楼处的大笔建设费用，又彰显了会所的豪华和尊贵气派。售楼处选址的基本要求有以下几个方面。

① 保证售楼处的可视性。尽量保证从项目周边的主要道路上能看到售楼处。

② 保证售楼处的通达性。保证车辆能从项目周边的主要道路上直接行驶到售楼处门口。

③ 保证售楼处的空间容纳性。在销售关键环节（如开盘、交房）或举行重大活动时，售楼处会集聚大量的人流，要保证售楼处室内、室外容纳大量人流的空间，室外还要考虑停车、举行仪式的场地。

④ 保证售楼处与项目（特别是样板房）之间通达的便捷性。虽然售楼处一般设在项目现场，但受项目规模、出入口安排、建筑施工状况等因素影响，不同位置的看房路线长短是不一样的，应尽量在靠近样板房、出入口的位置设置售楼处。当然，对于规模较大的项目，要综合考虑各销售期通行的便捷性。

⑤ 保证进出售楼处人员的安全性。由于商品房预售时，项目施工尚在进行之中，因此，售楼处选址应尽量设置在项目较早完工或可在销售工作结束后再行施工的部分，以减少安全隐患。

⑥ 尽可能减少售楼处的浪费。搭建临时售楼处会产生大量的浪费，并产生很多建筑垃圾，既不环保，也不经济。如果商品房项目中具有能满足售楼处基本功能的建筑单位（如会所、商展等），则应尽量在这些建筑单位中设置售楼处。

3. 售楼处的布置

（1）售楼处的功能分区

售楼处一般设有接待区、模型展示区、洽谈区、游乐区、签约区、办公区等，如

图 8-1 所示。

　　① 接待区主要是为客户进入售楼处提供一个接待场所，便于销售人员有序接待。一般设在入口处。

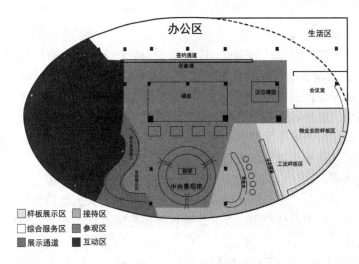

图 8-1　售楼处布局示意图

　　② 模型展示区主要陈设区域位置图、项目沙盘、单体模型等，供客户参观和销售人员讲解用。

　　③ 洽谈区是为客户提供深入了解楼盘及销售情况的场所，洽谈是前期参观咨询的补充与深入，也是签约的前奏。

　　④ 游乐区是为客户提供休息的场所，也可供随行的儿童游玩娱乐。

　　⑤ 签约区是当客户对楼盘满意时提供专门的签约场所。若将签约放在洽谈区，则会影响到其他顾客。同时，签约也是一件比较秘密的事情，有许多东西不能公开，因而要特设一个签约区。签约区要隐秘一些，不要太张扬。

　　⑥ 办公区主要是售楼处进行行政办公的区域。

　　（2）售楼处形象确定及布置

　　售楼处的形象主要包括两大类：一是售楼处的建筑设计形象，既要新颖、醒目，给购房者造成视觉冲击，直接吸引客户注意，又应与楼盘建筑风格相吻合，包括造型设计、立面色彩、建筑用材等都要与楼盘呼应，达到和谐、相得益彰的整体效果；二是售楼处的理念形象，主要是指通过意识形态上的处理，赋予楼盘一定的精神风貌，对购房者在心理与情感上产生呼唤，同时也给人一种精神上、理念上的识别。理念形象要与楼盘的开发主题、营销主题、推广意念等方面协调、吻合，如普通住宅的温馨、高档住宅的尊贵豪华、写字楼的庄重等。

　　售楼处布置，即售楼处的包装，具有识别、美化楼盘的作用，可以吸引购买、指导消费。在售楼处现场，包装是软广告，是"无声的推销员"。销售中心的内外空间要尽可能通透；接待区要布置在离入口较近处，且方便业务员看到来往客户的位置；模型展示区要与洽谈区相邻或融为一体；在接待区要通过背景板营造视觉焦点，背景板可以展示楼盘的标识、名称，也可以用图片展示一种气氛；在必要的地方布置小饰品和绿色植物；室内灯光要明亮，重点的地方要有灯光配合作为强调，如展板、灯箱、背景板等，洽谈区的灯光要经特别处理，做到整体和局部的结合；天花板的造型要特别新颖，让客户难以忘怀。

（3）户外功能布置

售楼处的户外功能包括广告功能、广场功能、停车场功能、通往样板房的道路功能。可在售楼处的高处设置项目标识，在售楼处外靠近主要道路的位置设置大型户外广告牌。室外应有较大面积的空地，以作为举行项目营销活动时的广场，客流多时也可作为人流驻留的场地。室外场地应专门开辟停车场，以备有车客户停车。如果项目开设看房专车，还要另设专用的停车区及供客户候车的座椅、凉棚等。项目有真实样板房的，要开辟从售楼处通往样板房之间的通道。

（4）人流动线设计

为了保证各类信息的充分展示，应对售楼处内的客户人流动线进行合理设计，并据此安排不同功能区域的具体位置。以下是某售楼处分别对首次来访客户和二次来访客户的人流动线设计。

① 首次来访客户：停车→进/出口→接待区→休息区→影音展示区→模型展示区→样板房→建材展示→开发商品牌展示→洽谈区→休息区→进/出口。

② 二次来访客户：停车→进/出口→接待区→洽谈区→进/出口。

（5）装修装饰风格

售楼处的建筑外形、外墙立面用材、色调，均应与项目本身的建筑风格协调、统一；内部装修风格和档次应根据目标客户的偏好进行设计；家具、装饰品等应选择有利于激发客户购买欲的品种；可适当地配置背景音乐烘托气氛，但要注意音乐文化属性与项目定位的统一。

4. 售楼处的人员配置

（1）销售人员的数量

销售人员的数量应根据项目销售单位的多寡以及所处的销售期而定，但售楼处的大小也是必须考虑的因素，面积较大或分层布局的，应相应配置更多数量的销售人员。此外，要考虑销售人员数量对销售人员积极性的影响。人数太少，缺乏竞争，容易造成销售人员的懈怠心理，影响总体销售业绩；销售人员数量过多，可能会导致销售人员之间的恶性竞争，甚至影响客户的感受。

（2）售楼处管理人员的数量

售楼处的管理人员即案场经理，是非常关键的人员，其对案场团队的管理能力直接影响项目的销售业绩。应根据项目的特性、销售难点及房地产经纪机构内相关资质人员的过往经历、业绩情况，合理选择配置管理人员。售楼处也是收取定金、首付款的场所，因此应配置专门的会计和出纳人员。

（3）售楼处辅助人员的数量

根据房地产经纪机构对销售过程管理的制度，可相应配置办证员（负责办理登记、贷款等手续）、文员（负责文件准备、填写报表等）、网管（负责计算机系统、影音展示设备维护）、司机（负责看房车辆使用与维护）、保安（负责售楼处安全、秩序维护）、保洁等人员。

（二）商品房售楼处的日常管理

1. 商品房售楼处的物业管理

作为销售楼盘的前沿，售楼处的地位日渐提升。售楼处在展示、沟通、交易等基本功能的基础上，除了要在设计建造的硬件方面张扬项目个性、凸显项目品质之外，还要加强软件层面的开发——对售楼处的管理和服务，从而使其功能得以进一步扩展。

对于购房者，在参观样板间或在售楼处进行买卖洽谈时，置身于整洁有序的环境并感受到细致周到的良好服务是十分重要的。房地产经纪人员在洽谈买卖合同时，为购房者提供其所关心的和需要了解的诸如物业服务收费标准、服务项目、安全措施等涉及后期物业管理方面的咨询，使之感受超前提供的专业化物业管理服务，已成为房地产项目传递营销理念、展现楼盘特色、营造销售气氛、树立企业形象的有效辅助手段，对促进产品销售具有一定作用。

因此，对售楼处的管理应秉承既往的管理经验，运用成熟先进的管理理念，配备专业的管理服务人员，致力于为售楼处提供良好的管理服务。售楼处日常物业管理工作主要包括如下内容。

① 接待服务：负责售楼处客户的接待服务工作，委派合适的工作人员热情接待并解答客户关于项目后期物业管理的咨询，体现高档次的服务水准和管理水平。

② 工程技术服务：负责售楼处及外围附属区域的设施设备的运行及维护保养，以及日常的工程小修工作等。

③ 保安服务：负责维持车场秩序和大门迎送客户工作，以及售楼处物业设施的安全。

④ 保洁服务：负责售楼处及外围附属区域的日常保洁维护工作。

售楼处日常物业管理工作的内容详见表 8-3。

表 8-3 售楼处日常物业管理工作的内容

服务项目	服务内容
接待服务	迎宾准备茶饮 清洁接待区 提供客户关于项目及后期物业管理事项咨询
工程技术服务	设施设备的运行及维护保养 日常小修工作
保安服务	门岗服务 停车场交通管理 售楼处周边巡视 看房通道提供指引及维护服务 防火、防盗

续表

服务项目	服务内容
保洁服务	日常服务 样板间清洁 卫生间保洁 售楼处清洁 垃圾清理 特殊装修材料（大理石、木地板、地毯等）清洁

2. 商品房售楼处的销售人员管理

（1）售楼处销售人员岗位职责

① 销售工作必须坚持企业利益导向以及客户满意导向。

② 在对外业务交往中，不得泄露公司机密。

③ 一切按财务制度办事，客户交款应到售楼处办理，个人不得收取客户定金及房款。

④ 工作中不得以任何形式收取客户钱物及接受客户宴请，如有必要须事先向经理请示。

⑤ 所有客户均为公司所有，员工不得私自保留客户或向客户推荐其他项目。

⑥ 不得再为其他任何房地产开发企业策划、接洽其他物业。

⑦ 必须遵守销售流程，完成接听电话、接待客户、追踪客户、签订商品房认购协议书、签署合同、协助办理贷款、督促客户按期付款、办理入住等手续。

（2）客户接待流程及要求

客户接待流程如图 8-2 所示。

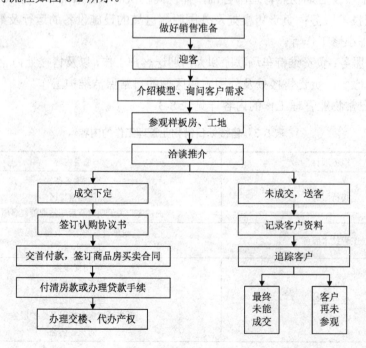

图 8-2　客户接待流程

客户接待要求如下：

① 销售人员按顺序（顺序由经理事先排定）接待客户，当日最后接待者的后一名销售人员即为次日第一个接待者，依次顺延。

② 当日负责接待客户的销售人员在接待区、洽谈区等候，其余人员在工作区接听电话、联系客户。

③ 接待客户的销售人员负责向客户详尽地介绍项目情况，带客户参观样板间，与客户签订商品房认购协议书。

④ 销售人员应积极主动接待客户，认真解答客户的提问，不得使用"不知道""不了解"等用语，如遇不明白的问题应及时向有关人员了解，落实清楚后再答复客户，不得以生硬、冷漠的态度接待客户。

⑤ 严格按照房地产开发企业的承诺和答客说辞向客户介绍，不准超范围承诺。

（3）客户登记要求

① 售楼处员工应每日及时、详细、真实地填写客户来电登记表、客户来访登记表，并及时按经理要求定期上报。不得有隐瞒或上报虚假客户的行为。

② 客户的确认，均以第一次接听电话、接待客户时登记为准。

③ 销售人员之间严禁争抢客户，在工作中对客户接待的确认有争议时，应立即通报经理，由经理调查、协调后裁定。裁定后双方不应再有争议，否则，对由此引起的不良后果由当事人自己承担。

任务三　房地产经纪机构企业管理案例分析
——以我爱我家为例

一、专业分岗

由于专业化的需求，我爱我家采取专业分岗制，将房地产经纪人分为专职租赁经纪人与专职买卖经纪人，使得经纪人各尽其职，更具专业性，公司人尽其用，管理更为高效。

我爱我家总公司下涉多家城市公司，城市公司下涉多家门店，门店一般设立多个组别，每个小组设立一个店经理，每个店经理配备 7～9 名经纪人。

门店组织架构如图 8-3 所示。

图 8-3　门店组织架构

（一）店经理岗位职责

① 负责门店经纪人的招聘与带教。

② 负责门店责任盘的建设与维护。

③ 负责与核心资源（房源、客源）更早、更好地连接，建立友好关系，整理、整合房源、客源信息。

④ 负责门店意向促成、签单。

⑤ 负责门店服务品质的提升。

⑥ 负责与公司总部的联系工作，落实与监督公司政策制度的执行。

⑦ 处理其他门店日常行政事务等工作。

（二）经纪人工作职责

① 参照学习国家、地方及公司发布的服务标准，向业主和客户提供标准化的高品质服务。

② 按照公司和上级要求，制订个人工作目标与计划，并在实际工作中严格执行。

③ 按照公司要求，参加所有培训、会议和团队活动。

④ 正确使用与业务相关的一致化工具，如公司介绍、相关业务表格等。

⑤ 组织、撮合、协调客户间的交易谈判，并良好地控制交易节奏，把握交易进程。

⑥ 处理业务中的一般性具体问题，如业务咨询、电话沟通、谈判组织、价格协调、物业交割、售后服务等。

⑦ 制作客户档案，努力培养长期客户，并充分利用客户资源与推荐机会，形成业务体系的良性循环。

⑧ 建立和客户之间的友好关系，提高客户对公司的信任度。

⑨ 完成潜在客户开发与跟踪，不断提升业务量，扩大公司市场份额。

⑩ 保持自身积极的状态与心态，不断努力学习，树立并提高专业形象。

（三）店经理的工作方法

① 制定目标：根据整体情况对店组、自身与经纪人制定恰当的工作目标。

② 过程带教：在跟进目标完成情况的过程中，对经纪人进行带教与及时辅导。

③ 不断激励：追踪过程中发现经纪人的亮点及优秀之处给予适当激励、组织分享。

④ 复盘总结：分阶段根据各项工作目标成果达成情况进行复盘、分析与总结。

（四）门店管理的核心

① 决策。对门店来说，决策就是设定门店的各项目标与措施。决策决定方向，决策正确就成功了一半。

② 制度。管理就是执行制度，过程中保证绝对公平。制度不适用时需要及时调整。

③ 会议。客源端盘点客户情况，甄选重点对象，推动意向谈判与签约；房源端重点关注星级房源，与经纪人、业主仔细沟通，评选优质星级房源、推动星级房源的成交；结合系统报表对门店及经纪人的过程数据和结果数据进行总结归纳并规划制定本阶段目标方案。

④ 招聘。掌握培养人才的技能，适时进行增员招聘，合理的人员流动是销售团队正常的现象。每个阶段都要思考自己要什么类型的员工以及员工想要什么，并评估团队

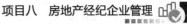

内人员的职业规划和上升空间。

⑤ 培训。培训是常态，每天都要做。培训是管理者的基本功，也是管理者自我充实与提升的有效工具。

⑥ 过程及结果考核。考核是企业有效的激励手段，也是经纪人不断进行自我激励的心理模式，以使工作更加有动力与激情。直接对结果进行考核可能含有偶然成分，将过程考核与结果考核相结合是较为科学合理的考核方式。考核的维度包括人、房源、客源、基础工作量、重点资源。

二、我爱我家门店业务操作及管理标准

（一）经纪人的日常工作量管理

经纪人的日常工作量采用积分管理，即以自然月为基本计量单位，当月必须完成相应业务类别的积分要求，若未完成，则会影响其当月的业绩发放。公司根据商业计划的总体要求，统一进行量化管理，并参照实际情况进行适当调整。

积分规则如表 8-4 所示。

表 8-4　杭州我爱我家经纪人积分规则

积分类型		分值
二手意向/（分/单）		25
一手意向/（分/单）		25
房源登记/（分/套）		2.5
委托/（分/套）		2.5
钥匙/（分/套）		2.5
速销收房/（分/套）		8
预约实勘/（分/套）		0.5
二手带看组数/（分/组）		2.5
二手带看奖励（分/次）	五星/有钥匙	1
	五星/无钥匙	1.5/2.5
	速销/有钥匙	1
	速销/无钥匙	2.5
二手一带多看组数/（分/组）		1.5
一手看房/（分/次）		2
一手带看 A 盘奖励/（分/次）		1.5

积分判定规则如下。

① 若带看的房源既属于星级房源，又属于速销房源，则对两种积分进行比较，取较高的积分，即带看一次房源只会获得一次积分奖励。

② 若一套房源带看多次可获得多次奖励，按照带看次数统计。

③ 若房源所属范围未分到区（分到大区或无所属范围），则带看后无奖励积分。

④ 奖励积分以系统中带看记录录入时的房源等级及相关特征（带看记录录入时的

房源星级、是否有钥匙、是否为速销、一手楼盘类型等）为判断依据。

（二）业务操作标准

在每一个交易过程中，为保证服务质量、提高成交概率、保证公司和门店及客户的交易安全，每一个经纪人和店经理都必须按照以下标准进行操作。

1. 房源端相关流程

房源端开发一般流程为：房源登记→签署委托→空看/带看→面谈→签署意向合同→签署双方正式合同。公司在每一环节均制定统一的操作流程与规范，经纪人和店经理均需按照标准规范执行。经纪人和店经理应重点关注签署委托环节，只有在已经签署委托的情况下才能将房源同步上架于官网或按需发布至外网端口等，经纪人要尽力争取每一个可以签署委托的环节并且尽力争取到较为合理的委托价格。

2. 房源推广

① 店经理应定期对本店组所属及本区内房源进行整理，甄选出本店组的优质房源或可推选为本区内的星级房源，督促经纪人对该类房源的推动情况。
② 将本店优质房源情况打印并张贴在店面橱窗内展示。
③ 经纪人及时对自己所属房源中的优质房源进行星级评价，并重点关注、着重推广。
④ 每日晨会进行房源交流，要求每个经纪人对其所属房源以及区内主推星级房源能够熟练讲盘，明确各个房源的主要卖点。
⑤ 每日晚会对当天房源进行复盘总结，了解带看情况并及时跟进业主。

3. 房源维护

对于经纪人所属房源，必须保证至少每 14 天与业主沟通一次，并且按照房源与业主的具体情况，将房源端整体划分为五星、三星、一星及普通房源四个等级，具体标准如下。
① 五星房源：区内主推房源，即本区内会优先被出售的房源，具体表现为房源物理属性优质并且业主出售意愿强烈，整体价格相对较低。
② 三星房源：经纪人可以评价的优质房源。每个经纪人拥有一定数量的评价所属范围内三星房源的权限，在区内五星房源有限的情况下，三星房源也可作为区内或者店组内的主推房源。
③ 一星房源：相较三星或五星房源而言，优先被卖可能性不高，但可作为带看备选房源推荐的房源。
④ 普通房源：房源被登记后的默认等级。

4. 客户端相关流程

客源端开发一般流程为：拓客渠道→客户登记→明确需求→匹配房源→带看→签署意向→签署双方正式合同。对于客源端要将重心放在扩张客户入口，采取线上与线下相结合多渠道共拓展的方式，保持合理的客户结构，以利于形成自身业务的良性循环。

5. 客源推广

① 店经理应对本店组所属客户进行定期梳理，确保客户的真实性与有效性，重点跟进意向度较高的客户。

② 对每一位客户都要保证一定的沟通量，定期回访，掌握客户当下最新的需求情况及心态变化。

③ 从经纪人角度出发，可将客户整体划分为私客与公客。经纪人在保证自身私客数量充足的情况下，可将把握不好的客户及时调整为公客，也可与其他经纪人共享客户资源。同样，经纪人可从公客池中探索寻找自己的私客。

④ 每日晨会进行客源交流，根据客户需求寻找房源，对当天已有带看计划的客户进行重点分析，并探索新登记客户的需求计划，邀约带看。

⑤ 每日晚会对当天的客户带看情况进行复盘总结，根据客户看房反馈情况具体分析，对需求程度较高的客户可在组内探讨。

6. 客源维护

对于客源维护，实行分类维护原则，将客户分为 A、B、C 三类，经纪人在明确客户具体情况后在系统内及时对客户进行评价。

① A 类客户：诚心购买客户，看好能立即下定的客户。对于该类客户，需要经纪人或店经理保证有效沟通量，及时跟进，保持较快的作业节奏，尽快完成交易。

② B 类客户：具有购买资格与能力，有合适的会买，但购房紧迫度不高的客户。对于该类客户，要深入挖掘探索其具体需求，保证带看量，及时沟通，及时调整带看方向或转变其需求方向，抓准机会即转化为 A 类客户。

③ C 类客户：有合适房源会看，但不急，暂时定不了的客户。对于该类客户，要求经纪人及店经理保持耐心与其建立长期友好关系，沟通频次可稍有减少，但要日积月累，了解其最新的需求与心理变化，若有机会可转化为 B 类客户或 A 类客户。

7. 配对与带看

① 配对：根据房源业主情况与客源情况进行匹配，店经理要辅助经纪人协调沟通，匹配成功后，及时沟通邀约带看。

② 带看前的注意事项：经纪人须通过电话、短信、微信等方式与业主、客户确认看房时间；提前了解相应房源是否取得认证委托、是否实勘等，若没有，则应提前与业主进行沟通，提醒其携带相关合同资料或邀约实勘；提前准备名片、鞋套等相关物料；根据实际看房时间，在系统中录入正确带看房源、带看时间。

③ 带看过程中的注意事项：经纪人必须亲自带领客户完成整个带看过程，并做好解释工作；应至少提前 10 分钟到达与客户约定的见面地点，因业主或客户原因临时取消的，务必在得到消息后第一时间通知另一方；带看任何房屋（含有钥匙房源）前，必

须做到先敲门（敲门标准：敲三下停三秒，此动作重复三遍），确认无误后再进入；带看有钥匙房屋时，经纪人在离开房屋前务必检查并确保水龙头、电器、窗户处于关闭状态；房源在带看过程中可签署出售委托书的，经纪人可在送客户离开后再返回至房屋内与业主签署相关协议。

④ 带看后的注意事项：经纪人看房前未及时在系统中录入带看的，须在带看发生后的 24 小时内录入系统；如实录入实际发生带看的客户、准确的带看时间、房源、陪看人等。如果在系统中已操作邀约带看，但实际未带看，则应在系统内及时取消邀约带看。

8. 签订意向/双方合同

① 经纪人应提前列出交易流程所需全部资料，并于每一步流程前提醒买卖双方准确携带所需资料。

② 意向合同内的各项条款必须填写完整清晰，并向业主、客户解释清楚。

③ 使用机打合同或电子合同，避免书写错误，提高签约效率。

④ 如遇房源、业主或客户有特殊情况，经纪人及店经理需提前按公司约定向足够职级人员报备。

9. 交易流程中的注意事项

① 经纪人必须陪同客户参加每一次合同的签订，包括租赁合同、买卖合同、交易过户、贷款等相关校验及合同签约环节，在店经理指导下参加交易过程中的款项支付和划转，各类款项均需由客户账户直接进入公司各类账户，不得通过经纪人或店经理中转。

② 交接过程中经纪人、业主、客户必须签订房屋物业交割单（使用电子交割单），经纪人需协助做水、电、气等各项物业费用的结算和抄表工作，并陪同做好各种器具的质量验收；在买卖过程中还需拿到业主的户口迁移证明或空户证明。事后经纪人必须将交接中的所有表单进行汇总管理。

参 考 文 献

贝壳找房教育中心，2021．新居住数字化经纪服务（初级技能）[M]．北京：中国建筑工业出版社．

贝壳找房教育中心，2021．新居住数字化经纪服务（中级技能）[M]．北京：中国建筑工业出版社．

陈林杰，2021．房地产经纪实务[M]．4版．北京：机械工业出版社．

胡平，2011．房地产经纪实务[M]．北京：机械工业出版社．

黄武双，朱平，2006．房屋交易法律原理与案例精点[M]．上海：上海交通大学出版社．

黄英，2010．房地产开发与经营[M]．北京：机械工业出版社．

刘薇，2010．房地产经纪[M]．北京：化学工业出版社．

熊帅粱，2013．房地产经纪实务[M]．3版．大连：东北财经大学出版社．

叶维坚，麻晓芳，2020．房地产经纪理论与实务[M]．北京：化学工业出版社．

张秀智，黄英，曹伊清，2021．房地产经纪理论与实务[M]．北京：中国人民大学出版社．

中国房地产估价师与房地产经纪人学会，2022．房地产交易制度政策[M]．4版．北京：中国建筑工业出版社．

中国房地产估价师与房地产经纪人学会，2022．房地产经纪操作实务[M]．4版．北京：中国建筑工业出版社．

中国房地产估价师与房地产经纪人学会，2022．房地产经纪业务操作[M]．4版．北京：中国建筑工业出版社．

中国房地产估价师与房地产经纪人学会，2022．房地产经纪职业导论[M]．4版．北京：中国建筑工业出版社．

中国房地产估价师与房地产经纪人学会，2022．房地产经纪综合能力[M]．4版．北京：中国建筑工业出版社．

周云，高荣，2019．房地产经纪概论[M]．2版．南京：东南大学出版社．